Das Einsteigerseminar

JavaBeans

Ralf Jesse

Das Einsteigerseminar
JavaBeans

Die Informationen im vorliegenden Buch werden ohne Rücksicht auf einen eventuellen Patentschutz veröffentlicht.

Warennamen werden ohne Gewährleistung der freien Verwendbarkeit benutzt.

Bei der Zusammenstellung von Texten und Abbildungen wurde mit größter Sorgfalt vorgegangen. Trotzdem können Fehler nicht vollständig ausgeschlossen werden. Verlag, Herausgeber und Autoren können für fehlerhafte Angaben und deren Folgen weder eine juristische Verantwortung noch irgendeine Haftung übernehmen.

Für Verbesserungsvorschläge und Hinweise auf Fehler sind Verleger und Herausgeber dankbar.

Alle Rechte vorbehalten, auch die der fotomechanischen Wiedergabe und der Speicherung in elektronischen Medien.

Die gewerbliche Nutzung der in diesem Buch gezeigten Modelle und Arbeiten ist nicht zulässig.

Dieses Buch wurde der Umwelt zuliebe auf chlorfrei gebleichtem Papier gedruckt.

Copyright © 2002 by
verlag moderne industrie Buch AG & Co. KG, Landsberg
Königswinterer Straße 418
D–53227 Bonn
www.vmi-Buch.de

06 05 04 03 02

10 9 8 7 6 5 4 3 2 1

1. Auflage

ISBN 3-8266-7215-1

Printed in Italy

Inhalt

Vorwort — 11

Einleitung — 15

Grundlegendes — 15
Konzeption und Aufbau des Buches — 15

1 Grundlagen von JavaBeans — 21

1.1 Definition von JavaBeans — 21
1.2 Besondere Aspekte von JavaBeans — 23
    Analyse von JavaBeans — 23
    Modifikation von Eigenschaften und Methoden — 24
    Ereignisse — 24
    Speichern von Einstellungen — 24
    Sichtbare und unsichtbare JavaBeans — 25
    JavaBeans vs. Java-Klassen — 26
    Dokumentation von JavaBeans — 26
    Fehlerbehandlung — 27
1.3 Weitere Aspekte von JavaBeans — 27
    Entwicklung und Ausführung von JavaBeans — 28
    Sicherheit — 28
    Multi-Threading — 29
    Komponenten vs. Container — 30
1.4 JavaBeans vs. andere Komponenten — 31
1.5 Zusammenfassung, Fragen und Übungen — 32

2 Der BeanBuilder 37

2.1	Einführung in den BeanBuilder	38
2.2	Installation des BeanBuilder	40
	Installation und Konfiguration	40
	Konfiguration von Windows-Umgebungen	41
	Konfiguration von UNIX-/LINUX-Umgebungen	45
	Starten des BeanBuilder	46
2.3	Bedienung des BeanBuilder	48
	Das Menü File	48
	Das Menü View	49
	Das Menü Icons	50
	Das Menü Help	50
	Die Palette von BeanBuilder	51
	Hierarchie der Komponenten	52
	Das Eigenschaften-Panel	52
	Das Design-Panel	54
2.4	Arbeiten mit dem BeanBuilder	57
2.5	Zusammenfassung, Fragen und Übungen	58

3 JavaBeans-Grundlagen 61

3.1	Eigenschaften	61
	Einfache Eigenschaften	63
	Indizierte Eigenschaften	63
	Gebundene Eigenschaften	64
	Eingeschränkte (constrained) Eigenschaften	65
3.2	Zugriffsmethoden	65
	Zugriffsmethoden bei einfachen Eigenschaften	66
	Zugriffsmethoden bei indizierten Eigenschaften	68
	Zugriffsmethoden bei gebundenen Eigenschaften	69
	Zugriffsmethoden bei eingeschränkten Eigenschaften	71
3.3	Namenskonventionen	72
	High-Level- und Low-Level-Methoden	73

	Die Klasse Introspector / High-Level-Methoden	74
3.4	Ereignisse	75
3.5	Methoden	77
3.6	Schreibweise von Bezeichnern	77
3.7	Entwicklung von JavaBeans	78
	Erste Überlegungen	79
	Der Entwurf der Bean	80
	Planung der Eigenschaften	81
	Planung der Methoden	82
	Planung der Ereignisse	83
	Kodieren und Testen der Beans	85
	Weitere Überlegungen	85
3.8	Zusammenfassung, Fragen und Übungen	88

4 Die erste JavaBean   93

4.1	Planung	94
4.2	Kodierung	95
4.3	Kompilieren der Bean	100
4.4	Erstellen der Manifest-Datei und des Java-Archivs	100
	Die Manifest-Datei	101
	Das Java-Archiv	101
4.5	Testen der Bean mit dem BeanBuilder	104
4.6	Bewertung des Tests	107
4.7	Zusammenfassung, Fragen und Übungen	109

5 Java-Archive, Manifeste und Javadoc   113

5.1	Java-Archive	113
	Erzeugen von Java-Archiven	114
	Anzeige des Inhalts von Java-Archiven	117
	Entpacken von Java-Archiven	119

5.2	Manifest-Dateien	120
	Aufgabe von Manifest-Dateien	120
	Weitere Informationen zu Manifest-Dateien	123
5.3	Javadoc	124
5.4	Zusammenfassung, Fragen und Übungen	127

6   RoundButton 131

6.1	Teil 1: Die Bean RoundButton	131
	Planung von RoundButton	132
	Kodierung von RoundButton	135
6.2	Teil 2: Verbesserung von RoundButton	151
	Das Interface BeanInfo	152
	Images für RoundButton	154
	Festlegen der erwünschten Eigenschaften	158
6.3	Zusammenfassung, Fragen und Übungen	165

7   Ereignisse 169

7.1	Grundlagen von Ereignissen	169
	Ereignis-Objekte, Event Listener und Adapter	171
	Registrierung von Ereignis-Listenern	173
7.2	Ereignisse für RoundButton	179
	Registrierung und De-Registrierung der Listener	181
	Benachrichtigung der Listener	184
	Testen des »neuen« RoundButton	184
7.3	Zusammenfassung, Fragen und Übungen	190

8   Eine Stoppuhr-Bean 195

8.1	Die Stoppuhr-Bean, Teil 1	196
	Die Planung der Bean	196

	Das Listing zur Stoppuhr-Bean	199
8.2	Die Klasse StoppuhrBeanInfo	210
8.3	Testen der Stoppuhr-Bean	214
8.4	Verbesserungsvorschläge	216
8.5	Zusammenfassung, Fragen und Übungen	218

9 Verbesserung der Stoppuhr-Bean — 221

9.1	Eingeschränkte Eigenschaften	222
	Grundlagen eingeschränkter Eigenschaften	222
	Weitere Informationen zu eingeschränkten Eigenschaften	226
9.2	Die Stoppuhr-Bean, Teil 2	228
9.3	Zusammenfassung, Fragen und Übungen	237

10 Modifikation von Beans — 241

10.1	Eigenschaften-Editoren	243
	Erkennung von Eigenschaften-Editoren	245
	Änderung von Eigenschaften	246
10.2	Praktisches Beispiel: AudioPlayer-Bean	249
	Planung der Bean	249
	Erweiterung der AudioPlayer-Bean	267
10.3	Zusammenfassung, Fragen und Übungen	274

Lösungen — 279

Anhang — 291

Nützliche Internet-Adressen	291
Das Package java.beans	292
Interfaces des Pakets java.beans	292

Klassen des Pakets java.beans 294
Exceptions des Pakets java.beans 298

Index 301

Vorwort

Wenn Sie als Programmierer bereits mit grafischen Entwicklungsumgebungen wie z.B. *Delphi* (bzw. der LINUX-Variante *Kylix*), *Visual Basic*, *Borland C++-Builder* und natürlich dem *JBuilder* von Borland gearbeitet haben, so werden Sie die Idee und den Nutzen, die hinter *JavaBeans* stehen, leicht nachvollziehen können: Es geht darum, wiederverwendbare Komponenten zu entwickeln, die so universell gehalten sind, dass sie für viele Anwender interessant sind. So wird kein ernsthafter Programmierer Schaltflächen, Dialogboxen, Listen- und Eingabefelder oder Ähnliches immer wieder neu entwickeln: Vielmehr wird er versuchen, sich auf die wesentliche Programmieraufgabe zu konzentrieren und die genannten Komponenten als fertige und ausgereifte Elemente einzusetzen. JavaBeans bieten, genau wie die Komponenten der genannten grafischen Entwicklungsumgebungen, den Vorteil, dass ihre Wirkungsweise und die Art ihrer Programmierung für den Anwender vollkommen transparent ist. Dies bedeutet nichts anderes, als dass die softwaremäßige Realisierung von JavaBeans vor dem Anwender verborgen bleibt: Er muss sich nicht um die Details ihrer Programmierung kümmern, sondern kann sich ausschließlich mit ihrer Anwendung befassen.

Die Programmierung von *JavaBeans*, sie werden in der verfügbaren Literatur häufig einfach nur *Beans* genannt, stellt keine besonderen Anforderungen an Ihre Programmierkenntnisse. Vorausgesetzt werden aber gute Kenntnisse der Programmiersprache Java. Wenn Sie bereits über diese Java-Kenntnisse verfügen, reicht es aus, sich in wenige zusätzliche APIs einzuarbeiten. Mit diesem Wissen sind Sie dann in der Lage, eigene Beans zu entwickeln.

Dieses Buch wird sich also nicht mit der Vermittlung der Java-Grundlagen befassen. Sie müssen wissen, wie Sie mit dem Compiler umgehen und die verfügbaren Java-Datentypen müssen Ihnen geläufig sein. Es ist ebenfalls von Vorteil, wenn Sie wissen, wie die Dokumentation der APIs zu lesen ist. Sie werden aber lernen, wie Sie eigene JavaBeans entwickeln, worauf Sie bei der Entwicklung zu achten haben und welche Möglichkeiten sich Ihnen beim Einsatz von JavaBeans auftun.

Im Bereich der Unternehmenstechnologien wurden vor wenigen Jahren die so genannten *Enterprise JavaBeans* eingeführt. Die Begriffe *JavaBeans* und *Enterprise JavaBeans* dürfen nicht miteinander verwechselt werden: Enterprise JavaBeans sind eine Erweiterung von JavaBeans, die vor allem in Datenbanken und verteilten Netzen, also auch dem Internet, eingesetzt werden. Sie stellen wiederverwendbare Server-Komponenten dar, während »herkömmliche« JavaBeans auf Clients eingesetzt werden. Auf Enterprise JavaBeans wird in diesem Buch nicht eingegangen; ihre Beschreibung würde den Rahmen dieses Buches sprengen.

Die Entwicklung von JavaBeans ist nicht trivial! Besonders wichtig ist ihre ausgiebige Planung. Sie müssen immer berücksichtigen, dass Ihre Beans auch von anderen Programmierern eingesetzt werden sollen. Denken Sie also immer an alle möglichen Anwendungen Ihrer Beans und berücksichtigen Sie die potentiellen Wünsche anderer Programmierer bereits in der Planungsphase. Je mehr Detailarbeit von Ihnen, dem Bean-Entwickler, übernommen wird, umso lieber werden Ihre Beans von anderen Anwendern genutzt. In diesem Zusammenhang ist eine ausführliche Dokumentation der Funktionsweise, der Anwendung und der Einsatzgebiete von besonders großer Bedeutung. Es gibt Beans, deren Dokumentation weit über 150 Seiten umfasst. Entsprechend teuer sind diese Beans auch, wenn Sie diese kaufen möchten.

Ein kleiner Hinweis noch in eigener Sache: Ich bevorzuge für spezifische Fachausdrücke die Verwendung der amerikanischen Originalbegriffe. Dies hat folgenden Grund: In vielen Fällen sind deutsche Übersetzungen nicht so treffend wie die Originalbegriffe oder wesentlich umständlicher in ihrer Anwendung. Ein weiterer Grund ist aber der Folgende: Früher oder später werden Sie in die Situation kommen, auf englischsprachige weiter führende Literatur zurückgreifen zu müssen. Dann stellt sich beispielsweise die Suche nach dem Begriff *Collection* wesentlich einfacher dar als die Suche nach der deutschen Übersetzung *Sammlung*. Ich habe mich selber in der Vergangenheit darüber geärgert, aus dem Amerikanischen ins Deutsche übersetzte Bücher lesen zu müssen, bei denen die Übersetzung sklavisch nach den Vorgaben eines Wörterbuches durchgeführt wurden. Diesen Ärger möchte ich Ihnen von vorne herein ersparen. Wenn ich eine deutsche Übersetzung liefere, können Sie sicher sein, dass Sie die amerikanische Originalbezeichnung des betreffenden Begriffs in unmittelbarer Nähe der Übersetzung finden!

Und noch etwas in eigener Sache: Ich habe für Anregungen und Wünsche von der Leserschaft eine E-Mail-Adresse eingerichtet, über deren Nutzung ich mich sehr freuen würde. Diese lautet

esbeans@onlinehome.de.

Zudem können Sie sich die Beispiel-Quellcodes dieses Buches von der Verlags-Website unter *http://www.bhv-buch.de* herunterladen. So ersparen Sie sich die lästige Tipparbeit!

Ich möchte mich nun nicht weiter mit weitschweifigen Vorreden aufhalten, sondern vielmehr mit der grundlegenden Einführung in Java-Beans beginnen. Ich wünsche Ihnen viel Spaß und noch mehr Erfolg mit diesem Buch.

Ralf Jesse

Einleitung

Grundlegendes

Die Programmierung von JavaBeans wird von Sun bereits seit Oktober 1996 unterstützt. Damals erschien die Version 1.00 der JavaBeans-Spezifikationen, die bereits im Dezember des selben Jahres erweitert wurde und die Bezeichnung 1.00-A erhielt. Im Juli 1997 erschien dann die noch heute gültige Version 1.01 der JavaBeans-Spezifikationen, die auch die Basis für dieses Buch sind.

Die Architektur der JavaBeans-Komponenten hat sich in den Jahren seit dem ersten Erscheinen der Spezifikationen vor allem in der Industrie durchgesetzt. Die Zahl der JavaBeans-Entwickler ist inzwischen auf über 2.000.000 in der ganzen Welt gewachsen. Trotz dieser großen Bedeutung von JavaBeans gibt es kaum deutschsprachige Bücher, die sich mit der Entwicklung von JavaBeans befassen. Bei den Enterprise JavaBeans sieht dies etwas anders aus, obwohl die Anzahl der deutschsprachigen Bücher zu diesem ebenfalls wichtigen Thema auch nicht gerade »berauschend« ist.

Konzeption und Aufbau des Buches

Dieses Buch ist Teil der erfolgreichen Buchserie »Das bhv Einsteigerseminar« des Verlags vmi-buch (vormals bhv-Verlag). Alle Bücher dieser Serie sind nach einem genau vorgegebenen Schema aufgebaut. Dies erleichtert es einerseits dem Autor, eine klare und durchdachte Gliederung für »sein« Buch zu entwickeln. Für die Leser entstehen aber ebenfalls große Vorteile; dies gilt umso mehr, wenn Sie bereits weitere Bücher dieser Buchreihe kennen: Sie finden sich schneller zurecht, was den Lernerfolg steigert. Jedes Kapitel schließt mit einer Zusammenfassung über das in diesem Kapitel Gelernte und einigen Übungsaufgaben, die Sie im Anschluss hieran lösen können (und dies auch tun sollten). Im Anhang finden Sie dann die Lösungen zu diesen Übungsaufgaben. Verstehen Sie die dort angegebenen Lösungen aber bitte nicht als die einzigen »glückbringenden« Lösungen: Es gibt (fast) immer mehrere verschiedene richtige Lösungen.

Diese Einleitung bietet Ihnen eine kurze Übersicht, die Ihnen hilft, sich in diesem Buch zu orientieren. Leser, die sich bereits grundlegende Kenntnisse zum Thema JavaBeans erarbeitet haben, können hiermit entscheiden, ob sie auf einzelne Kapitel verzichten können. Beginnen wir nun mit der Kapitelübersicht.

Kapitel 1 liefert eine Einführung in die JavaBeans-Technologie. Hierzu zählt zunächst einmal die Definition von JavaBeans und der Vergleich zwischen JavaBeans und Klassen. Es wird gezeigt, aus welchen Bestandteilen eine Bean besteht. Darüber hinaus wird der Unterschied zwischen dem Entwurf und der Ausführung von Beans aufgezeigt. Abschließend folgt ein Blick auf die Sicherheitsaspekte von Beans.

Damit Sie möglichst schnell eigene Beans programmieren und austesten können, wird in *Kapitel 2* das neue Tool *Bean Builder* vorgestellt. Wurde zum Testen von JavaBeans jahrelang nahezu ausschließlich das so genannte *Bean Development Kit* verwendet, so steht seit kurzer Zeit dieses neue Tool zur Verfügung. Hierfür ist es allerdings erforderlich, Beans mit dem ebenfalls neuen Java 2 SDK 1.4 zu entwickeln.

In *Kapitel 3* werden Sie die elementaren Grundlagen von JavaBeans kennen lernen. Sie werden sehen, welche Arten von Eigenschaften in Beans eingesetzt werden können und wie auf diese Eigenschaften zugegriffen werden kann. Weitere Informationen zu Beans stellen die Abschnitte über Namenskonventionen bereit. In diesem Zusammenhang erfahren Sie, was es mit dem Begriff *Introspection* auf sich hat. Auch auf Ereignisse wird in diesem Kapitel eingegangen, wobei Sie den Unterschied zwischen den so genannten *Unicast-* und *Multicast-Ereignissen* kennen lernen. Im zweiten großen Abschnitt dieses Kapitels befassen wir uns ausführlich mit den einzelnen Schritten, die bei der Entwicklung von Beans zu beachten sind. Darüber hinaus werden die Begriffe *Persistenz* und *Serialisierung* erläutert bzw. wiederholt.

Nachdem wir eine ganze Menge theoretische Grundlagen erarbeitet haben, werden wir in *Kapitel 4* die erste JavaBean entwickeln. Wir halten uns dabei streng an die Vorgaben, die wir in den ersten drei Kapiteln erarbeitet haben und werden weitere Dinge kennen lernen, die erforderlich sind, um vollständige Beans zu »bauen«. Hierbei handelt es sich um die so genannten Manifest-Dateien sowie um Java-Archive. Unsere erste Bean werden wir anschließend mit dem BeanBuilder testen.

Kapitel 5 ist wieder dem theoretischen Teil von JavaBeans gewidmet: Wir befassen uns dort mit den so genannten Java-Archiven, Manifest-Dateien und besprechen abschließend das Programm `javadoc`. Dieses Kapitel ist aber nicht ausschließlich im Zusammenhang mit JavaBeans von Bedeutung; Sie können es für alle Java-Projekte, also auch für Applikationen, Applets, Servlets, JavaServer Pages usw. einsetzen.

In *Kapitel 6* werden wir dann eine weitere Bean entwickeln. Hierbei handelt es sich bereits um ein größeres Projekt. Bei dieser Bean handelt es sich um eine Schaltfläche, die aber im Gegensatz zu herkömmlichen Schaltflächen nicht rechteckig, sondern rund ist. Wir werden feststellen, dass ein Aspekt, der zunächst selbstverständlich erscheint, gar nicht so leicht zu realisieren ist: Die Schaltfläche darf nämlich nur ausgelöst werden, wenn innerhalb der Kreisfläche mit der Maus geklickt wird. Dies ist aber noch nicht alles: Im weiteren Verlauf dieses Kapitels werden wir uns mit der BeanInfo-Klasse befassen, die weitere Informationen zu einer Bean liefert, die in integrierten Entwicklungsumgebungen benötigt werden. Selbstverständlich werden wir auch die Dokumentation der Bean mit dem Programm `javadoc` erstellen.

Kapitel 7 liefert weitere Verbesserungen zu der Bean, die in Kapitel 6 entwickelt wurde. Da es sich um eine Schaltfläche handelt, muss diese in der Lage sein, andere Komponenten bzw. Methoden über Änderungen ihres Status zu informieren. Dies erfolgt über Ereignisse. In diesem Kapitel werden wir uns daher mit grundlegenden Informationen zu Ereignissen befassen und hierbei die Begriffe *Event Source* sowie *Event Listener* kennen lernen. Wir werden anschließend das hier Gelernte unmittelbar mit »unserer« Bean aus Kapitel 6 in die Praxis umsetzen und sie im wahrsten Sinne des Wortes »abrunden«.

In *Kapitel 8* werden wir eine weitere Bean entwickeln, die allerdings etwas komplexer ausfällt als die aus Kapitel 6 und 7. Es handelt sich bei dieser Bean um eine Komponente zur Anzeige von Uhrzeiten; genauer: Sie hat die Funktion einer Stoppuhr. Das Besondere an dieser Bean ist, dass sie zwei Komponenten enthält: Die Anzeige sowie eine unsichtbare Komponente, den Timer. Darüber hinaus wird gezeigt, wie Sie auf Ressourcen (in diesem Fall: Grafiken) in einem Java-Archiv zugreifen können, die im gleichen Archiv gepackt sind wie die Bean-Klasse. Außerdem wird gezeigt, wie interne Ereignisse behandelt werden.

In *Kapitel 9* wird gezeigt, wie die Sicherheit einer Komponente gegen Fehlbedienungen erhöht wird. Wir werden uns hier mit den so genannten *eingeschränkten Eigenschaften* befassen. Sie werden die Grundlagen eingeschränkter Eigenschaften kennen lernen, worauf Sie beim Einsatz eingeschränkter Eigenschaften zu achten haben und anhand eines praktischen Beispiels die Umsetzung des Gelernten durchführen.

Im letzten Kapitel (*Kapitel 10*) werden wir uns mit fortgeschrittenen Techniken zur Bean-Programmierung befassen. Am Beispiel einer AudioPlayer-Bean, die in der Lage ist, sehr große Audio-Dateien abzuspielen (Tests erfolgten mit Dateien von nahezu 60 Megabyte Größe), werden Sie lernen, wie Standard-Eigenschaften-Editoren von Entwicklungsumgebungen durch selbst-definierte Eigenschaften-Editoren ersetzt werden. Um den Reiz dieser Bean zu erhöhen und ihre Einsatzgebiete zu vergrößern, wird in dieser Bean ein eigener Thread zur Wiedergabe der gewählten Audio-Datei erzeugt.

Den Abschluss dieses Buches bildet ein *Anhang*, in dem einige wichtige Internet-Adressen aufgeführt sind, wo Sie sich weitere Informationen zu JavaBeans beschaffen können. Außerdem werden in Kurzform sämtliche Interfaces, Klassen und Exceptions des Packages java.beans vorgestellt.

> **HINWEIS**
> Die Beispiel-Quellcodes dieses Buches können Sie sich von der Verlags-Website unter der Adresse *http://www.bhv-buch.de* herunterladen. So ersparen Sie sich die lästige Tipparbeit!

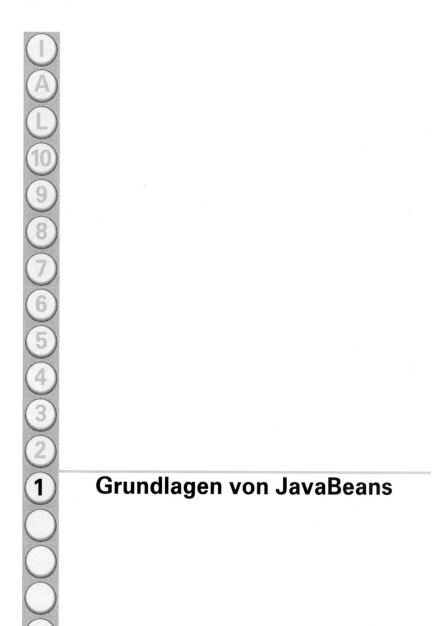

1 Grundlagen von JavaBeans

JavaBeans

Grundlagen von Literatur

1 Grundlagen von JavaBeans

Die Philosophie, die hinter der Programmiersprache Java steht, lautet entsprechend der Aussage der Marketing-Abteilung von Sun Microsystems Inc. (im Folgenden kurz Sun genannt), dem Erfinder dieser hochinteressanten Programmiersprache:

Write once – run anywhere (Einmal entwickeln – überall ausführen)!

Dies bedeutet nichts Anderes, als dass Java das Programmieren plattformunabhängiger Anwendungen ermöglicht. Aber dies ist nichts Neues mehr für Sie, denn Sie haben ja bereits erste Java-Erfahrungen gesammelt.

1.1 Definition von JavaBeans

Die Definition von JavaBeans setzt auf der Definition der Programmiersprache Java auf und erweitert diese um den Begriff der *Komponenten*. Wenn man dies berücksichtigt, lautet die Definition von JavaBeans folgendermaßen:

Aus technischer Sicht stellt sich eine JavaBean als eine oder mehrere Java-Klassen dar, die oftmals in einer JAR-Datei weitergegeben werden. Eine dieser Klassen ist `public` und stellt die Schnittstelle zum Rest der Welt dar. JaveBeans werden häufig in grafischen Entwicklungsumgebungen eingesetzt.

> **HINWEIS:** Man bezeichnet diese grafischen Software-Entwicklungskits auch als *RAD*-Kits, wobei RAD für *Rapid Application Development* steht.

Diese RAD-Kits ermöglichen die Verwendung fertiger und vollständig getesteter Komponenten wie z.B. Schaltflächen, Dialogboxen, Listenfelder usw., die auf einer Oberfläche, die im allgemeinen als *Formular* bzw. als *Form* bezeichnet wird, entsprechend der gewünschten Anordnung platziert werden und anschließend vom Programmierer mit einer Funktionalität versehen werden. Die Vorteile dieser Vorgehensweise sind leicht erkennbar:

▶ Als Programmierer werden Sie von der Entwicklung bzw. Programmierung dieser Komponenten entlastet, da sie bereits von den Anbietern der RAD-Kits zur Verfügung gestellt werden. Komponenten werden darüber hinaus ebenfalls von Dritten vertrieben.

▶ Sie müssen sich nur noch um die eigentliche, zu lösende Aufgabe kümmern.

▶ Das Aussehen der auf diese Weise entwickelten Anwendungen ist immer gleich, was die Bedienung durch den Anwender Ihrer Software deutlich vereinfacht.

▶ Auf den Vorteil, dass die Komponenten nicht mehr getestet werden müssen, bin ich bereits eingegangen.

Damit diese Vorgehensweise funktionieren kann und Sie als Programmierer so flexibel sind wie nur irgendwie möglich, müssen die Komponenten bestimmte Bedingungen erfüllen. Sie verfügen beispielsweise über *Methoden* und *Eigenschaften*, die Sie überschreiben können bzw. sogar müssen. Mit Hilfe der Eigenschaften können Sie z.B. die Beschriftung oder die Farbe der Komponenten Ihren Vorstellungen anpassen. Darüber hinaus müssen Komponenten in der Lage sein, *Ereignisse* auszulösen oder vorgenommene Einstellungen zu speichern. Für detaillierte Informationen zu diesen Bedingungen ist es im Moment aber noch zu früh; wir kommen auf diese ab Kapitel 3 zu sprechen.

HINWEIS Es gibt noch weitere Aspekte, die in Bezug auf JavaBeans von Bedeutung sind. Hierzu zählt beispielsweise die Möglichkeit, JavaBeans mit ActiveX-Elementen zu verbinden. Auf diese wird in diesem Buch aber nicht weiter eingegangen, da ActiveX-Elemente ausschließlich auf Windows-Betriebssystemen funktionieren, was dem Grundgedanken der Plattformunabhängigkeit von Java widerspricht.

Mit diesen Überlegungen im Hinterkopf ergibt sich für JavaBeans folgende Definition:

JavaBeans sind plattformunabhängige Komponenten, die nur einmal entwickelt werden müssen und in einer visuellen Entwicklungsumgebung modifiziert werden können und immer wieder aufs Neue verwendet werden können.

Sun hat diese Definition kurz und prägnant mit

"Write once – run anywhere – reuse everywhere"

festgelegt.

1.2 Besondere Aspekte von JavaBeans

Um anderen Software-Entwicklern das Arbeiten mit Ihren JavaBeans so weit wie möglich zu vereinfachen, müssen Sie verschiedene Aspekte beachten. Einige dieser Aspekte wurden bereits in Abschnitt 1.1 erwähnt. Hierzu zählen beispielsweise eine ausreichende Anzahl von Methoden und Eigenschaften, die Sie Ihren Beans »spendieren« müssen, damit den Anwendern flexible Einsatzmöglichkeiten zur Verfügung stehen. In den folgenden Abschnitten werden diese Aspekte zusammengefasst.

Analyse von JavaBeans

JavaBeans werden zwar nicht ausschließlich in den bereits erwähnten RAD-Kits verarbeitet (es ist durchaus möglich, sie auch »von Hand« in Programme einzubinden); ich vermute aber, dass dies der häufigste Anwendungsbereich ist. RAD-Kits stellen so genannte *Eigenschaften-Editoren* zur Verfügung, mit denen es möglich ist, die Werte der Bean-Eigenschaften zu verändern und somit das Verhalten und das Aussehen der Beans auf einfache Weise zu beeinflussen. Damit dies möglich ist, müssen JavaBeans vom Entwicklungswerkzeug untersucht werden, welche Eigenschaften, Methoden und Ereignisse von der Bean unterstützt werden. Dies wird im Amerikanischen mit dem Begriff *Introspection* bezeichnet.

Modifikation von Eigenschaften und Methoden

In den allermeisten Fällen werden die Anwender Ihrer Beans ihre eigenen Vorstellungen vom Verhalten und vom Erscheinungsbild von Komponenten haben. Sie sind dafür verantwortlich, dem Anwender Einstellmöglichkeiten zur Verfügung zu stellen. Dies wird im Allgemeinen als *Customization* bezeichnet.

Ereignisse

Damit verschiedene Beans miteinander kombiniert werden können, müssen sie in der Lage sein, Informationen miteinander auszutauschen. Dies erfolgt über Ereignisse. Sie müssen als Programmierer von Beans mit Hilfe der so genannten *Events* dafür sorgen, dass dies möglich ist.

Speichern von Einstellungen

Die meisten Programmieraufgaben sind derart komplex, dass es unmöglich ist, sie in einem »Rutsch« komplett zu beenden. In Kapitel 10 werden Sie beispielsweise eine Bean entwickeln, die zur Wiedergabe von Audio-Dateien eingesetzt wird, die `AudioPlayer`-Bean. Sie besteht aus vier Java-Dateien, von denen eine zum Abspielen der gewählten Datei einen eigenen *Thread* erzeugt. Alleine dieser Thread ist so umfangreich, dass er wohl kaum innerhalb eines Tages entwickelt und vollständig getestet werden kann. Damit die bereits vorgenommenen Änderungen nicht verloren gehen, muss eine Möglichkeit geschaffen werden, diese zu speichern und zu einem späteren Zeitpunkt erneut zu laden. Diese Eigenschaft von Beans bezeichnet man allgemein als *Persistence*; die Methode, dies zu erreichen, nennt man *Serialisierung* bzw. in Amerikanisch *Serialization* oder *Object Serialization*.

Sichtbare und unsichtbare JavaBeans

Eine der häufigsten Anwendungen von JavaBeans ist der Einsatz als sichtbare Komponente. Dies bedeutet, dass sie Elemente grafischer Benutzerumgebungen sind. Sie werden beispielsweise als Bedienelemente wie z.B. Schaltflächen eingesetzt, die eine genau definierte Aufgabe durchführen. Sinnvoll eingesetzt erleichtern sie den Anwendern die einfache und sichere Beherrschung der Programme.

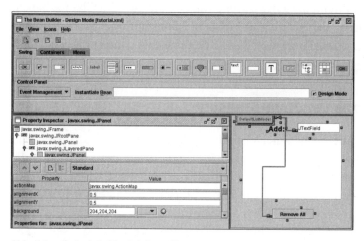

Abb. 1.1: Beispiele für sichtbare Komponenten

HINWEIS

Abbildung 1.1 zeigt den so genannten BeanBuilder, ein Programm, das Sun zum Testen selbst entwickelter JavaBeans auf der Seite http://java.sun.com/products/javabeans/software/ zur Verfügung stellt. Es handelt sich hierbei um die Version 1.0 Beta; die Anwendung dieses Programms wird in Kapitel 2 ausführlich beschrieben. Zurzeit (Stand: Mai 2002) kann dieses Programm noch nicht für die permanente Speicherung auf der Festplatte herunter geladen werden, da die Entwicklung noch nicht vollständig abgeschlossen ist. Der Start erfolgt über eine Internet-Verbindung und WebStart, einer Anwendung, die standardmäßig mit dem SDK 1.4 installiert wird.

Dies ist aber nicht das einzige Einsatzgebiet von JavaBeans: Es gibt auch unsichtbare Komponenten, die im Hintergrund ablaufen. Hierzu zählen beispielsweise *Timer*, die nach dem Ablaufen einer einstellbaren Zeitspanne ein Ereignis auslösen, auf das die Anwendung reagieren kann. Andere JavaBeans, die im Hintergrund »werkeln«, könnten z.B. die Gültigkeit von Anwendereingaben prüfen oder Listen sortieren. Sie sehen: Die Einsatzgebiete von JavaBeans sind sehr vielfältig! Dass diese Komponenten unsichtbar sind, gilt nur für die Ausführungszeit eines Programms. Während der Entwicklung müssen Sie aber die Chance haben, das Verhalten einer solchen Komponente zu beeinflussen; in einer Java-Entwicklungsumgebung sind diese Komponenten dann sehr wohl sichtbar.

JavaBeans vs. Java-Klassen

Prinzipiell sind JavaBeans identisch mit Java-Klassen. Beide setzen sich aus Objekten, die in Java geschrieben sind, zusammen, und auch die Syntax ist die Gleiche. Das Kompilieren erfolgt auf die gleiche Weise, sodass auf den ersten Blick gar kein Unterschied feststellbar ist. Dieser offenbart sich in den Details: »Herkömmliche« Java-Klassen sind nicht serialisierbar, JavaBeans hingegen müssen serialisierbar sein. Die Namen von Methoden und Eigenschaften einer Bean folgen (wenn man den Empfehlungen von Sun folgt) einem bestimmten Schema, auf das wir in Kapitel 3 zu sprechen kommen. Der wichtigste Unterschied ist aber, dass zu JavaBeans immer eine so genannte *Manifest-Datei* gehört, die für »herkömmliche« Java-Klassen nicht erforderlich ist.

Dokumentation von JavaBeans

Ein ganz besonders wichtiger Aspekt bei der Programmierung von Beans betrifft die Dokumentation. Wenn Sie planen, Ihre selbst geschriebenen Beans auch anderen Programmierern zur Verfügung zu stellen (dabei ist es gleichgültig, ob Sie die Beans verkaufen oder verschenken wollen), kommt der Dokumentation der Funktionalität eine ganz entscheidende Bedeutung zu. Den meisten Anwendern ist es wichtig, dass sie die Beans *anwenden* können und nicht die Gedanken und Ideen der Bean-Programmierer aufs Neue *entwickeln* müssen. Es kommt gar nicht einmal darauf an, ob Sie die Dokumentation auf Papier oder in elektronischer Form liefern wollen; wichtig ist in jedem Fall eine eingehende Beschreibung der Funktionalität und die Möglichkeiten, diese zu erreichen. Eine vernünftige Dokumentation beschreibt zunächst die Einsatzgebiete der jeweiligen Bean. Anschließend folgt eine eingehende Beschreibung der zur Verfügung stehenden Methoden und Eigenschaften.

Fehlerbehandlung

Mit großer Sicherheit werden Ihre Beans auch keine Freunde finden, wenn Sie fehlerbehaftet sind oder wenn ihre Anwendung Fehler zulässt (dies gilt natürlich für jede Art von Software). Sie müssen immer dafür sorgen, dass Ihre Beans weit gehend fehlersicher sind. Fehleingaben dürfen sich nicht nachteilig auf die Funktion der Bean auswirken; aus diesem Grund sollten Sie dafür sorgen, dass jede Fehleingabe unmittelbar durch das Programm zurückgewiesen wird und dies am Besten durch eine Fehlermeldung, die den Anwender auf seinen Fehler aufmerksam macht (z.B. durch eine Dialog-Box).

1.3 Weitere Aspekte von JavaBeans

Die in Abschnitt 1.2 beschriebenen besonderen Aspekte von JavaBeans sind von enormer Wichtigkeit für das Konzept, das hinter JavaBeans steht. Es gibt aber noch weitere Dinge, die Sie als Entwickler von JavaBeans beachten müssen, damit Ihre Beans den Erfolg erlangen, den sie verdienen.

Entwicklung und Ausführung von JavaBeans

Die meisten Beans entstehen vermutlich in Java-Entwicklungsumgebungen; es gibt aber auch Programmierer, die diese Hilfsmittel nur ungern einsetzen bzw. aus Kostengründen auf ihren Einsatz verzichten und jede einzelne Programmzeile in einem Text-Editor eintippen und die Dateien später kompilieren. Als Bean-Entwickler müssen Sie alle Eventualitäten berücksichtigen. Sie müssen also dafür Sorge tragen, dass Ihre Beans einer beliebigen Java-Entwicklungsumgebung alle notwendigen Informationen zur Verfügung stellt, die zur Anpassung an die gewünschte Funktionalität erforderlich sind. Hierzu gehören immer die Methoden, Eigenschaften und Ereignisse, die der Bean-Anwender modifizieren darf.

> **HINWEIS**
> Wenn die Rede von einem Bean-Anwender ist, so ist hiermit ein fremder Software-Entwickler gemeint, der diese und andere Beans benutzt, um hieraus neue Software zu entwickeln!

Sicherheit

Java folgt einem strengen Sicherheitskonzept. Man hört immer wieder besonders im Zusammenhang mit Java-Applets, dass Java unsicher sei. Dies ist absoluter Unsinn! Bereits seit Version 1.0 des Java Development Kits arbeiten Java-Anwendungen innerhalb einer als *Sandbox* (Sandkasten) bezeichneten Umgebung. Innerhalb dieses »Sandkastens« wurden grundsätzlich alle so genannten nicht-vertrauenswürdigen Anwendungen, also Codes aus dem Netzwerk und hier insbesondere aus dem Internet, ausgeführt. Dies galt also schon von Anfang an besonders für Applets. Anders verhielt es sich mit lokalen Anwendungen. Mit Hilfe der so genannten *Security Manager* konnten aber auch lokale Anwendungen vom Zugriff auf System-Ressourcen ausgesperrt werden.

Mit Version 1.1 des JDK wurde das Sandbox-Modell erweitert: Wenn Applets als vertrauenswürdig eingestuft wurden (dies konnte explizit vom Anwender bzw. System-Administrator festgelegt werden), können auch Applets auf wichtige System-Ressourcen, z.B. das Dateisystem, zugreifen. Hiervon waren insbesondere Applets mit besonderen digitalen Signaturen betroffen.

Das JDK 1.2 brachte weitere wesentliche Erweiterungen des Sicherheits-Konzepts mit sich. Mit Hilfe des so genannten *Policy Tools* können jedem Programm-Code besondere Zugriffsrechte gewährt bzw. verweigert werden. Dabei ist es möglich, die Rechte auf bestimmte Komponenten, wie z.B. die Festplatte(n), gezielt zu vergeben.

Dieses Sicherheitsmodell ist noch heute gültig! Und da JavaBeans in der Programmiersprache Java geschrieben werden, gelten die gleichen Sicherheitsrichtlinien auch für JavaBeans!

Multi-Threading

Die Programmiersprache Java unterstützt das so genannte *Threading* bzw. *Multi-Threading*. Hierunter versteht man, dass bestimmte Teile eines Programms, es handelt sich hierbei im Regelfall um zeitintensive Berechnungen oder die Überwachung von Timern, nahezu unabhängig vom eigentlichen Programm ausgeführt werden. Es ist somit eine Erweiterung des so genannten *Multi-Tasking*, das es ermöglicht, mehrere verschiedene Programme nahezu zeitgleich auszuführen. Hierdurch wird es möglich, mehrere unterschiedliche Programme parallel auszuführen.

> **HINWEIS** Der wesentliche Unterschied zwischen Multi-Tasking und Multi-Threading besteht darin, dass beim Multi-Tasking mehrere verschiedene Programme praktisch gleichzeitig ausgeführt werden; beim Multi-Threading wird ein Programm in mehrere Teilaufgaben zerlegt, die dann quasi parallel ausgeführt werden. Ein weiterer Unterschied besteht darin, dass Multi-Tasking-Programme alle einen eigenen Speicherbereich benutzen und daher andere Programme im Falle eines Fehlers nicht beeinträchtigen. Bei Multi-Threading-Programmen ist dies anders: Die einzelnen Threads teilen sich die Variablen und Methoden eines Programms. Wenn ein Thread demnach »abschmiert«, so wird sich dies im Regelfall negativ auf das gesamte Programm auswirken.

Für Sie als Bean-Programmierer ist es von Bedeutung, dass Sie immer davon ausgehen sollten, dass Ihre Beans in Multi-Threading-Programmen eingesetzt werden. Wenn Sie sich nicht sicher sind, wie Sie Ihre Beans Thread-sicher programmieren können, so ist es das Einfachste, alle Methoden mit dem Schlüsselwort synchronized zu versehen.

> **HINWEIS** In diesem Buch wird nicht weiter auf die Grundlagen zu Threads und deren Programmierung eingegangen. Hierzu gibt es andere Literatur, z.B. mein Buch »Das bhv-Taschenbuch Java 2«: Hier habe ich mich ausgiebig mit der Programmierung von Threads befasst.

Komponenten vs. Container

Im Hinweis zu Abbildung 1.1 wurde am Rande der Begriff *Container* erwähnt, ohne näher auf ihn einzugehen. Dies soll an dieser Stelle nachgeholt werden. Komponenten werden, wie bereits bekannt, innerhalb von Programmen miteinander kombiniert und mit Software-Methoden, Eigenschaften und Ereignissen versehen. Dies ist aber nur die halbe Wahrheit: Damit verschiedene Komponenten miteinander verbunden werden können, müssen sie einen gemeinsamen Bezugspunkt besitzen, eine Fläche, auf der sie angeordnet werden und die alle Komponenten »besitzt«. Dieser Bezugspunkt wird im Allgemeinen als Container bezeichnet.

Die Definition eines Containers (in der Computer-Programmierung) könnte also folgendermaßen lauten:

Ein Container ist ein Kontext, der alle Komponenten, also die sichtbaren und die unsichtbaren, zusammenfasst, damit diese miteinander verknüpft werden und agieren können.

Um verschiedene Bereiche einer Anwendung voneinander funktional zu trennen, besteht die Möglichkeit, innerhalb eines Containers weitere Container anzuordnen. In dem (gar nicht so selten vorkommenden) Sonderfall, dass Container innerhalb eines anderen Containers angeordnet werden, sind diese »untergeordneten« Container selbst wieder Komponenten!

1.4 JavaBeans vs. andere Komponenten

Wir haben inzwischen einige Aspekte von JavaBeans näher betrachtet und hierbei einige besonders wichtige Eigenschaften kennen gelernt. Genau wie andere Komponenten auch ermöglichen Sie die Wiederverwendung einmal geschriebener Programmcodes. Ein besonderer Vorteil von Beans gegenüber den in anderen Programmiersprachen geschriebenen Komponenten ist ihre weit gehende Plattformunabhängigkeit. Darüber hinaus sind JavaBeans relativ kleine »Programme«. Dies hat insbesondere den Vorteil, dass sie schnell in verteilten Anwendungen, z.B. dem Internet oder in Firmen-Intranets, einsetzbar sind. Das ist mit anderen Komponenten zwar ebenfalls möglich; da JavaBeans aber auf der Programmiersprache Java aufsetzen, sind Sie hier sehr frei in der Wahl der Übertragungsmethode: Sie können wählen zwischen der (in Java eingebauten) so genannten *Remote Method Invocation* (RMI, Aufruf verteilter Methoden), dem weit verbreiteten CORBA-Modell (*Com-*

mon *Object Request Broker Architecture*) und natürlich auch Microsofts DCOM (*Distributed Component Objects Model*), wobei hier natürlich wieder der Vorteil der Plattformunabhängigkeit verloren geht. Hinzu kommt selbstverständlich noch die Ansteuerung von Datenbanken mit Hilfe von JDBC (*Java Database Connectivity*). Diese Vielfalt von Einsatzmöglichkeiten ist wahrscheinlich einzigartig.

1.5 Zusammenfassung, Fragen und Übungen

Zusammenfassung

▶ Sie haben in diesem Kapitel die Definition von Java sowie die Erweiterung dieser Definition in Hinblick auf JavaBeans kennen gelernt.

▶ Sie haben ebenfalls die besonderen Merkmale von JavaBeans, z.B. die Möglichkeit zum Speichern und Laden von Einstellungen kennen gelernt.

▶ Sie wissen, dass Sie Ihren selbst geschriebenen Beans die Fähigkeit geben müssen, Informationen mit einer Java-Entwicklungsumgebung austauschen zu können.

▶ Sie müssen ebenfalls dafür sorgen, dass Sie Methoden, Eigenschaften und Ereignistypen in ausreichender Anzahl mitliefern müssen, damit Ihre Beans für fremde Anwender interessant werden.

▶ Ein ganz wichtiger Punkt betrifft die ausführliche Dokumentation.

Fragen und Übungen

1. Welche Bedeutung hat die Abkürzung RAD?
2. Wie lautet die Definition von JavaBeans?
3. Was versteht man unter dem Begriff »Persistence« und wodurch wird er realisiert?
4. Wie lautet die einfachste Möglichkeit, JavaBeans thread-sicher zu machen?
5. Was wird durch Thread-Sicherheit erreicht?
6. Was ist der Unterschied zwischen Containern und Komponenten?
7. Welche drei Möglichkeiten für verteilte Komponenten kennen Sie, die von JavaBeans unterstützt werden?

Der BeanBuilder

JavaBeans

2 Der BeanBuilder

Zeitgleich mit Erscheinen des JavaBeans-API veröffentlichte Sun das so genannte *Bean Development Kit*. Hierbei handelte es sich um ein Programm, mit dem die Funktion von JavaBeans ausgetestet werden konnte (und auch weiterhin kann). Dieses Programm war sehr hilfreich, um verschiedene bereits erstellte JavaBeans miteinander zu »verdrahten«, d.h. zu kombinieren, mit Ereignissen zu versehen, Eigenschaften zu verändern und natürlich die Funktionalität zu überprüfen. Dieses Programm funktioniert zwar auch mit dem neuen Java 2 Software Development Kit v1.4, das seit Ende Januar 2002 zur Verfügung steht; es kann aber die neuen Features dieses SDK, und hier insbesondere den neuen Layout-Manager SpringLayout, nicht nutzen. Bereits im Jahre 1999 begann JavaSoft damit, ein neues Werkzeug, den *Bean Builder*, zu entwickeln. Die zurzeit aktuelle Version des BeanBuilder hat die Versionsnummer 1.0 Beta und ist datiert auf den Januar 2002. Da der BeanBuilder aber den neuen Layout-Manager SpringLayout verwendet, ist es zwingend erforderlich, das Java 2 Software Development Kit 1.4 zu installieren.

> **HINWEIS**
>
> Der BeanBuilder 1.0 Beta war zum Zeitpunkt, an dem dieses Buch fertiggestellt wurde (Mitte Juli 2002), noch nicht für den permanenten Download verfügbar. Über Java Web Start, das automatisch mit dem SDK 1.4 installiert wird, ist es aber möglich, diese Beta-Version bei Bedarf von der Internet-Adresse *http://java.sun.com/products/javabeans/beanbuilder/1.0/builder.jnlp* zu beziehen und damit zu arbeiten. Sobald der Download abgeschlossen ist, kann die Internet-Verbindung getrennt werden, da eine dauerhafte Verbindung dann nicht mehr erforderlich ist. Dies ist sicherlich von besonderem Interesse für die Anwender, die nicht über eine Flat-Rate verfügen.

2.1 Einführung in den BeanBuilder

Der BeanBuilder 1.0 Beta ist ein neues Programmwerkzeug zum Testen der Funktionalität von JavaBeans. Dabei werden die Erweiterungen, die das Java2 Software Development Kit (SDK) im Laufe der Jahre bis hin zur aktuellen Version 1.4 des SDK erfahren hat, berücksichtigt. Mit diesem Programm können Sie vollständige Applikationen konstruieren, die aus einzelnen Komponenten zusammengesetzt sind. Gegenüber dem bisher ausschließlich verfügbaren Beans Development Kit werden vor allem die neuen Technologien der Persistence (Dauerhaftigkeit), das erweiterte Layout-Management (SpringLayout), sowie die Generierung dynamischer Ereignis-Adapter unterstützt. BeanBuilder 1.0 Beta unterstützt im Detail die folgenden Technologien:

▶ Den neuen so genannten *Long Term Persistence*-Mechanismus für JavaBeans. Hierunter versteht man den Prozess der Umwandlung der Beziehungen zwischen einzelnen Bean-Bestandteilen in ein XML-basiertes Textformat: Der Status einer JavaBean wird also in einer Textdatei permanent auf der Festplatte gespeichert! Die Kodierung/Dekodierung und Ausgabe/Eingabe der XML-Dateien erfolgt über zwei neue Datenströme (*Streams*), die die Namen XMLEncoder und XMLDecoder haben. Wenn Sie bereits Erfahrung in der Programmierung von Datenströmen haben, z.B. mit ObjectOutputStream und ObjectInputStream, dann werden Sie große Ähnlichkeiten zwischen diesen Klassen feststellen.

▶ Die Dokumentation von Informationen während der Entwurfsphase von Beans im *javadoc*-Format. Diese Informationen werden als Wertepaare von Namen und Werten für BeanInfo-Klassen erzeugt. (Von der Klasse BeanInfo abgeleitete Klassen enthalten zusätzliche Informationen zu Beans. Dies sind z.B. Icons, die ein Abbild der Bean in einem der bereits erwähnten RAD-Tools und natürlich auch dem BeanBuilder in Form einer kleinen Grafik darstellen).

▶ Mit dem SDK 1.3 wurde das *Dynamic Proxy API* zur dynamischen Erzeugung von Ereignis-Adaptern eingeführt. Eine *Dynamic Proxy Class* ist eine Klasse, die eine Liste von Interfaces implementiert, wenn die Klasse erzeugt wird. Der Aufruf einer Methode in einem dieser Interfaces auf eine Instanz der betreffenden Klasse bewirkt eine Kodierung und anschließende Weiterleitung dieses Methoden-Aufrufs durch eine einheitliche Schnittstelle. Da es sich bei den Interfaces um automatisch generierte Listen handelt, sind Typenfehler, z.B. falsche Datentypen, ausgeschlossen. Da die Erzeugung der Listen dynamisch erfolgt, ist ein Re-Kompilieren der Klassen ebenfalls nicht erforderlich.

▶ Zur Einstellung der Eigenschaften von Komponenten (siehe Kapitel 3) werden so genannte *Eigenschaften-Editoren* eingesetzt. Diese Eigenschaften-Editoren wurden selbstverständlich bereits beim Beans Development Kit eingesetzt; für BeanBuilder werden nun aber neue auf Swing basierende Eigenschaften-Editoren für die Einstellung von Schriftarten, Farben, Objekten, Dimensionen usw. zur Verfügung gestellt. Eigenschaften-Editoren (auch selbst geschriebene) stehen darüber hinaus auch in »fremden« Entwicklungsumgebungen, wie z.B. JBuilder von Borland, zur Verfügung.

▶ Mit Swing wurde eine neue Form der Ereignisbehandlung eingeführt. Diese Form basiert auf den so genannten *Aktionen (Actions)*. Wenn Sie sich vorstellen, dass verschiedene Aktionen, z.B. das Anklicken einer Schaltfläche mit der Maustaste oder das Drücken von ⏎, die gleiche Funktion auslösen sollen, so erhält die Behandlungsroutine für das betreffende Ereignis einen eindeutigen Namen, der beiden Ereignistypen zugewiesen werden kann: Beide Aktionen rufen also die gleiche Methode auf! Dies vereinfacht die Ereignisbehandlung erheblich.

▶ In Version 1.2 des damals noch als JDK (Java Development Kit) bezeichneten SDK wurde mit der Klasse `URLClassLoader` im Package `java.net` ein neuer Klassenlader implementiert, bei der die Adresse des zu ladenden Objektes in Form einer URL (*Uniform*

Resource Locator) angegeben wird. Auf Basis dieser Klasse wurde in BeanBuilder ein Lader für JAR-Archive implementiert.

▶ Die letzte wesentliche Neuerung kam mit dem SDK 1.4; und dies ist auch einer der Hauptgründe dafür, dass BeanBuilder dieses SDK als Basis voraussetzt. Hierbei handelt es sich um den bereits erwähnten neuen Layout-Manager SpringLayout. Dieser Layout-Manager hat das Bestreben, Komponenten automatisch so in ihrer Größe zu verändern, dass alle wesentlichen Elemente der Komponenten, z.B. die Beschriftung mit Labels, immer vollständig, also auch bei Änderung der Schriftgröße, anzuzeigen.

BeanBuilder ist ein Projekt der *Swing-Connection*. Hierbei handelt es sich um einen Zusammenschluss von Programmierern, die Verbesserungen oder Fehlerkorrekturen erarbeiten, die dann von Sun, wenn es sinnvoll ist, im Regelfall zu einem späteren Zeitpunkt in eine neue Version des SDK aufgenommen werden.

2.2 Installation des BeanBuilder

Wie bereits gesagt: Die derzeitige Version 1.0 Beta lässt sich noch nicht von der angegebenen Internet-Adresse herunterladen und lokal auf der Festplatte speichern. Dies ist durch den Einsatz von Java Web Start aber auch nicht erforderlich: Mit einer schnellen DSL-Verbindung ist dieses Tool in wenigen Sekunden geladen und startbereit.

Der folgende Abschnitt beschreibt die Installation der fertigen Version des BeanBuilder, die hoffentlich bald zum Download zur Verfügung gestellt wird.

Installation und Konfiguration

Die Installation des BeanBuilder ist sehr einfach. Erzeugen Sie zunächst ein Verzeichnis, in das Sie BeanBuilder installieren möchten, z.B. *D:\Java\BeanBuilder*. Nachdem Sie sich das gepackte Archiv (*beanbuil-*

der.zip oder möglicherweise *builder.zip*) von der oben angegebenen Adresse heruntergeladen haben, müssen Sie es nur in ein Verzeichnis Ihrer Wahl entpacken. Voraussetzung für den Einsatz dieses Tools ist allerdings, wie bereits erwähnt, die Version 1.4 des SDK.

> **HINWEIS** Es ist Bedingung, dass Sie das vollständige SDK 1.4 verwenden, da BeanBuilder eine besondere Datei mit dem Namen *dt.jar* verwendet, die nicht zum Lieferumfang der Laufzeitumgebung von Java gehört. Diese Datei liefert Informationen, die während der Entwicklung von BeanBuilder in Form von BeanInfo-Daten entstanden sind und die BeanBuilder zwingend benötigt.

Das neu erzeugte Verzeichnis enthält nach dem Entpacken der Archivdatei ein Verzeichnis mit dem Namen *doc*. Dieses befindet sich im Verzeichnis *BeanBox*. Hier finden Sie detaillierte Informationen über die Anwendung dieses Programms. Da diese allerdings nur in englischer Sprache vorliegen, wird in den folgenden Abschnitten näher auf dieses Tool eingegangen.

Bevor Sie mit BeanBuilder arbeiten können, müssen Sie noch einige kleinere Konfigurationsarbeiten durchführen. Im gleichen Verzeichnis, nämlich in *BeanBox*, finden Sie neben weiteren Dateien zwei Dateien, die BeanBuilder starten. Wenn Sie unter Windows arbeiten, hat diese Datei den Namen *run.bat*; für UNIX-Systeme lautet der Name dieser Datei *run.sh*.

Konfiguration von Windows-Umgebungen

Damit Sie unter Windows-Betriebssystemen JavaBeans entwickeln können, sind noch kleinere Konfigurationsarbeiten durchzuführen. Diese sind allerdings sehr leicht durchzuführen und entsprechend schnell erledigt. Die Konfiguration beschränkt sich auf die Einstellung der Umgebungsvariablen JAVA_HOME.

> **HINWEIS:** Die Schreibweise der Umgebungsvariablen (Groß- bzw. Klein-schreibung) ist in Windows-Betriebssystemen beliebig; wenn Sie aber unter Solaris oder LINUX arbeiten, müssen Sie sich für eine feste Schreibweise entscheiden.

JAVA_HOME unter Windows 95/98/ME einstellen

Hier müssen Sie die Datei *AUTOEXEC.BAT* bearbeiten.

Tragen Sie hier nun die folgende Zeile ein:

SET JAVA_HOME=*Installationsverzeichnis von Java.*

> **HINWEIS:** Wenn Sie das SDK beispielsweise in das Verzeichnis *Java\J2SDK1.4* auf Laufwerk *D:* installieren, so ist *Installationsverzeichnis* durch *D:\Java\J2SDK1.4* zu ersetzen.

Es ist sinnvoll, diese Zeilen am Ende der Datei einzutragen, da Sie zu einem späteren Zeitpunkt leichter aufzufinden sind. Dies gilt besonders für umfangreiche *AUTOEXEC.BAT*-Dateien.

Es ist unbedingt erforderlich, den Computer anschließend neu zu starten, weil erst dann die durchgeführten Änderungen aktiviert werden.

JAVA_HOME unter Windows NT4/2000/XP einstellen

Bei diesen Betriebssystemen müssen Sie etwas anders vorgehen. Die Einstellung der Umgebungsvariablen erfolgt über ein spezielles Programm, das Sie unter *Start / Einstellungen / Systemsteuerung / System* finden.

Wenn Sie das Programm *System* doppelt anklicken, öffnet sich das in Abbildung 2.1 gezeigte Fenster:

Abb. 2.1: Einstellung von JAVA_HOME, Teil 1

Hier klicken Sie nun die mit *Umgebungsvariablen...* bezeichnete Schaltfläche an. Es öffnet sich das in Abbildung 2.2 gezeigte Fenster:

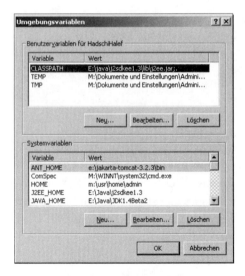

Abb. 2.2: Einstellung von JAVA_HOME, Teil 2

Als Letztes müssen Sie nun noch den Namen der Umgebungsvariablen (JAVA_HOME) und ihren Wert festlegen. Hierzu klicken Sie im Bereich Systemvariablen die Schaltfläche *Neu...* an, worauf sich die in Abbildung 2.3 abgebildete Eingabemaske öffnet:

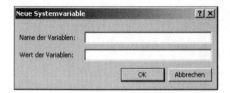

Abb. 2.3: Einstellung von JAVA_HOME, Teil 3

Im Eingabefeld *Name der Variablen:* tragen Sie nun JAVA_HOME ein und im Feld *Wert der Variablen:* den Pfad zum Installationsverzeichnis des SDK, z.B. *D:\Java\J2SDK1_4*. Bestätigen Sie nun Ihre Eingaben durch das Anklicken der *OK*-Schaltfläche.

Ein Neustart des Betriebssystems zur Übernahme der neuen Einstellungen ist unter Windows NT 4/2000/XP nicht erforderlich.

> **HINWEIS**
>
> Es ist sinnvoll, auf die gleiche Weise eine Umgebungsvariable mit dem Namen CLASSPATH einzurichten. Diese Umgebungsvariable hat die Aufgabe, dem Compiler mitzuteilen, wo sich die Java-Quelltexte befinden, die für das jeweilige Projekt zu kompilieren sind.

Konfiguration der Windows-Version von run.bat

Standardmäßig geht BeanBuilder davon aus, dass Sie das SDK 1.4 im Verzeichnis *c:\jdk1.4* installiert haben. Wenn Sie das SDK beispielsweise auf Laufwerk *D:* im Verzeichnis *Java\J2SDK1.4* installiert haben, so müssen Sie die Batch-Datei folgendermaßen modifizieren:

```
@echo off
REM #
REM # Shell script to run the Bean tester
```

```
REM #
REM # Usage runnit [ path to jdk root ]
REM #
REM setlocal
set USE_JAVA=d:\Java\j2sdk1.4
if not "%1" == "" set USE_JAVA=%1
@echo ## Running BeanTest with %USE_JAVA%
%USE_JAVA%\bin\java -cp beanbuilder.jar;%USE_JAVA%\lib\dt.jar
beantest.BeanTest
```

Beachten Sie hierbei bitte die in Fettschrift gedruckte Zeile.

Vergessen Sie bitte auch nicht, eine Umgebungsvariable mit dem Namen JAVA_HOME festzulegen; diese Umgebungsvariable muss dann als Wert das Hauptverzeichnis Ihrer SDK-Installation erhalten (also z.B. *JAVA_HOME = D:\JAVA\J2SDK1.4*).

Sie finden die Datei *run.bat* im Verzeichnis BeanBox von Bean-Builder. Dieses Verzeichnis wird automatisch angelegt!

Konfiguration von UNIX-/LINUX-Umgebungen

Unter UNIX/LINUX sind ähnliche Konfigurationen durchzuführen. Neben der Installation von BeanBuilder, die ähnlich erfolgt, wie unter Windows-Betriebssystemen (der Hauptunterschied liegt darin, dass unter UNIX/LINUX keine Laufwerksbuchstaben verwendet werden), müssen Sie noch die Umgebungsvariablen festlegen.

Konfiguration von run.sh

Der Start von BeanBuilder erfolgt über das Shell-Script *run.sh*. Dieses Script geht davon aus, dass die Einstellung der Umgebungsvariablen

JAVA_HOME bereits erfolgt ist. Das folgende Listing zeigt das Shell-Script
run.sh.

```
#! /usr/bin/sh
# Shell script to run the Bean Builder example
#
# Usage: JAVA_HOME=/usr/local/jdk1.4/ runnit.sh
${JAVA_HOME}/bin/java -cp beanbuilder.jar:${JAVA_HOME}/lib/
dt.jar beantest.BeanTest
```

Festlegung der Umgebungsvariablen

Die Umgebungsvariable können Sie, falls dies noch nicht erfolgt ist, mit

JAVA_HOME = *Installationsverzeichnis des SDK*
EXPORT JAVA_HOME

festlegen. Wenn Sie diese beiden Zeilen in das Start-Script Ihrer UNIX-/LINUX-Installation aufnehmen (das Start-Script unterscheidet sich von einer Distribution zur anderen), werden die entsprechenden Einstellungen automatisch beim Systemstart vorgenommen, sodass Sie sich nicht mehr hierum kümmern müssen.

Auf die gleiche Weise sollten Sie auch die Umgebungsvariable CLASSPATH einstellen.

Starten des BeanBuilder

Wenn Sie diese kleine Modifikation durchgeführt haben, belohnt Sie BeanBuilder nach dem Start mit folgendem Bildschirm:

Abb. 2.4: Ausschnitt des Startbildschirms von BeanBuilder

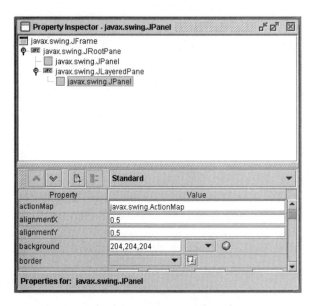

Abb. 2.5: Eigenschaften-Editor von BeanBuilder 1.0 Beta

Auf die Abbildung des dritten Bereiches von BeanBuilder, dem Design Panel, verzichte ich an dieser Stelle, da hier zunächst das Tutorial von BeanBuilder gestartet wird.

Damit ist die Installation von BeanBuilder abgeschlossen.

Der BeanBuilder   47

2.3 Bedienung des BeanBuilder

Die Bedienung des Programms erfolgt, wie das aller anderen Programme mit einer Windows-Oberfläche auch, über eine Menüleiste, die nahezu selbsterklärend ist. Beginnen will ich mit der Beschreibung der Menüleiste.

Das Menü File

Das *File*-Menü bietet die in Abbildung 2.6 dargestellten Optionen:

Abb. 2.6: Das *File-Menü von BeanBuilder*

Die Funktionen der ersten vier Menü-Einträge sowie des letzten Eintrags sind offensichtlich; hier erspare ich mir eine Beschreibung. Wichtig sind aber die Einträge *Load Jar File* und *Load Palette*. Mit *Load Jar File* können Sie die *Archiv-Datei* eigener oder fremder JavaBeans in den BeanBuilder laden. Wenn Sie diesen Menü-Eintrag anklicken, öffnet sich eine Dialogbox, mit deren Hilfe Sie die Archiv-Datei der gewünschten Bean lokalisieren und in den BeanBuilder laden können.

Der nächste Punkt betrifft den Menü-Eintrag *Load Palette*. Wenn Sie noch einmal einen Blick auf Abbildung 2.4 werfen, so erkennen Sie nach dem Start von BeanBuilder unterhalb der Symbolleiste drei Registerkarten, die mit den Überschriften *Swing*, *Containers* und *Menu* versehen sind. Hierbei handelt es sich um so genannte Paletten mit verschiedenen Komponenten (Beans!), die nach ihrer Funktionalität sortiert sind. Unter der Registerkarte *Swing* finden Sie entsprechend die verschiedenen für die Entwicklung von JavaBeans zur Verfügung stehenden Swing-Komponenten. Ähnlich verhält es sich mit den beiden anderen Registerkarten *Containers* und *Menu*. Unter der Registerkarte *Menu* finden Sie verschiedene Container, wie z.B. `JApplet`, `JDialog` oder `JFrame`. Die Aufzählung ist hiermit noch lange nicht abgeschlossen. Entsprechend finden Sie unter der Registerkarte *Menu* sieben Komponenten zur Erstellung von Menüs, u.a. `JMenu`, `JSeparator` oder `JPopupMenu`. Der gesamte Bereich wird innerhalb von BeanBuilder als Palette bezeichnet: Es handelt sich also um eine Palette, in der die verfügbaren Komponenten zur Verfügung gestellt werden. Standardmäßig werden Paletten in Form von editierbaren XML-Dateien geliefert.

> **HINWEIS**
> Die Standardpalette hat den Namen `palette.xml`.

Mit dem Menü-Eintrag *Load Palette* haben Sie nun die Möglichkeit, weitere Paletten mit eigenen JavaBeans bzw. Komponenten zu entwickeln und in den BeanBuilder zu laden.

Das Menü View

Dieses Menü bietet nur einen Eintrag: *Design Mode*. Hierbei handelt es sich um ein Objekt vom Typ `JCheckBoxMenuItem`, mit dem Sie zwischen dem Entwurfs- und dem Testmodus wechseln können. Im Entwurfsmodus (Checkbox aktiviert) können Sie Änderungen am Layout der verschiedenen Beans durchführen bzw. neue Beans hinzufügen bzw. nicht weiter benötigte Beans entfernen. In dieser Betriebsart können Sie ebenfalls Ereignisse (diese werden in Kapitel 3.4 näher vorgestellt) den einzelnen Beans zuordnen. Im Testmodus (Checkbox deaktiviert) können Sie dann die durchgeführten Änderungen unmittelbar auf ihre Funktion überprüfen. Auf eine Abbildung wird wegen der Einfachheit dieses Menüs verzichtet.

Das Menü Icons

Sie können Ihre selbst geschriebenen Beans (oder die Beans anderer Entwickler) mit kleinen Grafiken versehen. Diese Grafiken können (und sollten) in vier verschiedenen Formaten vorliegen:

▶ Monochrom 16 x 16 Pixel,

▶ Monochrom 32 x 32 Pixel,

▶ Farbig 16 x 16 Pixel und

▶ Farbig 32 x 32 Pixel.

Dieses Menü, das in Abbildung 2.7 gezeigt wird, bietet Ihnen nun die Möglichkeit, die Grafiken zu den Komponenten in den verschiedenen Formaten in der *Palette* darzustellen.

Abb. 2.7: Einträge des Menüs *View*

Als Entwickler von JavaBeans haben Sie die Möglichkeit, den Wieder-Erkennungswert ihrer Beans durch die Verwendung von Icons zu erhöhen: Es ist im allgemeinen wesentlich intuitiver, mit grafischen Symbolen (wenn sie denn gut gewählt sind) als mit Texten zu arbeiten. Informationen zu den grafischen Symbolen werden in Instanzen der Klasse `<Name-der-Klasse>BeanInfo` eingetragen.

Das Menü Help

Abbildung 2.8 zeigt die beiden Einträge des *Help*-Menüs:

Abb. 2.8: Einträge des Help-Menüs

Mit den beiden Einträgen dieses Menüs erhalten Sie nähere Informationen über BeanBuilder sowie Ihren Computer bzw. die aktuell laufende Anwendung.

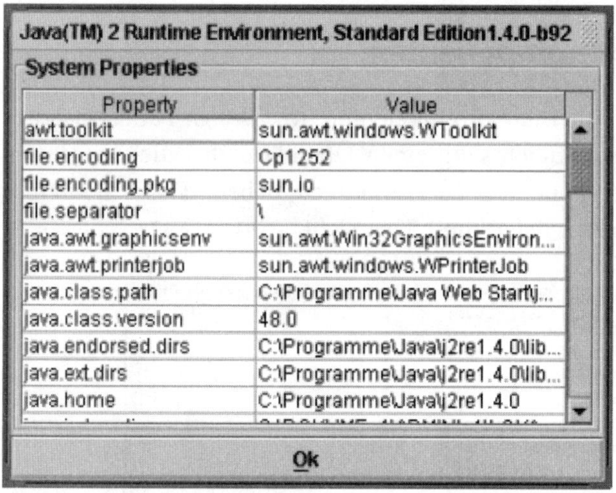

Abb. 2.9: Allgemeine Systeminformationen

Die Palette von BeanBuilder

Die Palette von BeanBuilder wurde bereits bei der Beschreibung des Menü-Eintrags *Load Palette* aus dem *File*-Menü vorgestellt. In der Palette werden die Icons der verschiedenen Komponenten abgebildet. Die Art der Abbildung bezogen auf die Größe und die Farbeinstellung erfolgt über das Menü *Icons*:

Abb. 2.10: Ausschnitt aus der Palette des BeanBuilder

> **HINWEIS** Wenn Sie mit dem Menü-Eintrag *File – Load Jar...* die Archiv-Datei einer weiteren Bean geladen haben, so wird die Tab-Leiste um den Eintrag *User* erweitert.

Hierarchie der Komponenten

Wenn Sie bereits mehrere Komponenten im *Design-Panel* platziert haben, so kann es hilfreich sein, einen Überblick über die Zuordnung der einzelnen Komponenten zueinander zu haben. Das *Hierarchie-Panel* von BeanBuilder liefert diese Übersicht:

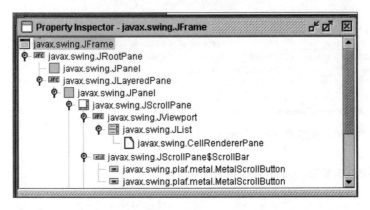

Abb. 2.11: Das Hierarchie-Panel von BeanBuilder

Das Eigenschaften-Panel

Das *Eigenschaften-Panel* liefert Ihnen aktuelle Informationen über die Werte der verschiedenen Eigenschaften der im Design-Panel selektierten Komponente. Das Eigenschaften-Panel ist in zwei Bereiche gegliedert: Ein *Toolbar* zum Navigieren innerhalb des Eigenschaften-Panels sowie das eigentliche Eigenschaften-Panel. Abbildung 2.12 zeigt das Toolbar an, Abbildung 2.13 das Eigenschaften-Panel.

Abb. 2.12: Toolbar des Eigenschaften-Panels

Property	Value
background	204,204,204
bounds	X: 465 Y: 251 Width: 315 Height: 326
componentOrientation	java.awt.ComponentOrientation
cursor	java.awt.Cursor[Standardcursor]
defaultCloseOperation	HIDE ON CLOSE
dropTarget	
enabled	☑ true
extendedState	1
focusCycleRoot	☑ true
focusTraversalKeysEna...	☑ true
focusTraversalPolicy	javax.swing.LayoutFocusTraversalPolicy
focusable	☑ true
focusableWindowState	☑ true

Abb. 2.13: Das »eigentliche« Eigenschaften-Panel

Auf eine eingehende Beschreibung des Eigenschaften-Panels kann verzichtet werden: Seine Funktion ist offensichtlich! Etwas anders verhält es sich mit dem Toolbar. Mit den beiden links angeordneten Schaltflächen können Sie entweder eine gewünschte Eigenschaft des aktuell selektierten Objekts (Pfeil nach unten) in das *Property-Panel* laden; mit der anderen Schaltfläche können Sie entsprechend wieder zur Gesamtübersicht aller Eigenschaften zurückkehren. Mit der dritten Schaltfläche (eine stilisierte Komponente) können Sie das selektierte Objekt in das Design-Panel laden. Besonders sinnvoll ist diese Funktion, wenn es sich bei dem Objekt um eine unsichtbare Komponente handelt. Die letzte Schaltfläche aktiviert einen so genannten *Eigenschaften-Editor* für das gewählte Objekt, wenn denn einer vorhanden ist.

> **HINWEIS** Eigenschaften-Editoren werden in Kapitel 10 beschrieben.

Das Design-Panel

Hier findet die hauptsächliche Arbeit mit BeanBuilder statt: In diesem Bereich platzieren Sie die Beans, die für Ihre Anwendung benötigt werden. Abbildung 2.14 zeigt einige willkürlich auf dem *Design-Panel* platzierten JavaBeans:

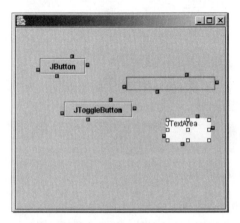

Abb. 2.14: Einige Komponenten auf dem Design-Panel

Es sind noch einige Worte zu den auf dem Design-Panel platzierten Komponenten zu sagen. Sie erkennen, dass jede der Komponenten von vier kleinen Quadraten umgeben ist; die Komponenten JTextArea (unten rechts) enthält darüber hinaus noch neun weitere Quadrate (siehe Abbildung 2.14). An diesen neun (inneren) Quadraten können Sie unmittelbar erkennen, dass diese Komponente die gerade »aktive« Komponente ist. Aktiv bedeutet hierbei, dass ihre Eigenschaften in das Eigenschaften-Panel geladen sind und dass sie gerade bearbeitet werden kann.

Die neun inneren Quadrate dienen als »Anfasser«: Mit ihnen lässt sich die Größe oder die Position der aktiven Komponente verändern. Die vier äußeren Quadrate haben eine andere Funktion: Hier können Sie festlegen, dass ein Objekt zu einer Eigenschaft eines anderen Objekts wird: Sie stellen eine Verbindung zwischen den beiden Objekten her! Die Richtung des Verbindungs-Pfeils stellt hierbei die Richtung der Verbindung dar (siehe Abbildung 2.15).

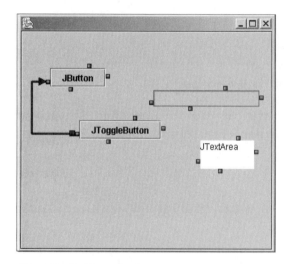

Abb. 2.15: Verbindung zwischen zwei Komponenten

Der Beginn des Pfeils markiert hierbei die Quelle, die die Eigenschaft des Zielobjekts werden soll. Das Zielobjekt wird durch die Pfeilspitze gekennzeichnet.

Sobald Sie Komponenten miteinander verbunden haben, öffnet sich der in Abbildung 2.16 dargestellte Dialog, der so genannte *Interaction Wizard*:

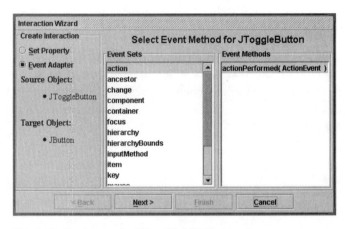

Abb. 2.16: Der Interaction Wizard bei Verbindungen

Hier haben Sie die Möglichkeit, entweder eine Eigenschaft zu verändern oder einen *Ereignis-Adapter* mit der Quelle zu verbinden:

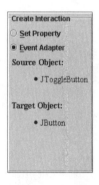

Abb. 2.17: Bereich Create Interaction im Interaction Wizard

In den Abbildungen 2.16 und 2.17 erkennen Sie, dass zurzeit der Radio-Button Event Adapter aktiviert ist: Es werden also keine Eigenschaften verändert sondern Ereignis-Adapter zwischen den beiden Komponenten erzeugt. In Abbildung 2.16 erkennen Sie, dass im Bereich *Event Sets* innerhalb einer Listbox verschiedene Ereignistypen ausgewählt werden können, abhängig von dem Ereignis, das Sie zwischen den beiden Komponenten aktivieren möchten. Im Bereich *Event Methods* finden Sie dann eine oder mehrere Ereignis-Methoden, abhängig vom jeweiligen Ereignis-Typ.

> **HINWEIS**
> Beachten Sie, dass es sich bei BeanBuilder um ein Testprogramm für Beans handelt und nicht um ein vollständiges Entwicklungswerkzeug, wie z.b. JBuilder von Borland oder Fortè for Java. Sie können also keine neuen Funktionalitäten hinzufügen, sondern nur bereits vorhandene Funktionalitäten miteinander verbinden!

2.4 Arbeiten mit dem BeanBuilder

Hiermit haben Sie die wesentlichen Bestandteile und Funktionen von BeanBuilder kennen gelernt.

Um dieses Kapitel nicht noch umfangreicher werden zu lassen, werden wir an dieser Stelle noch nicht mit BeanBuilder arbeiten: Dies folgt später, wenn wir eigene JavaBeans entwickeln und testen werden; es würden sonst zu viele Begriffe, die weniger mit BeanBuilder, sondern vielmehr mit JavaBeans zusammenhängen, auf Sie einstürzen. Und diese Begriffe wollen wir uns ja erst im Verlauf dieses Buches erarbeiten.

> **HINWEIS**
> Wenn Sie dennoch unbedingt sofort mit diesem Programm arbeiten wollen, empfehle ich Ihnen die Lektüre des Tutorials zu BeanBuilder. Sie finden das Tutorial auf der gleichen Internet-Seite, auf der Sie den BeanBuilder finden. Das Tutorial ist relativ kurz, behandelt aber bereits die wichtigsten Funktionen, die mit BeanBuilder möglich sind.

2.5 Zusammenfassung, Fragen und Übungen

Zusammenfassung

▶ In diesem Kapitel haben wir uns mit dem neuen Testwerkzeug zum Testen von JavaBeans, dem so genannten BeanBuilder, befasst.

▶ Wir haben die wichtigsten Gründe gelernt, warum der BeanBuilder dem »alten« Tool, dem Beans Development Kit, vorzuziehen ist.

▶ Darüber hinaus haben Sie die Bezeichnung der wesentlichen Elemente des BeanBuilder kennen gelernt, z.B. das Design Panel, das Eigenschaften- bzw. Property Panel usw.

Fragen und Übungen

1. Aus welchen Gründen ist der BeanBuilder dem Beans Development Kit vorzuziehen?

2. Was versteht man unter dem Begriff *Long Term Persistence*?

3. Gibt es im Gegensatz zu *Long Term Persistence* auch eine *Short Term Persistence*?

4. Was bewirkt das Dynamic Proxy API?

5. Wozu dienen Eigenschaften-Editoren?

6. Welche Besonderheit bietet der von BeanBuilder eingesetzte Layout-Manager `SpringLayout`?

7. Welche Funktion übernimmt die Umgebungsvariable CLASS-PATH?

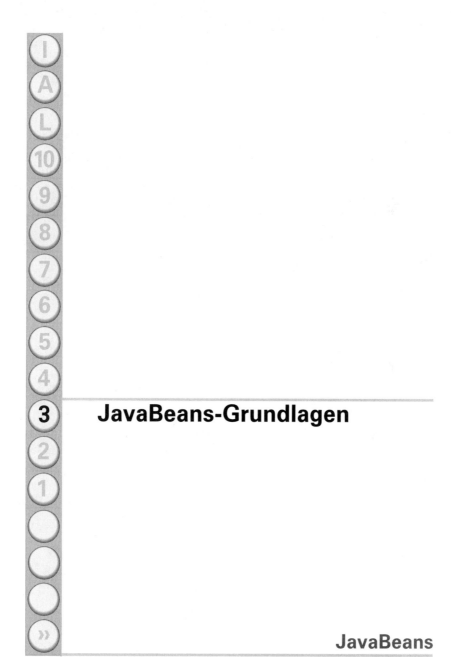

3 JavaBeans-Grundlagen

JavaBeans

3 JavaBeans-Grundlagen

Dieses Kapitel ist ausschließlich den theoretischen Grundlagen von JavaBeans gewidmet; praktische Beispiele werden Sie hier nicht finden.

Dennoch ist es von besonderer Bedeutung (auch für erfahrene Java-Programmierer), dieses Kapitel durchzuarbeiten, da die Begriffe, die hier vorgestellt werden, im weiteren Verlauf dieses Buches immer wieder verwendet, aber nicht mehr erläutert werden.

> **HINWEIS** Sie werden feststellen, dass viele der Begriffe, die in diesem Kapitel eingeführt werden, auch für die Programmierung »normaler« Java-Applikationen und -Beans gültig sind. Häufig werden dann aber andere Bezeichnungen für die gleichen Dinge verwendet: Was in »herkömmlichen« Java-Programmen beispielsweise Variablen sind, wird in JavaBeans normalerweise als Eigenschaft bezeichnet!

Und mit den Eigenschaften wollen wir in den theoretischen Teil einsteigen!

3.1 Eigenschaften

Der Begriff *Eigenschaften* erscheint Ihnen möglicherweise zunächst einmal nicht sonderlich interessant; dies gilt vor allem, wenn Sie bereits mit anderen komponentenbasierten Entwicklungsumgebungen gearbeitet haben.

Sie müssen aber berücksichtigen, dass Sie dort Anwender fertiger Komponenten sind: Nun sind Sie Entwickler von Komponenten (bzw. wollen einer werden). Tun Sie sich bitte daher einen Gefallen und überspringen Sie dieses Kapitel nicht!

> **HINWEIS**
>
> Hier wird nämlich nicht nur der Begriff »Eigenschaften« eingeführt, sondern insbesondere auch, welche Eigenschaften Sie Ihren Beans auf den Weg geben können und wie die Anwender Ihrer Beans diese einsetzen können.

Mit Eigenschaften, das ist Ihnen natürlich schon längst klar, können Sie bzw. die Anwender von Beans das Aussehen und das Verhalten während der Ausführung von Programmen festlegen. Als Entwickler von Beans haben Sie aber die Möglichkeit, zu steuern, welche Eigenschaften der »reine« Anwender der Beans zu sehen bekommt. Sie können ebenfalls festlegen, welche Werte einer Eigenschaft zugewiesen werden dürfen usw.

Es gibt aber auch noch weitere Dinge, die Sie bei der Entwicklung von Beans berücksichtigen müssen: Wenn Sie beispielsweise die Möglichkeit vorsehen, die Farbe einer Komponente zu verändern, so ist es nicht alleine damit getan, dass der entsprechenden Eigenschaft ein neuer Wert zugewiesen werden kann; Sie müssen ebenfalls dafür Sorge tragen, dass die Komponente augenblicklich den neuen Farbwert übernimmt und ihr Erscheinungsbild unmittelbar verändert: Sie müssen also dafür sorgen, dass die Komponente ein *repaint* anfordert, also eine Anforderung an das Betriebssystem, diese Komponente neu zu zeichnen. Sie haben aber ebenfalls die Möglichkeit, nicht einfach nur feste Werte vorzugeben: Werte können auch errechnet werden, z.B. aus den Einstellungen anderer Eigenschaften.

Sie sehen also, dass es mit einer gehörigen Portion Aufwand verbunden ist, alle Aspekte zu berücksichtigen.

> **HINWEIS**
>
> Für den Begriff »Eigenschaft« hat sich auch die Bezeichnung »Attribut« eingebürgert.

Einfache Eigenschaften

Als Entwickler von JavaBeans können Sie sämtliche Datentypen verwenden, die von der Programmiersprache Java unterstützt werden. Dabei spielt es keine Rolle, ob Sie die so genannten *primitiven Datentypen*, wie z.B. `int`, `float`, `boolean` usw. oder die *komplexen Datentypen*, wie *Arrays* oder sogar `class` verwenden. Dies zeigt sich bereits daran, dass Sie zum Verändern von Farbattributen auf ein Objekt vom Typ `java.awt.Color` zugreifen müssen!

> **HINWEIS** Wie Sie die Werte von Eigenschaften verändern bzw. ermitteln können, werden Sie in Abschnitt 3.2 kennen lernen.

Alle Eigenschaften müssen mit dem Schlüsselwort `private` versehen werden! Der Grund hierfür ist, dass Eigenschaften niemals direkt modifiziert werden dürfen. Warum dies so ist, darauf kommen wir weiter unten in diesem Kapitel zu sprechen.

Beispiele für einige einfache Eigenschaften:

```
private float messwert;    // Prim. Datentyp float
private Color farbe;       // Komplexer Datentyp class
private boolean lampe;     // Prim. Datentyp boolean
```

Indizierte Eigenschaften

Im letzten Abschnitt wurde festgestellt, dass neben Klassen auch Arrays in Beans eingesetzt werden können. Obwohl es sich bei einem `class`-Objekt um einen komplexen Datentyp handelt, wurde er dennoch dort vorgestellt. Der Grund hierfür ist, dass die Überschrift »Einfache Eigenschaften« wörtlich zu nehmen ist: Es wird immer nur ein Attribut des jeweiligen Datentyps angewendet. Bei Arrays handelt es sich aber um mehrere Attribute des gleichen Datentyps. Der Einsatz und die Schreibweise ist dabei identisch mit der, die Sie in der herkömmlichen Java-Programmierung anwenden.

Beispiele für indizierte Eigenschaften:

```
private float[] messwerte;   // Array primitiver Daten
private Color[] farben;      // Array komplexer Daten
private boolean[] lampen;    // Array primitiver Daten
```

> **HINWEIS**
> Sie müssen bei der Verwendung von Arrays immer die Größe der Arrays berücksichtigen. Zu große Indizes, die der Java-Compiler problemlos kompiliert, führen beim Zugriff außerhalb der Array-Grenzen zu einer ArrayIndexOutOfBounds-Exception!

Gebundene Eigenschaften

Es wäre doch schön, wenn es möglich wäre, die Änderung von Attributwerten auszuwerten, z.B. indem protokolliert wird, wie oft ein bestimmter Wert verändert wird oder welcher Wert einer Eigenschaft von den Anwendern bevorzugt wird, und diese Information an eine Applikation, ein Applet oder eine andere Bean zu übermitteln.

Und tatsächlich: Mit Hilfe der so genannten *gebundenen Eigenschaften* ist dies möglich! Sie müssen nur Sorge dafür tragen, dass das Ziel, also die Applikation, das Applet oder die andere Bean, über eine Änderung des Werts informiert werden. Dies geschieht, indem Sie der jeweiligen Eigenschaft so genannte *ChangeListener* »spendieren«.

Um die Programmierung gebundener Eigenschaften zu vereinfachen bzw. bequemer zu gestalten, hat Sun eine Hilfs-Klasse mit dem Namen PropertyChangeSupport entwickelt. Wenn sich der Wert einer Eigenschaft ändert und andere Objekte hierüber informiert werden sollen, so bietet diese Klasse Möglichkeiten, die verbundenen Objekte über diese Änderungen zu informieren und entsprechende PropertyChange-Ereignisse »abzufeuern«. In Kapitel 3.2 finden Sie weitere Erläuterungen.

Eingeschränkte (constrained) Eigenschaften

Die so genannten *eingeschränkten Eigenschaften*, diese Übersetzung ist meiner Meinung nach für den Begriff *constrained* sehr gut zutreffend, stellen eine weitere Verbesserung des JavaBeans-Konzepts dar. Letztendlich soll hiermit Folgendes ausgesagt werden:

Wenn sich der Wert einer Eigenschaft ändert, besteht die Möglichkeit, dass eine andere Bean diese Änderung bestätigt oder eben verbietet.

Damit dies möglich wird, muss die Methode, die den Wert dieser Eigenschaft verändert (siehe Abschnitt 3.2) eine so genannte PropertyVeto-Exception »werfen«. Hierdurch wird dem Anwender Ihrer Beans deutlich gemacht, dass die jeweilige Eigenschaft möglicherweise nicht akzeptiert wird! Damit eine Bean eingeschränkte Eigenschaften unterstützen kann, muss sie die Möglichkeit erhalten, eine PropertyVeto-Exception zu erkennen. Dies erfolgt durch einen speziellen Listener (Ereigniswächter), dem so genannten VetoableChangeListener. Hierbei handelt es sich um ein Interface, das nur die Methode vetoable-Change() enthält.

> **HINWEIS**
> Sie müssen immer berücksichtigen, dass das Ereignis abgefeuert wird, bevor die Änderung durchgeführt wird! Dies ist wichtig, da die Änderung von einer anderen Bean oder sonstiger Software zurück gewiesen werden könnte: Wenn die Änderung durchgeführt würde, bevor ihre Gültigkeit bestätigt würde, so könnte dies fatale Folgen nach sich ziehen!

3.2 Zugriffsmethoden

Im vorigen Abschnitt wurde erklärt, dass die Eigenschaften von Beans mit dem Schlüsselwort private deklariert werden müssen, weil sie nicht direkt verändert werden dürfen: Sie müssen vor dem direkten Zugriff durch andere Programmierer geschützt werden. Man kann auch sagen, dass die Eigenschaften innerhalb der Bean gekapselt sind! Und der Schutz der Eigenschaften vor dem direkten Zugriff durch den Anwender ist der Grund dafür, dass diese Variablen mit dem Schlüsselwort private versehen werden müssen!

Es stellt sich nun die Frage, wie die Werte von Eigenschaften denn nun geändert werden können. Hierfür gibt es eigentlich nur eine Möglichkeit: Es müssen öffentliche Methoden, also solche, die mit dem Schlüsselwort public versehen sind, zur Verfügung stehen, die Zugriff auf die privaten Eigenschaften haben. Und genau dies ist der Schlüssel, der benötigt wird, um die Werte von Eigenschaften zu verändern!

Bei diesen Methoden handelt es sich um so genannte *Zugriffsmethoden*. In der amerikanischen Literatur werden diese Zugriffsmethoden als *accessor methods* bezeichnet. Hierfür bietet es sich an, den Namen der jeweils betrachteten Eigenschaft zu verwenden. Wenn Sie nun den Wert einer Eigenschaft ermitteln wollen, so »holen« Sie sich den Wert; das »Holen« eines Wertes wird in der amerikanischen Literatur mit dem Wörtchen get umschrieben. Entsprechend umschreibt man die Zuweisung eines Wertes an eine Eigenschaft mit »Setzen« eines Wertes; die amerikanische Schreibweise hierfür lautet set.

> **HINWEIS** Entsprechend bezeichnet man die Zugriffsmethoden bzw. access methods als Getter- bzw. Setter-Methoden.

Zugriffsmethoden bei einfachen Eigenschaften

Das allgemeine Schema für Zugriffsmethoden auf einfache Eigenschaften könnte, jeweils im Wechsel für die Abfrage und das Setzen eines Wertes, folgendermaßen aussehen:

```
public float getMesswert();
public void setMesswert(float messwert);
public Color getColor();
public void setColor(Color farbe);
```

Sie sehen, dass die jeweilige Getter-Methode ein Ergebnis vom erwarteten Datentyp zurückliefert. Dafür benötigt diese Methode aber kein Argument!

Genau anders herum verhält es sich bei den Setter-Methoden: Diese liefern kein Ergebnis zurück (daher der Modifizierer `void`), erwarten dafür aber den neuen Wert der jeweiligen Eigenschaft sowie den entsprechenden Datentyp. Diese Vorgehensweise ist identisch für alle einfachen Eigenschaften – bis auf Eigenschaften vom Typ `boolean`: Während das Muster für das Festlegen eines neuen Wertes identisch ist wie bei den anderen einfachen Datentypen, so erfolgt die Bestimmung des Wertes ein wenig anders.

Hier sieht es dann folgendermaßen aus:

`public boolean isBedingung();`

Wir können uns also folgende Muster für Zugriffsmethoden auf einfache Eigenschaften merken:

Die Bestimmung des aktuellen Wertes aller einfachen Eigenschaften (Ausnahme: `boolean`) erfolgt mit

`public <Datentyp> get<Name-der-Eigenschaft>();`

Das Setzen eines neues Wertes (gilt für alle einfachen Eigenschaften) erfolgt mit

`public void set<Name-der-Eigenschaft>(<Datentyp> <Name-der-Eigenschaft>);`

Bei der Ermittlung des Wertes einer Eigenschaft mit dem Datentyp `boolean` gehen wir folgendermaßen vor:

`public boolean is<Name-der-Eigenschaft>();`

HINWEIS Üblicherweise treten die Zugriffsmethoden paarweise auf, also eine getter- und eine setter-Methode. Dies ist aber nicht zwingend erforderlich: Es gibt Fälle, z.B. wenn der Wert einer Eigenschaft aus anderen Eigenschaften berechnet wird, in denen es gar nicht sinnvoll ist, den Wert einer Eigenschaft durch den Anwender einstellen zu lassen. Ein praktisches Beispiel hierfür ist die Berechnung einer Prüfziffer, mit der ein durch den Anwender eingegebener Wert »gesichert« wird. Die Prüfziffer berechnet auf der »Gegenseite« ebenfalls eine Prüfziffer, die dann mit der gesendeten Prüfziffer verglichen wird. Unterscheiden sich die beiden Prüfziffern, so ist dies ein eindeutiges Zeichen für eine fehlerhafte Datenübertragung.

Zugriffsmethoden bei indizierten Eigenschaften

Beim Zugriff auf indizierte Eigenschaften ist die Vorgehensweise ähnlich; hier muss allerdings berücksichtigt werden, dass mehrere Eigenschaften vom gleichen Typ vorliegen (können). Um auf eine einzelne Eigenschaft zugreifen zu können, muss diese demnach über einen Index angesprochen werden. Dies erfolgt auf die folgende Weise:

public <Datentyp> get<Name-der-Eigenschaft> (int index);
public void set<Name-der-Eigenschaft> (int index, <Datentyp> <Wert-der-Eigenschaft>);

Wenn Sie alle Werte eines Arrays auf einmal ermitteln möchten, geschieht dies folgendermaßen:

public <Datentyp>[] get<Name-der-Eigenschaft> ();

Entsprechend gehen Sie vor, wenn Sie alle Elemente eines Arrays auf einmal mit neuen Werten besetzen wollen:

public void set<Name-der-Eigenschaft> (<Datentyp>[] <Name-der-Eigenschaft>);

HINWEIS Normalerweise wird als Index für den Zugriff auf indizierte Eigenschaften ein Objekt vom Typ `int` verwendet. Dieser Datentyp war bis Version 1.01 der JavaBeans-Spezifikationen auch der einzige zulässige Datentyp. Diese Vorschrift gilt heute nicht mehr: Sie können inzwischen durchaus andere Datentypen als Index einsetzen. Allerdings wird meiner Ansicht nach in den allermeisten Fällen ein `int`-Typ ausreichen. Beachten Sie bitte, dass hiermit nur die Art und Weise des Zugriffs auf die einzelnen Elemente eines Arrays beschrieben wird; der Datentyp des Arrays ist und bleibt beliebig!

Zugriffsmethoden bei gebundenen Eigenschaften

Bei gebundenen Eigenschaften wird das Ganze etwas komplizierter. Das Ermitteln bzw. die Zuweisung eines neuen Wertes erfolgt auf die gleiche Weise wie bei den einfachen Eigenschaften. Da gebundene Eigenschaften mit anderen Beans, Applikationen oder Applets verbunden sind, müssen diese über die Änderung eines Wertes informiert werden. Hierzu verwenden Sie den bereits in Abschnitt 3.1 erwähnten *ChangeListener*. Genau genommen handelt es sich hierbei um einen `PropertyChangeListener`. Hierbei handelt es sich um ein Interface aus dem Package `java.beans`, das nur eine einzige Methode enthält: `propertyChange()`. Wie in der »herkömmlichen« Java-Programmierung auch werden Listener in JavaBeans mit den Methoden `add` und `remove` zu Objekten hinzugefügt bzw. wieder entfernt. Hiermit sind aber die Listener noch nicht genau genug spezifiziert. Weil es sich um `PropertyChangeListener` handelt, heißen die Methoden korrekterweise `addPropertyChangeListener()` und `removePropertyChangeListener()`. Als Argument erhalten beide Methoden ein Objekt vom Typ `PropertyChangeListener`. Die Anwendung erfolgt dann folgendermaßen:

```
public void
addPropertyChangeListener(PropertyChangeListener l);
```

und

public void removePropertyChangeListener(PropertyChangeListener l);

Als Entwickler von JavaBeans haben Sie aber noch weiter gehende Möglichkeiten, die den Einsatz Ihrer Beans noch weiter verbessern.

Sie können nämlich bereits im Vorfeld entscheiden, welche der Eigenschaften Ihrer Beans Ereignisse auslösen sollen bzw. dürfen. Dies können Sie realisieren, indem Sie dem Bean-Anwender entsprechende Listener-Methoden zur Verfügung stellen.

Diese Listener-Methoden entsprechen dann dem folgenden Muster:

public void add<Name-der-Eigenschaft> Listener (PropertyChangeListener l);

bzw.

public void remove<Name-der-Eigenschaft>Listener (PropertyChangeListener l);

> **HINWEIS** Beachten Sie bitte, dass die beiden zuletzt genannten Methoden als Ergänzung zu den beiden »globalen« Methoden addPropertyChangeListener() und removePropertyChangeListener() auftreten. Diese beiden Methoden sind aber nur als Annäherung an ein Ereignismodell zu betrachten. Sie ermöglichen es, dass der Bean-Anwender alle Eigenschaften auf Änderungen ihres Wertes überwachen kann; der Anwender muss aber die Quelle (Eigenschaft), die dieses Ereignis auslöst, selber ermitteln. Die »ausgefeiltere« Methode mit add<Name-der-Eigenschaft>Listener() stellt dem Anwender der Beans bestimmten Eigenschaften unmittelbar zugeordnete Listener zur Verfügung.

Zugriffsmethoden bei eingeschränkten Eigenschaften

Wie bereits in Kapitel 3.1 im Abschnitt »Eingeschränkte (constrained) Eigenschaften« erwähnt, besteht auch die Möglichkeit, Änderungen durch die verbundenen Objekte, wie z.b. andere Beans, Applikationen oder Applets zurückweisen zu lassen. Diese können also ihr Veto gegen die Änderung einlegen. Damit dies überhaupt möglich ist, müssen die Setter-Methoden der entsprechenden Eigenschaften die so genannte PropertyVetoException unterstützen. Die Umsetzung ist dabei relativ einfach. Sie müssen nur dafür sorgen, dass die entsprechende Setter-Methode die PropertyVetoException »wirft«. Dies sieht dann folgendermaßen aus:

```
private int wert;
public void setWert(int wert) throws
       PropertyVetoException;
```

Sie erinnern sich sicherlich an die Ausnahmebehandlung in Java (Grundlagen) mit Hilfe von Exceptions. Das Schlüsselwort throws bedeutet, dass Java-Methoden alle Exceptions, die in ihren Gültigkeitsbereich gehören, entweder selbst behandeln oder an eine übergeordnete Instanz weiterleiten müssen. Wenn Sie sich dafür entscheiden, Ausnahmen nicht selber zu behandeln, sorgt throws dafür, dass die Ausnahmebedingung weitergeleitet wird.

> **HINWEIS:** Wenn Sie vergessen haben, wie das so genannte *exception handling* funktioniert, sollten Sie noch einmal die detaillierten Informationen im Java-Tutorial oder in einem der zahlreichen Bücher zu den Java-Grundlagen (z.B. das Taschenbuch »Java 2«, das ebenfalls in diesem Verlag erschienen ist) durcharbeiten.

Beachten Sie bitte auch unbedingt den Hinweis aus Abschnitt 3.1, der besagt, dass die Änderung des Wertes einer eingeschränkten Eigenschaft (*constrained property*) erst erfolgen darf, nachdem die Exception

»geworfen« und bearbeitet wurde. Dies ist von großer Wichtigkeit, da ein Veto gegenüber der Änderung durch eine andere Bean, eine Applikation oder ein Applet sonst zu spät erfolgt.

3.3 Namenskonventionen

Die Einhaltung von Namenskonventionen ist im Zusammenhang mit dem Begriff *Introspection* von besonderer Bedeutung. Diese Namenskonventionen wurden bereits teilweise leise, still und heimlich im Abschnitt 3.2 eingeführt; denn nichts Anderes verbirgt sich hinter den gewählten Namen für die Zugriffsmethoden!

Sie werden schnell einsehen, warum die Einhaltung dieser Konventionen sinnvoll ist. Wie bereits in Kapitel 1 im Abschnitt »Analyse von JavaBeans« erwähnt, beschreibt der Begriff *Introspection* die Untersuchung von Beans durch ein Entwicklungswerkzeug. Dabei sucht das Entwicklungswerkzeug alle Methoden, die den im Abschnitt 3.2 beschriebenen Eigenschaften-, Methoden- und Ereignisnamen entsprechen: Das Entwicklungswerkzeug versucht also nichts Anderes, als Informationen über die JavaBeans herauszufinden und wie diese anzuwenden sind.

> **HINWEIS**
> Die Suche nach Informationen ist natürlich nicht ausschließlich auf Entwicklungswerkzeuge beschränkt; sie gilt im gleichen Maße für alle Parteien, in denen Beans einsetzbar sind, also auch Applikationen, Applets, andere Beans oder für den Zugriff auf diese Informationen durch Programmierer. Es handelt sich hierbei um einen automatisierten Mechanismus.

Für Sie als Entwickler von JavaBeans ist dies mit sehr geringem Aufwand zu bewerkstelligen, da Sie sich nur an die Konventionen halten müssen: Alles Weitere wird automatisch durch das JavaBeans-API geregelt.

> **HINWEIS** Es ist ein Schlüsselkonzept von JavaBeans, die Entwickler von der Entwicklung von Bean-Informationen zu entlasten. Java-Beans hätten vermutlich viel weniger Verbreitung gefunden, wenn Entwickler einen großen Aufwand betreiben müssten, um diese Informationen bereit zu stellen. Für einfache Java-Beans reichen diese automatisch erzeugten Informationen immer aus. Als Entwickler haben Sie aber ebenfalls die Möglichkeit, »höher entwickelte« Beans mit wesentlich präziseren und gezielten Informationen zu versehen: Hierdurch lässt sich wesentlich besser steuern, welche Eigenschaften, Methoden und Ereignisse Sie Ihren Beans als öffentliche Informationen »spendieren« möchten.

High-Level- und Low-Level-Methoden

Das JavaBeans-API stellt zwei verschiedene Mechanismen für die Untersuchung von JavaBeans zur Verfügung:

▶ Low-Level-Methoden, die von Entwicklungswerkzeugen verwendet werden, um so viele Informationen über Eigenschaften, Methoden und Ereignisse wie möglich aus den Beans »herauszulesen« sowie

▶ High-Level-Methoden, die eher für den Entwickler von Beans gedacht sind.

Die automatische Suche nach den Informationen erfolgt immer auf die gleiche Weise:

Zunächst werden die Methoden (Zugriffsmethoden) einer Bean gesucht und anschließend versucht, aus den Namen die verschiedenen Eigenschaften, Methoden und Ereignisse abzuleiten.

Die Suche nach diesen Informationen wird durch die Klasse `Introspector`, die sich im Package `java.beans` befindet, durchgeführt.

Die Klasse Introspector / High-Level-Methoden

Diese Klasse stellt Entwicklertools Standardmethoden zur Untersuchung der Eigenschaften, Methoden und Ereignisse in einer Bean zur Verfügung. Hierfür werden die einzelnen Beans-Klassen sowie alle ihrer Superklassen in getrennten Durchläufen nach den bereits genannten Namensmustern durchsucht. Dabei wird zwischen expliziten und impliziten Informationen unterschieden.

> **HINWEIS:** Explizite Informationen sind solche Informationen, die offensichtlich Eigenschaften, Methoden und Ereignissen zugeordnet werden können. Bei impliziten Methoden ist dies nicht auf den ersten Blick ersichtlich.

Explizite Informationen werden in einer nichtleeren Klasse mit dem Namen <Bean-Name>BeanInfo bereit gestellt. Wenn die Abfrage dieser Klasse einen Wert ungleich Null liefert, dann enthält die Bean explizite Informationen.

Für den Fall, dass keine <Bean-Name>BeanInfo-Klasse existiert bzw. wenn diese leer ist, dann handelt es sich bei den Eigenschaften, Methoden und Ereignissen einer Bean um implizite Informationen. In diesem Fall werden die Low-Level-Mechanismen der so genannten *Reflection* angewendet, um die Informationen zu erfragen. Entsprechend wird anschließend mit den Super-Klassen verfahren.

> **HINWEIS:** Ich möchte nicht weiter auf die Details eingehen, da Sie diese Informationen in aller Vollständigkeit den JavaBeans-Spezifikationen entnehmen können. Um weitere Informationen zu den verfügbaren Methoden zu erhalten, sollten Sie auf die API-Dokumentation des Packages java.beans zurückgreifen. Im später folgenden praktischen Teil werden wir allerdings Verfahren kennen lernen, wie diese Methoden angewendet werden.

3.4 Ereignisse

Dieser Abschnitt wird wesentlich kürzer ausfallen als Abschnitt 3.2, weil in diesem Kapitel, obwohl es sich um die Beschreibung der Zugriffsmethoden für Eigenschaften handelt, bereits einige wesentliche Dinge zu Ereignissen aufgeführt wurden.

Standardmäßig erfolgt die Ermittlung der Ereignis-Informationen durch die Suche nach einem Paar von Methoden, die dem folgenden Muster entsprechen:

```
public void add<EventListener-Typ>(<EventListener-Typ> name);
```

bzw.

```
public void remove<EventListener-Typ>(<EventListener-Typ> name);
```

> **HINWEIS:** Selbstverständlich müssen die EventListener-Typen innerhalb der Methoden identisch sein!

Prinzipiell könnte dieser Abschnitt bereits beendet sein. Allerdings gibt es noch zwei kleine Dinge, die zu beachten sind. Hierbei handelt es sich um die Unterscheidung zwischen den so genannten *Multicast*-Ereignissen und den *Unicast*-Ereignissen.

Multicast-Ereignisse vs. Unicast-Ereignisse

Der Unterschied zwischen den beiden genannten Ereignistypen ist sehr einfach zu erklären.

Bei den Multicast-Ereignissen, und diese werden standardmäßig vorausgesetzt, ist es möglich, dass mehrere verschiedene Ereignistypen durch die Aktionen erzeugt werden.

> **HINWEIS**
>
> Ein schönes Beispiel hierfür ist die Mausbedienung. Wenn Sie eine der Maustasten anklicken, so wird immer die Methode `mouseClicked()` aus dem Interface `MouseListener` aufgerufen. Dies wird vollkommen transparent durch das Betriebssystem gesteuert. Irgendwann werden Sie die Maustaste aber auch wieder loslassen, was dann durch die Methode `mouseReleased()` verarbeitet wird. Da es Ihnen aber kaum gelingen wird, eine Bewegung der Maus zu vermeiden, werden weitere Ereignisse ausgelöst, die durch Methoden wie z.B. `mouseEntered()` oder `mouseExited()` behandelt werden können.

Sie haben nun die Möglichkeit, alle diese Ereignistypen Ihrer Bean als öffentliche Ereignisse mit auf den Weg zu geben und von der umgebenden Anwendung behandeln zu lassen. In diesem Fall spricht man von Multicast-Ereignissen.

Bei den so genannten Unicast-Ereignissen lassen Sie nur einen Ereignistyp zu, der von Ihrer Bean verarbeitet werden kann. In diesem Fall müssen Sie verhindern, dass andere Ereignisse auf die Bean »einstürzen«. Dies erreichen Sie, indem Sie dafür sorgen, dass Ihre Bean eine Ausnahme vom Typ `TooManyListenersException` »wirft«. Dieses Verhalten erreichen Sie folgendermaßen:

public void add<EventListener-Typ>(<EventListener-Typ> name) throws TooManyListeners;

Das Entfernen von Ereignis-Listenern erfolgt analog zu den Multicast-Ereignissen, also mit

public void remove<EventListener-Typ>(<EventListener-Typ> name);

> **HINWEIS**
>
> Wenn man Ereignisse mit einer JavaBean verbindet, so nennt man dies auch »Die Ereignisse werden auf die Bean registriert«.

3.5 Methoden

Standardmäßig müssen Sie alle Methoden, die von den Anwendern Ihrer Beans genutzt werden sollen, mit dem Schlüsselwort public deklarieren. Dies dürfte Sie nicht weiter überraschen, da diese Aussage auch für Eigenschaften und Ereignisse gültig ist. JavaBeans können aber durchaus auch Methoden für interne Zwecke enthalten. Da die Mechanismen der Introspection ausschließlich nach public-Methoden oder – Ereignissen suchen, dürfen solche Methoden in diesem Fall nicht mit public versehen sein. Ob Sie diese Elemente mit den Schlüsselwörtern private oder protected versehen, hängt von der Art ihrer internen Verwendung ab.

3.6 Schreibweise von Bezeichnern

Bekanntlich ist die Schreibweise von *Bezeichnern*, gleichgültig, ob es sich hierbei um die Namen von Variablen, Klassen oder Methoden handelt, in Java von besonderer Bedeutung. So handelt es sich beispielsweise bei den Bezeichnern test, Test, TEST oder TeSt um Bezeichner für verschiedene Elemente. Hierauf möchte ich aber nicht weiter eingehen und auch nicht auf die Einschränkungen, die bei der Vergabe von Bezeichnern zu beachten sind: Dies sind Grundlagen, die Sie schon längst beherrschen!

In der Programmiersprache Java, wie in vielen anderen Programmiersprachen auch, hat es sich aber eingebürgert, Bezeichner mit einem Kleinbuchstaben zu beginnen. So würde man als Bezeichner für ein Ereignis wie »Mausereignis« mausEreignis schreiben. Wenn Sie diesen Bezeichner aber aus einer Methode der Form add<Ereignis-Typ>Listener() herauslösen würden, so würde der Bezeichner mit einem Großbuchstaben beginnen. Um eine einheitliche Schreibweise zu erreichen, wurde deshalb festgelegt, dass alle Bezeichner entsprechend der herkömmlichen Java-Konvention mit einem Kleinbuchstaben beginnen. So sollte man in diesem Fall an Stelle von MausEreignis lieber die Schreibweise mausEreignis vorziehen. Diese Vereinbarung gilt grundsätzlich für alle Bezeichner, allerdings gibt es eine Ausnahme von dieser Regel: Eigennamen für Bezeichner, wie z.B. URL werden immer vollständig in Großbuchstaben geschrieben.

Beispiele:

▶ Aus MausEreignis wird mausEreignis.

▶ Aus A wird a.

▶ URL bleibt erhalten.

HINWEIS Hierbei handelt es sich um eine Konvention, also eine Vereinbarung von Programmierern. Sie sind nicht an diese Konvention gebunden und können die Schreibweise entsprechend Ihren Vorlieben frei wählen. Dies ist allerdings nicht empfehlenswert, wenn Sie in einem Team arbeiten und die Ergebnisse der einzelnen Team-Mitglieder miteinander verknüpft werden. Spätestens hier würde großes Chaos ausbrechen!

Beim Vorgang der Introspection, also der automatischen Suche nach Bean-Informationen, wird geprüft, ob die beiden ersten Buchstaben eines Bezeichners groß geschrieben sind. Wenn dies festgestellt wird, so wird der vollständige Bezeichner in Großbuchstaben geschrieben. Ist das zweite Zeichen hingegen ein Kleinbuchstabe, so wird auch der erste Buchstabe in einen Kleinbuchstaben umgewandelt.

3.7 Entwicklung von JavaBeans

Bisher haben wir uns mit diversen theoretischen Grundlagen von JavaBeans sowie einer Testumgebung für JavaBeans befasst. Ganz fertig sind wir allerdings noch immer nicht mit dem »theoretischen Kram«; weitere Aspekte werden in diesem und den folgenden Kapiteln Stück für Stück eingeführt. Wir sind jetzt aber so weit, dass wir uns an die Grundlagen der Gestaltung von JavaBeans heran wagen können.

> **HINWEIS:** Auch jetzt wird noch keine Bean praktisch entwickelt; hierfür fehlen immer noch einige Grundlagen. Dennoch folgt hier einer der wichtigsten Abschnitte des gesamten Buches, da er einen Leitfaden liefert, der auf jede JavaBean angewendet werden kann.

Erste Überlegungen

Im Allgemeinen sind JavaBeans relativ kleine Programme. Dies gilt besonders im Vergleich zu »ausgewachsenen« Java-Applikationen. Während Applets alleine aufgrund der Tatsache, dass sie normalerweise aus dem Internet geladen werden, in den meisten Fällen eine relativ geringe Größe haben, damit sie schnell genug geladen werden können (schließlich hat noch lange nicht jeder Anwender eine schnelle DSL- oder Kabelanbindung an das Internet), gilt diese Einschränkung für Java-Applikationen nicht. Aus diesem Grund machen sich zwar viele Programmierer ein paar grundlegende Ideen, wie sie eine Applikation entwerfen; sehr schnell aber manifestieren sich die Ideen so klar, dass der Griff zur Tastatur häufig sehr viel schneller erfolgt als es dem Projekt zuträglich ist. Die Folge: Fehler, die bei einer gründlicheren Planung möglicherweise nicht aufgetreten wären, bedürfen plötzlich eines großen zusätzlichen Aufwands, um sie zu korrigieren. Manchmal stellt es sich sogar heraus, dass bestimmte Korrekturen ohne besondere »Klimmzüge« gar nicht mehr möglich sind und dass es besser ist, das Programm vollständig neu zu entwickeln. Dies ist natürlich nicht sonderlich effizient.

> **HINWEIS:** Eine Vorgehensweise, die bereits bei »normalen« Anwendungen sinnvoll ist, sollten Sie bei der Entwicklung von JavaBeans grundsätzlich immer beachten: Überlegen Sie bereits vor dem ersten Griff zur Tastatur genau, was Ihre Bean später leisten soll.

Stellen Sie sich bei der Entwicklung von JavaBeans zunächst immer die folgenden drei Fragen:

▶ Was soll die Bean bewirken?

▶ Wie soll sie eingesetzt werden?

▶ Welche Möglichkeiten für zukünftige Erweiterungen sind bereits zum Zeitpunkt der Entwicklung erkennbar, aber z.b. aus Zeitgründen noch nicht umsetzbar?

Gleichgültig, welche Vorgehensweise Sie bei der Entwicklung von Programmen bisher gewählt haben: Eine vernünftige und ausführliche Planung ist das A und O bei der Entwicklung von JavaBeans!

> **HINWEIS**
> Ich möchte hier nicht mit erhobenem Finger erscheinen oder oberlehrerhaft wirken; dafür tendiere ich selbst viel zu schnell zum Griff zur Tastatur. In langjähriger Erfahrung bei der Programmierung verschiedenster Projekte musste ich aber selber viel zu oft erheblich mehr Aufwand betreiben, um Fehler in meinen Programmen zu beseitigen, als wenn ich von Beginn an vernünftig geplant hätte!

Der Entwurf der Bean

Am Anfang steht die Idee: Sie erkennen, dass Sie eine Aufgabe zu lösen haben, die in verschiedenen Projekten immer wieder auf Sie zukommt. Sie erkennen ebenfalls, dass die Aufgabe in sich abgeschlossen ist. Versuchen Sie nun, diese Aufgabe in kleinere Teilaufgaben zu gliedern. So könnte beispielsweise die Berechnung einer Prüfsumme vollständig von der Bearbeitung der Eigenschaften getrennt werden. Wenn die Anwender Ihrer Beans die Möglichkeit haben sollen, Eingaben in einzelne Felder vorzunehmen, so sind Sie als Bean-Entwickler dafür verantwortlich, dass die Verifizierung der Eingaben behandelt wird: Unsinnige Eingaben sollten direkt zurückgewiesen werden. Dies lässt sich hervorragend in einem eigenständigen Block lösen. Dies sind nur zwei Beispiele für ein mögliches Schema, Beans (und natürlich komplexe Programme ebenfalls) zu planen.

> **HINWEIS** Ich weise ausdrücklich darauf hin, dass eine JavaBean durchaus aus mehreren Klassen bestehen kann (und in den allermeisten Fällen auch wird).

Planung der Eigenschaften

Zunächst sollten Sie ermitteln, über welche Eigenschaften Ihre Bean verfügen soll und welche dieser Eigenschaften durch den Bean-Anwender veränderbar sein sollen. Vergessen Sie auch nicht, die Eigenschaften mit dem Schlüsselwort private zu deklarieren; die Gründe hierfür wurden weiter vorne ausführlich erläutert. Hierdurch werden die Eigenschaften innerhalb der Bean »gekapselt« und können nicht direkt manipuliert werden. Durch die Verwendung der Getter- und Setter-Methoden wird von vorne herein ausgeschlossen, Eigenschaften unzulässige Werte in Form falscher Datentypen zuzuweisen. Um Ihnen den Einstieg zu erleichtern, folgen einige Vorschläge für Eigenschaften, die für jede Bean wichtig sein können:

▶ Abmessungen der Komponente, wenn es sich um sichtbare Komponenten handelt. Hier ist es sinnvoll, eine bevorzugte Größe (*preferred size*) festzulegen. Parallel sollten Sie auch die minimalen und maximalen Abmessungen, die die Komponenten annehmen dürfen, festlegen.

▶ Sie können eine Möglichkeit vorsehen, dass der Anwender die Ränder einstellen kann (dies gilt natürlich nur für sichtbare Komponenten). Hierdurch bietet sich dem Anwender die Möglichkeit, das äußere Erscheinungsbild an seine persönlichen Vorlieben anzupassen.

▶ Auch der Stil einer sichtbaren Komponente sollte durch den Benutzer an seinen persönlichen Geschmack anpassbar sein. Hiermit ist die Form der Darstellung auf dem Bildschirm gemeint, z.B. ob die Komponente erhoben, flach oder graviert erscheint. Die Einstellung von Vorder- und Hintergrundfarben von Komponenten ermöglicht dem Anwender eine größere Flexibilität beim Einsatz der Komponenten.

> **HINWEIS**
> Trotz aller Vorüberlegungen wird es immer wieder einmal vorkommen, dass Sie eine oder mehrere Eigenschaften vergessen bzw. deren Bedeutung unterschätzt haben. Dies ist aber nicht weiter schlimm, da es problemlos möglich ist, diese auch nachträglich zu implementieren. Das Gleiche gilt selbstverständlich auch für Methoden und Ereignisse!

Planung der Methoden

Wenn Sie sich über die öffentlichen Eigenschaften Ihrer Bean im Klaren sind, ist nun der Zeitpunkt gekommen, die entsprechenden öffentlichen (Schlüsselwort: `public`) Getter- und Setter-Methoden zu definieren.

> **HINWEIS**
> Bei der Definition der Methoden ist es immer sinnvoll, mit den Zugriffsmethoden zu beginnen.

Häufig haben Sie auch schon ein klarere Vorstellung von weiteren Methoden, die für die interne Funktion einer Bean von Bedeutung sind. Notieren Sie sich die Ideen, aber realisieren Sie diese noch nicht; es ist wirklich hilfreich, zunächst die öffentlichen Zugriffsmethoden festzulegen. Berücksichtigen Sie bitte bei der Vergabe von Namen die Namenskonventionen, die wir im Verlaufe dieses Kapitels bereits ausführlich besprochen haben!

Der nächste Schritt befasst sich dann mit der Untersuchung, ob die Zugriffsmethoden gebundenen oder bedingten (bound oder constrained) Eigenschaften zugeordnet werden müssen. In diesem Fall müssen Sie natürlich noch die entsprechenden Methoden hinzufügen und sie mit den Eigenschaften verbinden.

Ein weiterer Tipp betrifft die so genannten *Konstruktoren* Ihrer Beans. Wie in der herkömmlichen Java-Programmierung auch gibt es keine Einschränkung bezüglich der Anzahl der Konstruktoren: Häufig ist es sogar besonders sinnvoll, mehrere Konstruktoren vorzusehen, mit denen einzelne oder alle Eigenschaften mit sinnvollen Standardwerten vorbesetzt werden.

Planung der Ereignisse

Der letzte der drei großen Schritte, die am Anfang der Entwicklung von JavaBeans steht, betrifft die Ereignisse, die in einer bestimmten Form mit der Bean in Verbindung stehen. Hier gibt es zwei Typen von Ereignissen, die in einer Bean auftreten können:

▶ Ereignisse, die von der Bean nach außen »abgefeuert« werden und

▶ Ereignisse, die ausschließlich innerhalb der Bean von Bedeutung sind.

Normalerweise basieren Beans auf Klassen, die bereits von den verschiedenen Java-APIs bereitgestellt werden. Dies können AWT- oder Swing-Klassen für sichtbare Komponenten sein oder beispielsweise Timer-Ereignisse für unsichtbare Beans, wenn Sie Timer-Funktionalitäten benötigen. Hier reicht es im Regelfall völlig aus, die von den verschiedenen Klassen selbst bereit gestellten Ereignistypen zu verwenden. Selbstverständlich können Sie aber auch eigene Ereignistypen definieren und verwenden: Auch wenn meiner Ansicht nach in den allermeisten Fällen »Standard«-Ereignisse verwendet werden, so ist es durchaus möglich, beide Ereignistypen miteinander zu mischen.

Ereignisse, die innerhalb von Beans behandelt werden sollten, gibt es natürlich ebenfalls. Wenn Sie mit Ihren Beans auch bei fremden Anwendern Erfolg haben möchten, so werden Sie dies mit Sicherheit nicht erreichen, wenn Ihre Beans z.B. das Anklicken einer Schaltfläche oder das Drücken einer Taste nicht selbst behandeln: Diese und ähnliche Funktionalitäten müssen innerhalb der Bean behandelt werden. Es ist allerdings nicht sonderlich schwierig, dies zu realisieren, da voraussichtlich die meisten Beans, die Sie entwickeln werden, von Klassen der »klassischen« Java-APIs abgeleitet werden. Wollen Sie beispielsweise eine kreisförmige Schaltfläche als Bean programmieren, so wird diese in irgendeiner Form von der Klasse AbstractButton abgeleitet sein; und diese Klasse stellt bereits alle Funktionen zur Verfügung, die mit dem Anklicken der Komponente direkt in Verbindung stehen.

Zwei Methoden, die bei der Programmierung sichtbarer Beans immer erforderlich sind, wurden bisher noch nicht erwähnt. Hierbei handelt es sich um die Methoden

▶ paint() und

▶ getPreferredSize().

Die erste dieser beiden Methoden ist deshalb erforderlich, weil Änderungen an einer sichtbaren Komponente nicht automatisch und unmittelbar übernommen werden: Es ist immer erforderlich, dass die geänderte Komponente dazu aufgefordert wird, sich selber neu zu zeichnen. Dies erfolgt durch die paint()-Methode. Die zweite Methode getPreferredSize() ist immer dann erforderlich, wenn die Möglichkeit besteht, dass die Größe einer Komponente durch geänderte Attribute, z.B. andere Schriftgrößen bei Labels, an die neuen Bedingungen angepasst werden muss. Sie sehen also, dass es immer erforderlich ist, mehr als nur die Getter- und Setter-Methoden sowie die Listener-Methoden zu Ihren Beans hinzuzufügen.

> **HINWEIS** Bei unsichtbaren Beans können Sie natürlich auf alle Methoden, die sich auf die Abmessungen dieser Beans bzw. auf Zeichenoperationen beziehen, verzichten!

Kodieren und Testen der Beans

Wenn Sie die Planung abgeschlossen haben, können Sie mit der Kodierung der Beans beginnen. Mit den bis zu diesem Zeitpunkt erarbeiteten Ideen sind Sie bereits in der Lage, das Grundgerüst Ihrer Beans zu programmieren. Dabei müssen die Methoden noch gar keine Funktionalität erhalten: Es reicht völlig aus, die Methodenrümpfe zu kodieren. Zum besseren Verständnis: Hierbei handelt es sich um Konstrukte der Form

`public void set<Name-der-Eigenschaft>(<Datentyp> <Name-der-Eigenschaft>) {}`

oder um die `addListener()`-Methoden.

Es folgen die üblichen Arbeiten, die bei der Entwicklung von Programmen immer auftreten: Kompilieren, Testen, Fehler beheben und erneut kompilieren.

Weitere Überlegungen

Aus Zeitgründen, z.B. weil ein Programm unbedingt zu einem vertraglich fixierten Termin abgegeben werden muss, ist es nur selten möglich, alle Ideen, die Ihnen während der Entwicklung Ihrer Beans eingefallen sind, sofort zu realisieren. Dies ist aber auch gar nicht erforderlich: Es besteht immer die Möglichkeit, Erweiterungen zu einem späteren Zeitpunkt vorzunehmen. Sie sollten es sich aber grundsätzlich angewöhnen, denkbare Erweiterungen zu notieren und für einen späteren Zeitpunkt zu sammeln.

Serialisierung und Persistenz

Über die bereits angesprochenen grundsätzlichen Überlegungen muss noch ein weiterer Aspekt berücksichtigt werden: Das Speichern und Wiederherstellen von Beans. Komponenten sind wenig hilfreich (und werden entsprechend auch wenig eingesetzt), wenn die Anwender bei jedem Einsatz dieser Komponenten sämtliche Einstellungen immer wieder aufs Neue vornehmen muss. Mit dem Interface `Serializable`, das Bestandteil des Packages `java.io` ist, stellt Java ein Mittel bereit, Komponenten mitsamt allen Einstellungen zu speichern und wieder herzustellen. Dieses Interface enthält keinerlei Methoden, wie Sie bei einem Blick in die API-Dokumentation von `java.io.Serializable` feststellen können. Dies mag zunächst etwas seltsam erscheinen; dieses Interface hat aber eine andere Aufgabe, als Sie sie von anderen Interfaces oder Klassen gewöhnt sind: `Serializable` dient dem Compiler als Indikator dafür, dass ein Objekt persistent serialisiert werden kann.

> **HINWEIS**
>
> Die Begriffe »Persistenz« und »Serialisierung« wurden bereits früher vorgestellt. Zur Wiederholung: Unter Persistenz versteht man die dauerhafte Speicherung von Informationen. Die Serialisierung stellt die Methoden bereit, diese Informationen zu speichern bzw. wieder herzustellen.

Dass eine JavaBean serialisierbar ist, wird durch die folgenden Zeilen innerhalb des Quelltextes einer JavaBean dokumentiert:

```
import java.io.* ;
public class meineBean implements Serializable
{
    // Hier wird der Quelltext der Bean eingefügt.
}
```

Das Speichern und Wiederherstellen von Objekten muss immer durch die Implementation besonderer Methoden unterstützt werden. Diese Methoden werden immer als `private` deklariert, da die Speicher- und Wiederherstellungsvorgänge für die Anwender von Beans völlig transparent erfolgen soll (d.h.: Die Anwender sollen hiermit gar nichts zu tun haben!). Bei diesen Methoden handelt es sich in erster Linie um die Methoden `writeObject()` und `readObject()`. Die Anwendung dieser Methoden erfolgt folgendermaßen:

```
private void writeObject(java.io.ObjectOutputStream
    out) throws IOException
```

und

```
private void readObject(java.io.ObjectInputStream in)
    throws IOException, ClassNotFoundException;
```

Dokumentation

Vergessen Sie nicht, alle Überlegungen, die Ihnen bei der Entwicklung Ihrer Beans durch den Kopf gegangen sind, zu dokumentieren. Eine gute Dokumentation hilft nicht nur Ihnen (oder Ihrem Team) bei der Korrektur von Fehlern, die erst nach der Freigabe der Beans entdeckt werden; genauso wichtig ist die Beschreibung aller Möglichkeiten, die eine Bean ihren Anwendern bietet. Wie ich bereits zu Anfang dieses Buches erwähnte, existieren auf dem Markt derart komplexe Beans, dass diese mit teilweise mehr als 100 Seiten schriftlicher Dokumentation ausgeliefert werden müssen, damit die Anwender sämtliche Möglichkeiten ausschöpfen können. Der Wert der Dokumentation wird weiter erhöht, wenn Sie Beispiel-Applikationen zu Ihren Beans mitliefern: Dies zeigt Ihren Kunden Einsatzgebiete der Beans.

Hiermit soll dieses Kapitel abgeschlossen werden. Der größte Teil der theoretischen Grundlagen liegt nun hinter uns. Es werden zwar noch weitere theoretische Informationen folgen: Diese werden aber vor allem in direktem Zusammenhang mit praktischen Beispielen stehen, sodass Sie die Auswirkungen unmittelbar erkennen können.

3.8 Zusammenfassung, Fragen und Übungen

Zusammenfassung

▶ Dieses Kapitel behandelt die grundlegenden Überlegungen, die bei der Entwicklung von JavaBeans berücksichtigt werden sollten.

▶ Die Entwicklung von Beans sollte immer in der folgenden Reihenfolge stattfinden: Planung der Eigenschaften, Planung der Methoden und Planung der Ereignisse.

▶ Es wurden die Begriffe Persistenz und Serialisierung wiederholt.

▶ Sie wissen nun, dass es verschiedene Eigenschaften gibt und ihre Werte mit den so genannten Getter- und Setter-Methoden abgefragt bzw. neu festgelegt werden können.

▶ Sie haben ebenfalls gelernt, aus welchem Grunde Eigenschaften Ihrer Beans immer mit dem Schlüsselwort private versehen werden müssen.

▶ Darüber hinaus wurde gezeigt, wie Sie den Anwendern Ihrer Beans Ereignis-Listener (Ereigniswächter) zur Verfügung stellen können.

▶ In diesem Zusammenhang haben wir uns ausführlich mit dem Begriff Introspection und den hiermit verbundenen Namenskonventionen befasst.

▶ Sie kennen den Unterschied zwischen Unicast- und Multicast-Ereignissen.

Fragen und Übungen

1. Welche Arten von Eigenschaften werden bei der Programmierung von JavaBeans unterschieden?

2. Dürfen Eigenschaften in JavaBeans mit dem Schlüsselwort `public` versehen sein?

3. Welchen Grund führen Sie für die Antwort von Frage 2 an?

4. Wie nennt man die Zugriffsmethoden auf Eigenschaften?

5. Mit welchem Java-Code ermitteln Sie den Wert einer indizierten Eigenschaft?

6. Wie wird der Wert einer indizierten Eigenschaft festgelegt?

7. Was versteht man unter einer eingeschränkten Eigenschaft?

8. Was muss eine Methode zum Ändern einer eingeschränkten Eigenschaft zwingend tun?

9. Welcher Zusammenhang besteht zwischen den Namenskonventionen und der so genannten Introspection?

10. Worin besteht der Unterschied zwischen Multicast- und Unicast-Ereignissen?

11. Was müssen Sie bei der Registrierung von Unicast-Ereignissen beachten?

12. Beginnen alle Java-Bezeichner in einer Bean mit einem Kleinbuchstaben?

4 Die erste JavaBean

JavaBeans

4 Die erste JavaBean

Nun ist es tatsächlich so weit: In diesem Kapitel werden wir unsere erste JavaBean programmieren. Es handelt sich zwar zunächst um eine sehr einfache Bean: Aber Bean ist Bean; und der Aufbau einer Bean erfolgt, unabhängig von der Komplexität der Funktion, immer auf die gleiche Weise. In diesem Kapitel werden wir aber auch zwei weitere wichtige Dinge behandeln:

▶ Manifest-Dateien und

▶ Java-Archive.

Manifest-Dateien sind sehr simpel aufgebaut und entsprechend einfach zu verstehen. Java-Archive hingegen sind um einiges umfangreicher und das mit dem SDK mitgelieferte Programm `jar` bietet entsprechend viele Optionen. Wir werden uns in diesem Kapitel aber nur mit den Aspekten von `jar` befassen, die für unsere erste Bean erforderlich sind. Wesentlich mehr Informationen zu `jar` finden Sie dann in Kapitel 5. Auch auf die Klasse `BeanInfo` werden wir in diesem Kapitel nicht weiter eingehen, da sie für die Funktion unserer ersten Bean nicht erforderlich ist. Dies werden wir auf ein späteres Kapitel verschieben. Abschließend werden wir unsere erste Bean im BeanBuilder, den wir in Kapitel 2 in Ansätzen kennen gelernt haben, anwenden.

Unsere erste Bean, ich habe es in der Einleitung dieses Kapitels bereits angedeutet, wird einfach, aber nicht trivial sein. Sie basiert auf einem Beispiel aus dem Tutorial von Sun; da das Original aber besonders einfach ist und Sie bereits über Grundlagenkenntnisse in der Programmierung von Java-Programmen verfügen, habe ich dieses Beispiel ein wenig erweitert. Dennoch ist das Beispiel einfach genug, um einen ersten Eindruck von der Programmierung von JavaBeans zu erhalten, wobei der Blick auf die grundsätzliche Funktionalität gerichtet ist und nicht durch besondere Features dieser Bean erschwert wird.

4.1 Planung

Bei unserer ersten Bean handelt es sich um ein Rechteck, das mit einer beliebigen Farbe gefüllt werden kann. Dies ist also eine Eigenschaft, die vom Anwender der Bean verändert werden darf. Damit haben wir also die erste Eigenschaft unserer Bean ermittelt: Wir geben ihr den Namen rectColor und bestimmen als Datentyp die Klasse Color. Die Klasse Color ist Bestandteil des Packages java.awt; daher muss dieses Paket mit der import-Anweisung in den Bean-Quelltext eingebunden werden. Die Höhe und die Breite des Rechtecks sollen ebenfalls veränderbar sein, der Ausgangspunkt (die linke obere Ecke des Rechtecks) soll aber konstant die Koordinaten (20,20) annehmen. Wir benötigen also zwei weitere Eigenschaften-Variablen: width und height.

Die Abmessungen der Leinwand (Canvas) sollen in der Breite und der Höhe jeweils 300 Pixel betragen und konstant bleiben, sodass wir hierfür keine Variable benötigen. Das Rechteck, dass wir auf das Canvas-Objekt zeichnen und das mit der Farbe gefüllt werden soll, hat zunächst die Abmessungen 200 Pixel (Breite) x 100 Pixel (Höhe). Entsprechend erhalten die Variablen width und height zunächst die Werte 200 und 100. Zum Zeichnen des gefüllten Rechtecks verwenden wir die Methode fillRect() aus der Klasse java.awt.Graphics. Die Methode fillRect() erhält als Argumente die Ausgangsposition des Rechtecks innerhalb von Canvas, also das Wertepaar (20,20) sowie width und height. Da es sich bei diesen beiden Variablen um int-Werte handelt, wissen wir auch gleich, von welchem Typ die beiden privaten Variablen width und height sein müssen, nämlich int.

Wir überlegen nun weiter, dass wir drei Werte in unserer Bean einstellen wollen: rectColor, width und height. Die Datentypen stehen ebenfalls fest (Color, int und nochmals int), woraus wir direkt die Typen der Getter- und Setter-Methoden herleiten können.

Wir müssen allerdings noch eine weitere Überlegung anstellen: Wie können wir veranlassen, dass das Rechteck nach der Änderung seiner Farbe bzw. seiner Abmessungen diese auch übernimmt. Da es sich um eine Zeichenaufgabe handelt, bietet sich hierfür die Methode `paint()` aus der Klasse `Graphics` an.

Nun müssen wir noch den Namen unserer Bean festlegen; da es sich um ein Rechteck handelt, das mit einer Farbe gefüllt wird, nennen wir sie `ColoredRectBean`.

4.2 Kodierung

Wir haben bereits ermittelt, dass die grundsätzliche Funktionalität, nämlich das Zeichnen des Rechtecks und das Einstellen der Farbe, mit Klassen und Methoden des Packages `java.awt` erfolgt. Dieses Paket müssen wir also auf jeden Fall in unsere Bean-Klasse importieren:

`import java.awt.*;`

Da wir bereits früher gelernt haben, dass JavaBeans serialisierbar sein müssen, importieren wir zusätzlich gleich das Interface `Serializable`:

`import java.io.Serializable;`

Nun sind wir so weit, dass wir die eigentliche Bean-Klasse definieren können. Diese muss öffentlich sein, da sonst niemand anderes auf die Bean zugreifen kann:

```
public class ColoredRectBean extends Canvas
     implements Serializable {}
```

Als Nächstes muss nun die eigentliche Funktionalität der Bean programmiert werden. Hierzu zählen

▶   die Deklaration der Variablen `rectColor`, `width` und `height`,

▶   die Festlegung der Abmessungen des Rechtecks und

▶   das Füllen des Rechtecks mit der Hintergrundfarbe.

Die Namen und Datentypen für die Eigenschaften unserer Bean haben wir bereits festgelegt. Da Eigenschaften niemals vom Anwender direkt manipuliert werden dürfen (Sie erinnern sich: Dies wird von den Getter- und Setter-Methoden erledigt, weil hierdurch die Eingabe unsinniger Werte ausgeschlossen ist), müssen diese Eigenschaften nichtöffentlich sein. Wir wissen also, dass wir folgende Variablen benötigen:

- `private Color rectColor`
- `private int width` und
- `private int height`.

Der Rest ist sehr einfach: Für die Änderung und Abfrage (Introspection) der einzelnen Werte benötigen wir Methoden, die mit `get` und `set` beginnen. Die Methoden erhalten demnach die Namen

- `getRectColor() / setRectColor()`,
- `getWidth() / setWidth()` und
- `getHeight() / setHeight()`.

Wir müssen nur noch berücksichtigen, dass die Bean nach der Einstellung eines neuen Wertes für eine Eigenschaft neu gezeichnet werden muss, damit sich die Änderungen auch unmittelbar auswirken. Aus den Grundlagen von Java wissen Sie sicher noch, dass die `paint()`-Methode ereignisgesteuert ist und niemals direkt aufgerufen wird! Wir müssen also eine Möglichkeit finden, die das entsprechende Ereignis erzeugt. Hierfür verwenden wir die Methode `repaint()`. Diese Methode erzeugt ein Ereignis, das bewirkt, das ein Neuzeichnen des Objektes, auf das sie angewendet wird, angefordert wird. Diese Methode stellt also die Lösung für unsere Forderung dar.

> **HINWEIS**: Da Grundkenntnisse der Programmiersprache Java für das Verständnis dieses Buches vorausgesetzt werden, verzichte ich darauf, Ihnen die Methoden `getRectColor()` und `setRectColor()` separat vorzustellen: Sie werden diese Methoden im folgenden Programm-Listing sehr schnell finden!

Wir benötigen für unsere Bean allerdings noch einen Konstruktor, der dafür sorgt, dass das Rechteck überhaupt erst einmal mit Standardwerten gezeichnet wird. Ich möchte diesen Konstruktor aber nicht auch noch separat vorstellen: Statt dessen folgt nun das vollständige Listing unserer ersten Bean.

> **HINWEIS** Es ist nicht unbedingt erforderlich, dieses und die folgenden Beispiele selber abzutippen: Auf der Internet-Seite *http://www.bhv-buch.de* finden Sie im Bereich der Erläuterungen zu diesem Buch sämtliche Beispiele in Form von JAR-Archiven. Diese enthalten alle Daten, die Sie zur Erstellung der JavaBeans benötigen. Darüber hinaus enthalten alle Archive auch ein Verzeichnis mit dem Namen docs, in dem die vollständige mit dem Programm javadoc erstellte Dokumentation zu dem Beispiel enthalten ist.

```
import java.awt.*;
import java.io.Serializable;
/**
 * Bean zur Darstellung eines gefüllten Rechtecks
 */
public class ColoredRectBean extends Canvas
    implements Serializable
{
   /* Farbe des Rechtecks */
   private Color rectColor = Color.green;
   /* Breite des Rechtecks */
   private int width;
   /* Höhe des Rechtecks */
   private int height;
   /* Konstruktor */
   public ColoredRectBean()
   {
      width = 200;
      height = 100;
```

```
    setSize(300,300);
    setBackground(Color.red);
}
/**
 *  Ermittelt die aktuelle Farbe des Rechtecks
 */
public Color getRectColor()
{
    return rectColor;
}
/**
 *  Füllt das Rechteck mit der gewählten Farbe
 */
public void setRectColor(Color newColor)
{
    rectColor = newColor;
    repaint();
}
/**
 *  Ermittelt die Breite des Rechtecks
 */
public int getWidth()
{
    return width;
}
/**
 *  Legt die neue Breite des Rechtecks fest
 */
public void setWidth(int newWidth)
{
    width = newWidth;
    repaint();
}
/**
```

```
 *  Ermittelt die aktuelle Höhe des Rechtecks
 */
public int getHeight()
{
    return height;
}
/**
 *  Legt die neue Höhe des Rechtecks fest
 */
public void setHeight(int newHeight)
{
    height = newHeight;
    repaint();
}
/**
 *  Hilfsmethode zum Neuzeichnen des Rechtecks
 *  Überschreibt die paint()-Methode der
 *  Superklasse.
 */
public void paint(Graphics g)
{
    g.setColor(rectColor);
    g.fillRect(20,20, width, height);
}
}
```

> **HINWEIS**
>
> Obwohl die Bedeutung der einzelnen Methoden und Variablen eindeutig ist, habe ich sie ausführlich dokumentiert. Dies erfolgte nicht aus dem Grund, »Seiten zu schinden«! Sie werden die Kommentare dieses Beispiels in Kapitel 5 bei der Beschreibung des SDK-Hilfsprogramms javadoc benötigen. Speichern Sie dieses Listing also ab: Wir werden es später wieder benötigen!

Sie sehen also, dass es sich wirklich um ein sehr einfaches Beispiel handelt. Zusätzlich (möglicherweise erst auf den zweiten Blick) fällt Ihnen sicherlich auch noch die Ähnlichkeit dieses Quelltextes mit einem »normalen« Java-Programm auf. Speichern Sie dieses Listing unter dem Namen ColoredRectBean.java auf Ihrer Festplatte.

4.3 Kompilieren der Bean

Nun können Sie die Bean kompilieren. Die Vorgehensweise ist vollkommen identisch mit der Kompilierung »herkömmlicher« Java-Programme. Sie haben also nur

javac ColoredRectBean.java

einzugeben und den Kompiliervorgang zu starten. Wenn Ihre Entwicklungsumgebung korrekt installiert ist (Pfad auf das bin-Verzeichnis des SDK sowie Einstellung von CLASSPATH, siehe hierzu Kapitel 2), sollte dies auch problemlos funktionieren. Das Ergebnis ist dann die Klassendatei ColoredRectBean.class.

4.4 Erstellen der Manifest-Datei und des Java-Archivs

Die Hauptarbeit ist bereits erledigt. Wir müssen nun noch die *Manifest-Datei* sowie das *Java-Archiv*, so genannte *JAR-Dateien*, erzeugen, das sämtliche Dateien unserer Bean enthält.

Die Erläuterung, was sich hinter den Begriffen Manifest-Datei und Java-Archiv verbirgt, möchte ich an dieser Stelle noch schuldig bleiben: Wir wollen ja schließlich endlich unsere erste Bean ausprobieren.

> **HINWEIS**
>
> Wir werden uns mit Archiven und Manifest-Dateien ausgiebig in Kapitel 5 befassen. An dieser Stelle sei nur soviel verraten: Java-Archive sind sehr mächtig, da sie nicht nur die eigentliche Archivierung sondern auch die elektronische Signatur, Versionsverwaltung von Dateien usw. ermöglichen. Die Manifest-Datei gehört dabei immer zum Archiv und liefert diesem die Informationen über die enthaltenen Dateien. Für unsere Zwecke reichen diese Informationen zunächst.

Die Manifest-Datei

Die Manifest-Datei ist sehr einfach aufgebaut. Es handelt sich hierbei immer um eine reine Text-Datei. Für unsere erste Bean sieht die Manifest-Datei folgendermaßen aus:

Name: ColoredRectBean.class
Java-Bean: True

Sie sehen: Die Datei besteht nur aus zwei Zeilen. Die erste Zeile enthält den Namen der Bean-Klasse, die zweite Zeile teilt dem Archiv mit, dass es sich um eine JavaBean handelt. Das ist bereits Alles! Speichern Sie die Manifest-Datei unter dem Namen ColoredRectBean.mf auf Ihrer Festplatte ab. Sie muss sich im gleichen Verzeichnis befinden wie die Klasse.

Das Java-Archiv

Sie wissen wahrscheinlich bereits aus eigener Erfahrung, dass vollständige Projekte aus einer Vielzahl einzelner Dateien bestehen. Hierbei kann es sich um eine Vielzahl von Klassen handeln, aber auch um Grafiken, Dokumentationen usw. Wenn Sie es wünschen, können Sie selbstverständlich auch die Quelltexte Ihrer Programme in das Archive packen: So enthalten beispielsweise alle Programme, die unter den Richtlinien der *GNU GPL* entwickelt wurden, die Quelltexte der Programme.

> **HINWEIS**
>
> GNU ist die Abkürzung von *GNU is Not Unix* (der Name stellt eine schöne rekursive Spielerei dar). Hierbei handelt es sich um ein Projekt der *Free Software Foundation*, die es sich zur Aufgabe gemacht hat, ein freies mit UNIX kompatibles Betriebssystem zu entwickeln (siehe: LINUX). Mit der Free Software Foundation ist der Name Richard Stallman sehr eng verbunden. Das »Free« in Free Software Foundation bedeutet übrigens nicht, dass es sich zwangsläufig um kostenfreie Programme handelt: Es ist vielmehr so zu verstehen, dass die einzelnen Quelltexte jedem, der es möchte, frei zur Verfügung stehen. GPL ist übrigens die Abkürzung für *General Public License*!

Archive vereinfachen die Weitergabe von komplexen Projekten: Es ist leicht einzusehen, dass es schwieriger und anfälliger für Fehler ist, ein Projekt, das aus einer Vielzahl verschiedener Dateien besteht, weiterzugeben als nur eine einzige Datei. JavaBeans werden daher ebenfalls gepackt und als vollständiges Archiv weitergegeben. Um für unsere Bean ein Archiv zu erstellen, gehen Sie folgendermaßen vor:

```
jar cfm ColoredRectBean.jar ColoredRectBean.mf
ColoredRectBean.class
```

Ich will mich an dieser Stelle nicht sehr mit diesem Kommando befassen; ich möchte aber wenigstens seinen grundsätzlichen Aufbau erläutern:

▶ `jar` ist der Name des Archivierungsprogramms. Dieses Programm gehört zum Lieferumfang des Java 2 SDK und befindet sich im `bin`-Verzeichnis der SDK-Installation.

▶ `cfm` sind Optionen, die das Verhalten von `jar` beeinflussen. Die Option `c` besagt, dass eine neue und leere Archiv-Datei auf dem Standard-Ausgabe-Kanal (im Regelfall ist dies der Bildschirm) erzeugt wird. Nun nützt uns die Ausgabe einer Archiv-Datei auf dem Bildschirm überhaupt nichts. Mit der Option `f` wird daher eine Datei (File) erzeugt, in das die Ausgabe umgelenkt wird. Hierbei handelt es sich um die resultierende Archivdatei. Die abschließende Option m besagt, dass die Manifest-Datei, die beim Aufruf dieses Programms angegeben wird, mit in das Archiv aufgenommen wird.

▶ Das nächste Argument gibt den Namen des zu erzeugenden Archivs an.

▶ Nun folgen noch die Manifest-Datei sowie die Klasse des Programms.

> **HINWEIS** Jedes Archiv darf nur eine einzige Manifest-Datei enthalten. Da komplexe Projekte aber in den allermeisten Fällen aus vielen Klassen und weiteren Dateien besteht, werden die Namen sämtlicher Klassen in die eine Manifest-Datei aufgenommen. Wenn ein Projekt aus mehreren Klassen besteht, haben Sie auch die Möglichkeit, alle Klassen auf einmal durch die Angabe von *.class in das Archiv aufzunehmen.

Da ich gerne eindeutige und »sprechende« Projektnamen verwende, müsste ich bei jeder Erweiterung und bei jedem Testlauf während der Phase der Fehlerkorrektur die ganze Zeile

jar cfm ColoredRectBean.jar ColoredRectBean.mf
ColoredRectBean.class

eingeben. Hierzu bin ich aber entschieden zu bequem. Aus diesem Grund habe ich eine Batch-Datei mit dem Namen mkall.bat (die für UNIX-/LINUX-Anwender leicht abänderbar ist) erstellt, die nachfolgend abgedruckt ist:

echo %1
jar cfm %1.jar %1.mf %1.class

Diese Batch-Datei ist nicht sonderlich elegant: Sie erfüllt aber ihren Zweck! Die Anwendung ist denkbar einfach: Um beim Beispiel unserer ersten Bean zu bleiben, geben Sie einfach die folgende Zeile in die Eingabeaufforderung ein:

```
mkall ColoredRectBean
```

Der Name `ColoredRectBean` dient als Argument in der Batch-Datei. Diese wertet das Argument mit %1 aus und erweitert alle Argumente, in denen %1 vorkommt, durch den vollständigen Namen.

4.5 Testen der Bean mit dem BeanBuilder

Nachdem Sie nun mit `mkall ColoredRectBean` das Archiv `ColoredRectBean.jar` erzeugt haben, können wir damit beginnen, unser Bean zu testen. Starten Sie, wie in Kapitel 2 beschrieben, BeanBuilder.

> **HINWEIS:** BeanBuilder startet automatisch mit einem Tutorial, das den Einsatz dieses Programms erläutert. Um ein leeres Design-Panel zu erhalten, müssen Sie daher zunächst dafür sorgen, dass dieses Tutorial »entladen« wird. Dies erfolgt durch das Anklicken des Eintrags *New* im *File*-Menü.

Laden Sie nun über das Menü *File/Load Jar File...* die Archiv-Datei `ColoredRectBean.jar` in BeanBuilder. In Abbildung 4.1 erkennen Sie, dass die Palette um den Eintrag *User* erweitert wurde.

Abb. 4.1: Erweiterte Palette von BeanBuilder

Gleichzeitig versucht BeanBuilder, eine grafische Darstellung der neuen Bean in der Palette darzustellen. Da wir noch keine Grafik für diese Bean entwickelt haben, wird stattdessen ein leeres Quadrat angezeigt (siehe Abbildung 4.2):

Abb. 4.2: Palette in BeanBuilder, wenn keine Grafik vorliegt

Laden Sie nun unsere Bean in den Designer von BeanBuilder. Hierzu klicken Sie mit der Maus einfach das leere Quadrat an. Der Mauszeiger wird sich sofort in ein Fadenkreuz verwandeln. Führen Sie die Maus nun über das Designer-Panel und klicken Sie dieses einfach an: Das Resultat dieser Aktion wird unmittelbar im Designer angezeigt (siehe Abbildung 4.3).

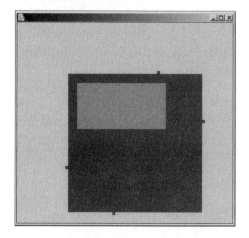

Abb. 4.3: Unsere erste Bean im Design-Panel

Das sieht ja schon ganz toll aus. Werfen wir nun einmal einen Blick auf den oberen Teil des Eigenschaften-Panels (siehe Abbildung 4.4).

Sie erkennen sofort, dass unsere Bean geladen wurde und die Hierarchie der gesamten Anwendung angezeigt wird. Dies ist insbesondere hilfreich, wenn sich eine Anwendung aus einer Vielzahl von Komponenten (was ja im Regelfall gegeben ist) zusammensetzt. Auf diese Weise können Sie beliebige Komponenten schnell und eindeutig lokalisieren.

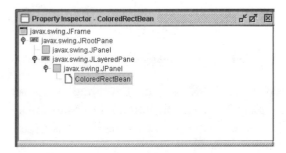

Abb. 4.4: Oberer Teil des Property-Panels

Wesentlich interessanter ist aber nun, was mit den Eigenschaften unserer Bean passiert ist und ob sich diese wirklich ändern lassen: Schließlich ist dies ja der Sinn und Zweck der ganzen Angelegenheit. Schauen wir uns also den unteren Teil des Property-Panels an (aus Platzgründen wird hier nur ein Ausschnitt aus dem Panel angezeigt):

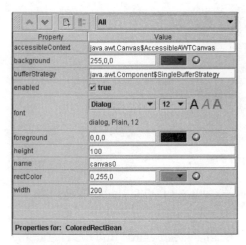

Abb. 4.5: Unterer Teil des Property-Panels

Links unten erkennen Sie die Eigenschaft width, die ja innerhalb unserer Bean durch den Anwender veränderbar sein soll. Rechts daneben sehen Sie den Startwert von 200 (Pixeln), der durch den Konstruktor eingestellt wurde. Im unteren Drittel erkennen Sie die zweite Eigenschaft height und die Eigenschaft rectColor, jeweils mit ihren Startwerten.

> **HINWEIS** Durch den Vorgang der Introspection, der von BeanBuilder automatisch durchgeführt wird und durch die Einhaltung der Namenskonventionen durch uns werden also alle von uns geplanten Eigenschaften angezeigt.

Spielen Sie nun ein wenig mit den Werten herum; Sie werden sehen, dass sich die Änderungen tatsächlich auf das Erscheinungsbild unserer Bean auswirken.

4.6 Bewertung des Tests

Wir haben erkannt, dass unsere erste Bean wirklich funktioniert! Wenn Sie sich aber Abbildung 4.5 noch einmal etwas genauer anschauen, werden Sie feststellen, dass das Property-Panel wesentlich mehr Eigenschaften anzeigt, als von uns geplant wurde. Vergleichen wir das Property-Panel einmal mit dem alten (in diesem Buch nicht beschriebenen) *Beans Development Kit BDK* (siehe Abbildung 4.6):

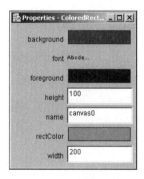

Abb. 4.6: Eigenschaften-Panel des »alten« BDK

Das alte Tool zeigt eine geringere Anzahl Eigenschaften an wie BeanBuilder; trotzdem sind immer noch mehr Eigenschaften zu erkennen als unsere Bean dem Anwender eigentlich zur Verfügung stellen soll. Hierbei handelt es sich um die Eigenschaften background, font, foreground und name. Woher kommen diese Eigenschaften? Beginnen wir mit der Eigenschaft name. Dass diese Eigenschaft angezeigt wird, geht vollkommen in Ordnung: Es besteht ja schließlich die Möglichkeit, mehrere gleiche Komponenten/Beans im gleichen Programm einzusetzen, und dann muss es eine Möglichkeit geben, diese voneinander unterscheiden zu können. Die anderen Eigenschaften sind hier aber nicht erwünscht, sonst hätten wir sie ja in unsere Bean integriert. Der Grund dafür, dass sie dennoch angezeigt werden, liegt darin, dass unsere Bean-Klasse von einer anderen Klasse, nämlich Canvas, abgeleitet ist und deren Methoden und Eigenschaften »erbt«. Und Canvas wiederum ist von einer weitaus mächtigeren Klasse, nämlich Component, abgeleitet und gibt die von dort ererbten Methoden und Eigenschaften an seine Erben weiter. Wir werden im weiteren Verlauf dieses Buches eine Möglichkeit kennen lernen, wie sicher gestellt werden kann, dass nur die gewünschten Eigenschaften einer selbst geschriebenen Bean angezeigt werden. Hierzu gehören Kenntnisse über die Klassen BeanInfo und SimpleBeanInfo. Dort gibt es Möglichkeiten, die so genannten *Eigenschaften-Editoren*, diese sind für die Anzeige und die Änderung von Eigenschaften zuständig, gezielt zu deaktivieren. An dieser Stelle ist es definitiv zu früh für eine Beschreibung dieser Klassen; allerdings ist ihre Anwendung auch nicht schwieriger als das bisher Gelernte.

> **HINWEIS**
> Alle Komponenten, die Sie zur Programmierung von Beans einsetzen können, besitzen von Haus aus Eigenschaften, für die unmittelbar von Sun gelieferte Eigenschaften-Editoren existieren. Diese werden in Tools wie z.B. BeanBuilder verwendet, um die Eigenschaften gezielt zu verändern. Beans, die Sie entwickeln werden, verfügen häufig aber auch über Eigenschaften, die zu spezialisiert sind, um universell von Sun bereit gestellt zu werden. In solchen Fällen haben Sie die Möglichkeit, eigene Eigenschaften-Editoren zu programmieren. Hierauf werden wir später zu sprechen kommen.

4.7 Zusammenfassung, Fragen und Übungen

Zusammenfassung

▶ In diesem Kapitel haben wir unsere erste JavaBean entwickelt. Dabei wurden die »Richtlinien« beachtet, die bei der Entwicklung von Programmen immer berücksichtigt werden sollten.

▶ Die Entwicklung unserer ersten Bean erfolgt daher in der folgenden Reihenfolge: Planung der Eigenschaften, Planung der Methoden und Planung der Ereignisse.

▶ Anschließend werden die Manifest-Datei und das Java-Archiv für unsere Bean erzeugt.

▶ Im Abschnitt »Testen der Bean mit dem BeanBuilder« haben wir das erste Mal mit diesem neuen Tool gearbeitet und dabei unsere Bean ausgiebig untersucht.

▶ Den Abschluss dieses Kapitels bildet eine Bewertung dessen, was wir bei unseren Tests festgestellt haben. Hierzu gehört auch ein Vergleich mit den Ergebnissen, die das »alte« Bean Development Kit anzeigt.

Fragen und Übungen

1. Warum muss das Interface `Serializable` in JavaBeans importiert werden?
2. Wozu dient die `paint()`-Methode?
3. Wie erfolgt der Aufruf der `paint()`-Methode?
4. Wie sorgen Sie als Programmierer dafür, dass `paint()` aufgerufen wird?

Fragen und Übungen

5. Welchen zusätzlichen Eintrag zeigt BeanBuilder in der Palette nach dem Laden einer neuen Komponente an?

6. Warum zeigt BeanBuilder mehr Eigenschaften unserer Bean an als gewünscht?

5 Java-Archive, Manifeste und Javadoc

JavaBeans

5 Java-Archive, Manifeste und Javadoc

Der in Kapitel 4 bereits begonnene Einstieg in das Thema *Java-Archive*, *Manifest-Dateien* und *Javadoc* wird in diesem Kapitel vertieft. Allerdings beschränke ich mich auf die Aspekte, die für den Einsatz in Verbindung mit JavaBeans erforderlich sind; Sie werden hier also keine vollständige Abhandlung zu den genannten Themen finden.

5.1 Java-Archive

Wir wollen uns zunächst mit den Java-Archiven befassen. JAR ist eine Abkürzung, die für *Java ARchive* steht. JARs sind in der Lage, beliebig viele Dateien in einer einzigen Datei zu archivieren, wobei diese Datei im bekannten ZIP-Format komprimiert ist. Obwohl sich die Gesamtgröße der Archiv-Datei durch die ZIP-Kompression erheblich reduzieren lässt, ist dies nur ein willkommener Nebeneffekt der Archivierung von Dateien. Hauptintention bei der Entwicklung von jar war aber, dass alle Dateien einer Anwendung durch eine einzige http-Transaktion (z.B. beim Laden eines Applets aus dem Internet) auf einmal geladen werden: Fehler des Anwenders durch »vergessene« Dateien sind hierdurch ausgeschlossen! Ganz nebenbei verbessert sich hierdurch auch die Download-Geschwindigkeit, weil nicht für jede einzelne Datei eine eigene Verbindung zum Server hergestellt werden muss. Java-Archive bieten einige Besonderheiten, die derzeit einzigartig sind unter den Archivierungs-Programmen:

▶ Java-Archive sind das einzige plattformunabhängige Archivierungsformat. Das bedeutet, dass Java-Archive, die beispielsweise unter Windows-Betriebssystemen erstellt wurden, uneingeschränkt auf Solaris- oder UNIX-/LINUX- und natürlich auch Macintosh-Betriebssystemen wiederverwendet werden können.

- ▶ Java-Archive nicht eingeschränkt in der Art der Datentypen, wie andere Archivierer. So lassen sich beispielsweise neben herkömmlichen Java-Klassen und deren Quelltexten auch Audio- oder Grafikdateien ebenfalls archivieren.

- ▶ Java-Archive sind rückwärts-kompatibel. Dies bedeutet, dass das Archivierungsformat auch mit älteren jar-Versionen verarbeitet werden kann.

- ▶ jar ist selbst in Java geschrieben. Die Quelltexte liegen vor, sodass sie beliebig erweiterbar sind. Man sagt hierzu auch, dass sie einem offenen Standard entsprechen.

- ▶ Java-Archive werden im ZIP-Format nach dem PKWARE-Standard komprimiert. Java-Archive lassen sich daher auch mit einem anderen Archivierungstool, wie z.B. Winzip dekomprimieren. Sie enthalten die so genannten Manifest-Dateien (auf diese kommen wir weiter unten in diesem Kapitel zu sprechen) und sind häufig digital signiert. Die digitale Signatur ist in den Spezifikationen von jar hinterlegt.

> **HINWEIS** Alle JavaBeans *müssen* in einer JAR-Datei archiviert werden! Alle bekannten Entwicklungsumgebungen, in denen JavaBeans eingesetzt werden können, bieten ausschließlich die Möglichkeit, diese in Form von JAR-Dateien zu importieren.

Das Programm jar ist der Dreh- und Angelpunkt zum Archivieren von Java-Archiven. Es dient aber nicht nur zum Archivieren oder Komprimieren von Dateien: Der umgekehrte Weg ist selbstverständlich ebenfalls möglich. Wir werden, wie bereits gesagt, nicht auf alle Details von Java-Archiven eingehen (z.B. nicht auf die Signatur von Archiven); die wichtigsten Grundlagen werden aber nachfolgend schon behandelt.

Erzeugen von Java-Archiven

Zunächst muss ein Java-Archiv erzeugt werden. Hierfür stellt das Programm jar einige Optionen zur Verfügung, die Sie teilweise anwenden müssen. Einige der Optionen dienen aber auch ausschließlich informativen Zwecken: Diese können Sie einsetzen, müssen es aber nicht tun. Üblicherweise wird ein Java-Archiv folgendermaßen erzeugt:

`jar cf Archiv-Name.jar Datei(en).`

Die Option c besagt, dass ein Archiv erzeugt werden soll (c steht für create, erzeugen). Ohne weitere Angaben erfolgt die Ausgabe in den stdout-Strom (seit Version 1.2, vorher erfolgte die Ausgabe in den stderr-Strom). Dies ist allerdings nicht sonderlich hilfreich, da auf stdout die Ausgabe der komprimierten Zeichen erfolgt: Besser ist es, wenn Sie zusätzlich die Option f verwenden, da in diesem Fall die Ausgabe in eine Archiv-Datei erfolgt. Zur Kontrolle, dass Sie wirklich alle zu archivierenden Dateien berücksichtigt haben, sollten Sie zusätzlich die Option v einsetzen. v ist die Abkürzung für *verbose*, was ins Deutsche übersetzt soviel wie »mitteilsam« bedeutet. Hierdurch werden Informationen über die archivierten Dateien sowie deren Komprimierungsgrad ausgegeben.

Beispiel:

Wir wollen alle Dateien aus dem Verzeichnis archivieren, in dem unsere erste Bean `ColoredRectBean` abgespeichert wurde (inklusive des bereits vorhandenen Archivs) und in ein neues Archiv speichern.

Geben Sie hierzu in die MSDOS-Eingabeaufforderung (oder, wenn Sie unter UNIX oder LINUX arbeiten, in die Shell) folgende Zeile ein:

`jar cfv xxx.jar *.`

Die Ausgabe dieser Zeile ist in Abbildung 5.1 dargestellt.

> **HINWEIS** Die fehlerhafte Anzeige der deutschen Umlaute erfolgt wegen der Inkompatibilität des DOS-Zeichensatzes zum Standard-Windows-Zeichensatz.

```
E:\Develop\ColoredRectBean>jar cvf xxx.jar *
Manifest wurde hinzugefügt.
Hinzufügen von: ColoredRectBean.class(ein  = 1144) (aus= 609)(komprimiert 46 %)
Hinzufügen von: ColoredRectBean.jar(ein = 1126) (aus= 932)(komprimiert 17 %)
Hinzufügen von: ColoredRectBean.java(ein = 1192) (aus= 452)(komprimiert 62 %)
Hinzufügen von: ColoredRectBean.mf(ein = 46) (aus= 46)(komprimiert 0 %)
Hinzufügen von: ColoredRectBeanInfo.java(ein = 668) (aus= 228)(komprimiert 65 %)

Hinzufügen von: mkall.bat(ein = 40) (aus= 34)(komprimiert 15 %)
Hinzufügen von: SB16C.gif(ein = 824) (aus= 371)(komprimiert 54 %)
Hinzufügen von: SB16M.gif(ein = 47) (aus= 43)(komprimiert 8 %)
Hinzufügen von: SB32C.gif(ein = 849) (aus= 412)(komprimiert 51 %)
Hinzufügen von: SB32M.gif(ein = 849) (aus= 411)(komprimiert 51 %)

E:\Develop\ColoredRectBean>_
```

Abb. 5.1: Ausgabe von jar cvf xxx.jar *

Durch einen in der UNIX-Welt durchaus üblichen »Trick« können Sie die Ausgabe dieses Programms statt nach stdout auch in eine Datei umlenken. Erweitern Sie die Programmzeile hierfür folgendermaßen:

jar cfv xxx.jar * > Ausgabe.

Hierdurch wird eine neue Datei mit dem Namen Ausgabe erzeugt, in die sämtliche Ausgaben von jar geschrieben werden.

> **HINWEIS**
> Die Reihenfolge der Optionen c und f ist beliebig. Sie müssen aber darauf achten, dass sie nicht durch Leerzeichen getrennt sind.

Wenn Sie nur bestimmte Dateien archivieren wollen, gehen Sie folgendermaßen vor:

jar cfv xxx.jar datei1 datei2 datei3 ...

Die Dateien datei1, datei2 usw. müssen durch Leerzeichen voneinander getrennt werden.

In Tabelle 5.1 sind alle weiteren Optionen von jar zusammengefasst:

Option	Beschreibung
v	Diese Option erzeugt die ausführlichen Informationen über die archivierten Dateien. Hierzu zählt auch die Angabe des Komprimierungsgrades.
0 (Null)	Hiermit zeigen Sie an, dass Sie zwar ein Archiv erzeugen wollen, dass dieses aber nicht komprimiert werden soll.
m	Durch die Verwendung dieser Option zeigen Sie an, dass Sie die Manifest-Informationen einer existierenden Manifest-Datei verwenden wollen. Nähere Informationen zu Manifest-Dateien finden Sie weiter unten in diesem Kapitel.
M	jar erzeugt normalerweise eine Standard-Manifest-Datei. Durch den Einsatz der Option M zeigen Sie an, dass die Standard-Manifest-Datei nicht erzeugt werden soll. Wenn Sie ein Archiv ohne die Option M erzeugen und die Archiv-Datei anschließend öffnen, finden Sie die Standard-Manifest-Datei im Unterverzeichnis Meta-Inf des erzeugten Archivs.
-C	Diese Option gilt nur für Version 1.2 von jar. Wenn sich die zu archivierenden Dateien in verschiedenen Verzeichnissen befinden, können Sie mit dieser Option und der Angabe des Verzeichnis-Pfades in das angegebene Verzeichnis wechseln.

Tab. 5.1: Zusatz-Optionen für jar cf beim Erzeugen von Archiven

> **HINWEIS**
> jar »kennt« weitere Optionen. Diese kommen aber erst beim Entpacken von Archiven zum Tragen. Diese weiteren Optionen werden weiter unten im Abschnitt »Dekomprimieren von Java-Archiven« vorgestellt.

Anzeige des Inhalts von Java-Archiven

Zur späteren Kontrolle muss die Möglichkeit bestehen, den Inhalt von Archiven zu überprüfen. Auch hierfür wird das Programm jar verwendet, dann allerdings mit anderen Optionen. Die Anzeige des Archiv-Inhalts wird folgendermaßen erzeugt:

```
jar tf Archiv-Datei.
```

Die Option t bedeutet hierbei, dass das Inhaltsverzeichnis des Archivs (t = table of contents) angezeigt werden soll. Sie können darüber hinaus die Option f verwenden. Mit der Option f können Sie den Namen des Archivs, dessen Inhaltsverzeichnis Sie ermitteln möchten, direkt angeben. Ohne die Angabe dieser Option erwartet jar den Namen des Archivs über die Standard-Eingabe (stdin), also beispielsweise über die Tastatur.

Beispiel:

Wir wollen uns einmal das Inhaltsverzeichnis der oben erzeugten Archivdatei xxx.jar anzeigen lassen. Hierzu geben Sie entweder

jar tf xxx.jar

oder

jar t und über die Tastatur xxx.jar ein.

Die Ausgabe wird in Abbildung 5.2 gezeigt.

```
Eingabeaufforderung
E:\Develop\ColoredRectBean>jar tf xxx.jar
META-INF/
META-INF/MANIFEST.MF
ColoredRectBean.class
ColoredRectBean.jar
ColoredRectBean.java
ColoredRectBean.mf
ColoredRectBeanInfo.java
mkall.bat
SB16C.gif
SB16M.gif
SB32C.gif
SB32M.gif
E:\Develop\ColoredRectBean>_
```

Abb. 5.2: Anzeige des Inhaltsverzeichnisses von xxx.jar

Wenn Sie eine ausführliche Anzeige anzeigen, also mit der Angabe des Erstellungsdatums und den Verzeichnisangaben, so können Sie auch die Option v (verbose) verwenden. Die Ausgabe sieht dann folgendermaßen aus (siehe Abbildung 5.3):

```
Eingabeaufforderung                                    _ □ ×
E:\Develop\ColoredRectBean>jar tfv xxx.jar
    0 Mon Apr 22 20:11:24 CEST 2002 META-INF/
   68 Mon Apr 22 20:11:24 CEST 2002 META-INF/MANIFEST.MF
 1144 Sat Apr 20 12:26:06 CEST 2002 ColoredRectBean.class
 1126 Sat Apr 20 12:26:14 CEST 2002 ColoredRectBean.jar
 1192 Sat Apr 20 12:25:58 CEST 2002 ColoredRectBean.java
   46 Sat Apr 20 11:19:52 CEST 2002 ColoredRectBean.mf
  668 Thu Apr 18 20:22:02 CEST 2002 ColoredRectBeanInfo.java
   40 Sat Apr 20 11:20:34 CEST 2002 mkall.bat
  824 Wed Apr 17 20:13:28 CEST 2002 SB16C.gif
   47 Wed Apr 17 20:12:34 CEST 2002 SB16M.gif
  849 Wed Apr 17 20:14:20 CEST 2002 SB32C.gif
  849 Wed Apr 17 20:14:38 CEST 2002 SB32M.gif
E:\Develop\ColoredRectBean>
```

Abb. 5.3: Ausführliche Anzeige des Inhaltsverzeichnisses

Entpacken von Java-Archiven

Natürlich ist es auch möglich, Java-Archive wieder zu entpacken, wenn dies erforderlich ist. Auch hierzu wird das Programm jar herangezogen. Die Anwendung ist ähnlich einfach wie bei der Anzeige des Inhaltsverzeichnisses. Geben Sie entweder

jar xf Archiv-Datei

oder

jar x (Eingabe der Archiv-Datei über stdin) ein.

Die Bedeutung der Option x ist die Abkürzung für *extract*; f hat die gleiche Funktion wie bereits bei der Anzeige des Inhaltsverzeichnisses: Geben Sie die Option f an, so können Sie direkt auch den Namen der zu entpackenden Archiv-Datei angeben, fehlt die Option f, so erwartet jar die Angabe des Archiv-Namens über stdin. Sie können ebenfalls mehrere Archive gleichzeitig angeben, die zu entpacken sind. In diesem Fall geben Sie alle Archive durch ein Leerzeichen getrennt in der folgenden Form an:

jar xf Archiv1 Archiv2 ...

Wir haben in den letzten Abschnitten gesehen, welche Vielfalt an Funktionen Java-Archive bieten. Über die bereits genannten Möglichkeiten wie archivieren und komprimieren hinaus können Java-Archive auch erweitert werden.

HINWEIS Java-Archive können auch digital signiert werden; hierauf werden wir aber in diesem Buch nicht eingehen, da diese Fähigkeit für JavaBeans nicht benötigt wird!

5.2 Manifest-Dateien

Manifest-Dateien wurden in den letzten Kapiteln immer wieder einmal angesprochen und in Kapitel 4 sogar bereits angewendet; allerdings wurde ihre Aufgabe und Funktion noch nicht erläutert. Dies wollen wir hier nachholen.

Aufgabe von Manifest-Dateien

JavaBeans bestehen im Regelfall aus mehreren Dateien. Hierzu zählen zunächst einmal die Java-Klassen, die die Funktionalität der Bean zur Verfügung stellen. Fortgeschrittene Beans stellen Entwicklungsumgebungen zusätzlich Images bereit, damit die Entwicklungsumgebungen Beans in Form von Icons darstellen können (Sie erinnern sich an das graue Quadrat in der Komponentenleiste von BeanBuilder zum Beispiel ColoredRectBean. Diese Icons werden innerhalb des Quadrates angezeigt.). Grundsätzlich lassen sich sämtliche Java-Programme, also auch Applikationen und Applets, in Form von Java-Archiven weitergeben.

Manifest-Dateien stellen den Unterschied zwischen den genannten »normalen« Java-Anwendungen und JavaBeans dar. Sie sind die Bedingung dafür, dass eine Bean auch als solche erkannt und behandelt wird (für Applikationen und Applets können Sie Manifest-Dateien angeben, Sie müssen dies aber nicht tun!). In Manifest-Dateien wird angegeben, welche Klassen eine JavaBean enthält. Darüber hinaus muss die Manifest-Datei für eine Bean einen Eintrag enthalten, der darauf hinweist, dass es sich um eine JavaBean handelt!

> **HINWEIS:** Wenn eine Bean aus mehreren Klassen besteht (was dem Regelfall entspricht), so müssen in die Manifest-Datei aber nur die Klassen eingetragen werden, die tatsächlich Beans sind: Hilfsklassen einer Bean, in denen Hilfsfunktionen gekapselt sind, brauchen nicht eingetragen werden!

In Abbildung 5.4 sehen Sie die Manifest-Datei, die vom Programm jar standardmäßig immer angelegt wird:

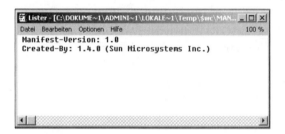

Abb. 5.4: Die Manifest-Datei aus xxx.jar

Wenn Sie das Archiv entpacken, finden Sie die Manifest-Datei in einem besonderen Verzeichnis mit dem Namen Meta-Inf. Dieses Verzeichnis wird automatisch angelegt, wobei die erste Zeile als *Header* bezeichnet wird. Wie Sie unmittelbar erkennen können, sind der Name des Headers (in diesem Fall Manifest-Version) und die Versionsnummer der Manifest-Spezifikation durch einen Doppelpunkt voneinander getrennt sind. Dies ist immer so. Daher kann man das Format folgendermaßen beschreiben:

Manifest-Header: Wert

Sie haben bereits gesehen, dass der Manifest-Header spezielle Werte annehmen kann: Diese sind abhängig vom Dateityp der zu archivierenden Dateien. Wenn Sie nun einmal an die Option m, die in Tabelle 5.1 beschrieben ist, denken, so werden Sie sich daran erinnern, dass eine vorhandene Manifest-Datei an Stelle der Standard-Manifest-Datei verwendet werden soll.

Beispiel:

Wir wollen in unser Archiv nicht die Standard-Manifest-Datei sondern die Manifest-Datei aus dem Beispiel ColoredRectBean aus Kapitel 4 verwenden. Dazu geben Sie bitte die folgende Zeile in die Eingabeaufforderung/Shell Ihres Computers ein:

jar cfm xxx.jar ColoredRectBean.mf
  ColoredRectBean.class.

Sie werden den Unterschied zwischen der Standard-Manifest-Datei und der Manifest-Datei aus der letzten Aktion unmittelbar erkennen, wenn Sie das Archiv entpacken, ins Verzeichnis Meta-Inf wechseln und die Manifest-Datei in einem Editor anzeigen (siehe Abbildung 5.5):

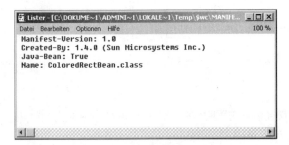

Abb. 5.5: Die Manifest-Datei ColoredRectBean.mf

Die ersten beiden Zeilen entsprechen genau der Standard-Manifest-Datei. Es sind aber zwei weitere Zeilen hinzu gekommen:

▶ Java-Bean: True und

▶ Name: ColoredRectBean.class.

Sie sehen sofort, dass die beiden hinzu gekommenen Zeilen dem Format

Manifest-Header: Wert

genau entsprechen. Im ersten Fall wird angezeigt, dass es sich um eine Java-Bean handelt, in der zweiten (und bei komplexeren Archiven sind auch die folgenden Zeilen »betroffen«) wird der Name der Bean-Klasse angezeigt.

Weitere Informationen zu Manifest-Dateien

Es ist ebenfalls möglich, weitere Datei-Informationen in Manifest-Dateien aufzunehmen. Wenn Sie beispielsweise vollständige Applikationen archivieren müssen, gehört hierzu immer eine Klasse, die eine `main()`-Methode enthält. Für diese Klasse gibt es einen Manifest-Header mit dem Namen `Main-Class`. Darüber hinaus ist es auch möglich, Archive um Dateien, die auf fremden Servern gespeichert sind, von diesen zu laden (also auch Dateien, die Sie aus dem Internet laden wollen). Für diese Anwendungen steht der Manifest-Header `Class-Path` zur Verfügung. Entsprechend gibt es noch Möglichkeiten, Archive zu »versiegeln«. Dies bedeutet, dass alle benötigten Dateien im gleichen Archiv abgelegt sein müssen. Um diesen Modus anzuzeigen, wird der Manifest-Header `Sealed` eingesetzt. Die letzte Möglichkeit, die hier kurz angerissen werden soll, betrifft die so genannte *Versions-Kontrolle*. Bei größeren Projekten, die möglicherweise auch in Teams gemeinsam entwickelt werden, ist es oftmals hilfreich, Zwischenversionen des Projekts unter Angabe von Versionsnummern zu speichern. Hierfür existieren diverse Tools, z.B. die Programme *sccs* (*Source Code Control System*), *rcs* (*Revision Control System*) und *cvs* (*Concurrent Version System*). Hierbei handelt es sich um Hilfsprogramme, die es nicht nur ermöglichen, verschiedene Entwicklungsstände zu archivieren und zu einem späteren Zeitpunkt, z.B. weil ein früher gemachter Fehler sich erst zu einem späteren Zeitpunkt auswirkt bzw. bemerkt wird, wieder zu rekonstruieren: Teilprojekte, die von verschiedenen Mitgliedern eines Teams unabhängig voneinander entwickelt wurden, lassen sich auch zu beliebigen Zeitpunkten miteinander verschmelzen (mergen).

HINWEIS: Alle zuletzt genannten Punkten benötigen die Version 1.2 von *jar*. Ältere Versionen unterstützen diese Features nicht! Wenn es für Sie aber nur darauf ankommt, Dateien zu archivieren und zu komprimieren, benötigen Sie diese Informationen nicht. Aus diesem Grunde möchte ich dieses Thema nicht weiter vertiefen. Wenn Sie weitere Informationen hierzu benötigen, finden Sie diese im ausgezeichneten Java-Tutorial!

5.3 Javadoc

Ich habe bereits mehrfach darauf hingewiesen, dass die Dokumentation von Projekten, und hiermit natürlich auch JavaBeans, eine besondere Bedeutung zukommt. Ohne geeignete Dokumentation werden Ihre Projekte keinen großen Erfolg haben! Mit Javadoc stellt das SDK aber ein Programm bereit, das Ihnen bei der Erstellung der Dokumentation eine große Hilfe ist. Javadoc durchsucht die Quelldateien von Projekten automatisch nach Deklarationen und Kommentaren und erzeugt automatisch die Dokumentation für diese Dateien. Die Dokumentation liegt anschließend im HTML-Format vor, sodass sie mit jedem beliebigen Internet-Browser angezeigt werden kann. Javadoc sortiert die generierten HTML-Dokumente automatisch nach Klassen, inneren Klassen, Interfaces, Feldern, Konstruktoren und Methoden. Das Format der Dokumentation entspricht genau dem Format, indem die Dokumentation zu den Java-APIs vorliegt! Damit dieser Automatismus korrekt erfolgt, müssen Sie allerdings gewisse Regeln einhalten. So müssen Kommentare in der Form

```
/*****
 * Dies ist ein Kommentar
 *****/
```

geschrieben sein. Versuche mit der alternativen Schreibweise

```
// Dies ist ein Kommentar
```

funktionieren nicht! Das Programm javadoc bietet eine Vielzahl an Optionen, von denen die wichtigsten in Tabelle 5.2 zusammengefasst sind:

javadoc *Option*	Beschreibung
-sourcepath	Mit dieser Option können Sie den Pfad zu den Dateien angeben, die mit javadoc dokumentiert werden sollen.
-overview	Hiermit geben Sie die Datei an, die einen Überblick über die Datei liefert. Diese Datei muss im HTML-Format vorliegen!

javadoc *Option*	Beschreibung
-d	Mit –d können Sie den Pfad angeben, in dem die Dokumente gespeichert werden. Wenn es sich hierbei um ein Unterverzeichnis des aktuellen Verzeichnisses handelt, so muss die Option mit dem Argument .\Ausgabeverzeichnis versehen sein. Wenn das Verzeichnis nicht existiert, wird es automatisch angelegt.
-use	Wenn Sie so genannte Usage-Dateien (Bedienungsanleitungen) angeben wollen, so können Sie diese mit dieser Option dokumentieren. Die Dateien müssen ebenfalls im HTML-Format vorliegen.
-splitIndex	Entsprechend der Original-Dokumentation der APIs können Sie hiermit Indizes in der Form A bis Z angeben. Die Einträge werden entsprechend alphabetisch sortiert.
-windowstitle	Hiermit legen Sie einen Fenstertitel fest.
-doctitle	Hiermit legen Sie einen Dokumententitel fest.
-header	Mit dieser Option können Sie Header-Informationen hinzufügen.
-bottom	Mit –bottom können Sie Text am Ende der Dokumentation hinzufügen.
-group	Diese Option hat zwei Funktionen: Abhängig vom folgenden Argument können Sie zwei Untergruppierungen einrichten.
-J	Mit dieser Option können Sie temporär mehr Speicher für die Erzeugung der Dokumente reservieren. So reserviert die Option – J Xmx64m 64 Megabyte Speicher.

Tab. 5.2: Optionen für das Programm javadoc

> **HINWEIS**
> Ich habe bewusst nicht alle Anwendungsmöglichkeiten beschrieben bzw. alle Optionen aufgezeigt: Wenn Sie hieran interessiert sind, sollten Sie die Dokumentation von javadoc hinzuziehen.

Beispiel:

Jetzt sind wir soweit, dass wir noch einmal auf unser Beispiel-Bean `ColoredRectBean` zurückkommen. Ich hoffe, Sie haben diese Datei, so wie ich es in Kapitel 4 geraten habe, nicht gelöscht. Sie werden nun sehen, aus welchem Grund ich so ausführliche Kommentare verwendet habe. Wechseln Sie nun in das Verzeichnis, in dem der Quelltext gespeichert ist, z.B. *D:\Develop\ColoredRectBean*. Geben Sie hier nun in der Eingabeaufforderung/Shell folgendes Kommando ein:

`javadoc -d .\docs ColoredRectBean.java`

Innerhalb kurzer Zeit ist die Generierung der Dokumentation abgeschlossen. Wenn Sie nun in das *docs*-Verzeichnis wechseln, so werden Sie mehrere Dateien finden, die dort neu erzeugt wurden. Öffnen Sie nun z.B. einmal mit Ihrem Internet-Browser die Datei mit dem Namen *index.html*. Die beiden folgenden Abbildungen (5.6 und 5.7) zeigen Ihnen Ausschnitte aus der erzeugten Dokumentation:

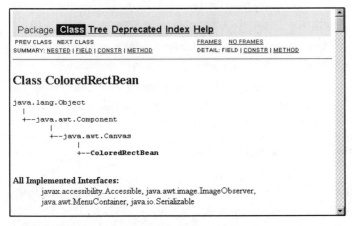

Abb. 5.6: Anzeige von index.html, Teil 1

Method Summary		
`int`	`getHeight()`	
	Ermittelt die aktuelle Höhe des Rechtecks	
`java.awt.Color`	`getRectColor()`	
	Ermittelt die aktuelle Farbe des Rechtecks	
`int`	`getWidth()`	
	Ermittelt die Breite des Rechtecks	
`void`	`paint(java.awt.Graphics g)`	
	Hilfsmethode zum Neuzeichnen des Rechtecks Überschreibt die paint()-Methode der Superklasse	
`void`	`setHeight(int newHeight)`	
	Legt die neue Höhe des Rechtecks fest	
`void`	`setRectColor(java.awt.Color newColor)`	
	Füllt das Rechteck mit der gewählten Farbe	
`void`	`setWidth(int newWidth)`	
	Legt die neue Breite des Rechtecks fest	

Abb. 5.7: Anzeige von index.html, Teil 2

Sie erkennen sicher sofort die fantastischen Möglichkeiten, die Ihnen das Programm `javadoc` bei der Dokumentation Ihrer Programme bietet.

> **HINWEIS**
> Es gibt noch viele weitere Dinge, die man zu diesem Programm erwähnen könnte. So ist es beispielsweise möglich, die Ausgabe im PDF-, PostScript-, FrameMaker- und anderen Formaten erzeugen zu lassen. Allerdings sind die entsprechenden *Doclets* (so werden die speziellen Filter für die Ausgabe genannt) teilweise noch im experimentellen Stadium. Da sämtliche Informationen zu diesem Tool viel zu mächtig sind, um sie in einem Buch über JavaBeans unterzubringen und sie dort genau betrachtet auch gar nichts zu suchen haben, verzichte ich auf die Beschreibung weiterer Details.

5.4 Zusammenfassung, Fragen und Übungen

Zusammenfassung

▶ In diesem Kapitel haben wir uns mit verschiedenen Sonderbereichen der Programmierung von Beans befasst. Von besonderer Bedeutung waren hierbei die so genannten Java-Archive.

Zusammenfassung

▶ Wir haben die Hauptgründe für den Einsatz von Archiven kennen gelernt und dabei festgestellt, dass die Fehleranfälligkeit geringer wird und die Geschwindigkeit beim Zugriff vergrößert wird, weil nicht für jede einzelne Datei des Archivs eine separate Verbindung zum jeweiligen Server aufgebaut werden muss.

▶ Ein Teilbereich von Java-Archiven betrifft die so genannten Manifest-Dateien. Mit diesen haben wir uns ebenfalls befasst.

▶ Den Abschluss dieses Kapitels bildet ein Abschnitt über das Programm javadoc. Dieses Programm, das neben weiteren Programmen zum Standard-Lieferumfang des SDK gehört erleichtert die Erstellung einer Dokumentation erheblich.

Fragen und Übungen

1. In welchem Algorithmus werden Java-Archive komprimiert?

2. Was ist der Hauptgedanke bei der Archivierung von Dateien in einem Java-Archiv?

3. Können Java-Archive neben Klassen auch andere Datentypen archivieren?

4. Was bewirken die Optionen c und f beim Programm jar?

5. Welche Aufgaben haben Manifest-Dateien?

6. Wie können Sie eine selbst geschriebene Manifest-Datei in ein Archiv übernehmen?

7. Was ist das Besondere am Programm javadoc?

8. In welchem Format werden die erzeugten Dateien standardmäßig erzeugt?

6 RoundButton

JavaBeans

6 RoundButton

In diesem Kapitel werden wir eine komplexere JavaBean entwickeln. Hierbei handelt es sich zunächst um eine einfache Schaltfläche; das Besondere an dieser Bean ist aber, dass die Schaltfläche kreisförmig ist. Daher habe ich dieser Bean den Namen RoundButton gegeben. Wir werden auf die gleiche Weise vorgehen, wie wir es bereits in Kapitel 4 gelernt haben: Wir werden also zunächst die Bean beschreiben, die Eigenschaften, die durch den Anwender eingestellt werden dürfen, sammeln und anschließend die Kodierung der Methoden durchführen. Dabei werden wir auch die Dokumentation, so wie wir es in Kapitel 5 gelernt haben, mit dem Programm javadoc erstellen und die Bean anschließend selbstverständlich testen. Dieses Kapitel ist in zwei große Bereiche unterteilt:

▶ Im ersten Bereich werden wir die grundlegende Funktionalität dieser Bean entwickeln. Hierzu zählt alles, was bereits in der Einleitung dieses Kapitels erwähnt wurde.

▶ Der zweite Teil dieses Kapitels stellt eine Erweiterung der Bean um die Klasse BeanInfo dar. Diese Klasse stellt Informationen für integrierte Entwicklungsumgebungen bereit, die diese für die Anwendung einer Bean benötigen. Hierzu zählen beispielsweise Icons für die Bean oder die Ausblendung von Eigenschaften der Superklasse(n), die Sie für den Anwender sperren wollen. Teil 2 baut auf dem ersten Teil auf: Löschen Sie also den Quelltext, der in Teil 1 erarbeitet wird, nicht!

6.1 Teil 1: Die Bean RoundButton

Lassen Sie uns gleich zur Sache kommen und direkt mit der Planung beginnen.

Planung von RoundButton

Aufgabe ist es, eine kreisförmige Schaltfläche als JavaBean zu realisieren. Sie soll in der Größe und in ihrer Farbe veränderbar sein. Darüber hinaus soll es möglich sein, sie mit einem Label zu versehen. Da diese Bean die Funktionalität eines Schalters haben soll, werden wir sie von einer anderen Schaltflächen-Klasse ableiten: Auf diese Weise stellen wir sicher, dass wir

▶ nicht die gesamte Funktionalität einer Schaltfläche vollständig selbst programmieren müssen und

▶ sicher sein können, dass die Funktionalität ausreichend getestet ist, sodass wir uns hierum nicht weiter kümmern müssen.

Bei der Klasse, von der wir die grundlegende Funktionalität beziehen, handelt es sich um die Swing-Klasse JButton. Abbildung 6.1 zeigt die Hierarchie der Klassen, von denen JButton selbst abgeleitet ist:

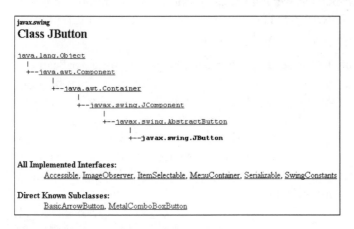

Abb. 6.1: JButton und seine Basisklassen

JButton und die Klassen, von denen JButton abgeleitet ist, stellen eine Vielzahl von Werten und Methoden zur Verfügung, die wir zunächst in RoundButton übernehmen wollen. Wir werden uns im zweiten Teil dieses Kapitels darum kümmern, wie wir nicht benötigte bzw. unerwünschte Eigenschaften aus unserer Klasse entfernen. Wir benötigen aber auf jeden Fall Eigenschaften, in denen sich RoundButton von den Basisklassen unterscheidet. Hierzu gehört auf jeden Fall die Eigenschaft radius. Die Abmessungen eines Kreises werden durch den Radius bestimmt. Hier reicht es aus, einen Integerwert zu verwenden. Wir wollen aber zusätzlich noch die Farbe der Schaltfläche beeinflussen. Damit die Beschriftung der Schaltfläche von der Hintergrundfarbe unterschieden werden kann, benötigen wir zwei Farben, denen wir die Namen foreground und background geben. Und wir benötigen noch eine Eigenschaft mit dem Namen text, die für die Beschriftung der Schaltfläche eingesetzt wird.

> **HINWEIS**
>
> Die Eigenschaften foreground, background sind Eigenschaften, die in der Klasse java.awt.Component definiert sind. Die Eigenschaft text stammt von der Klasse javax.swing.AbstractButton ab. Wir müssen diese Eigenschaften verwenden, weil sie für die Einstellung der Vorder- und Hintergrundfarbe sowie der Beschriftung von RoundButton zuständig sind. Der Grund hierfür ist, dass RoundButton von JButton abgeleitet ist und diese Einstellungen dort durchgeführt werden! Entsprechend verhält es sich auch mit anderen Eigenschaften, wie z.B. der Schriftart. Einzig die Eigenschaft radius wurde mit der Klasse RoundButton neu eingeführt.

Wenn wir diese Informationen zusammenfassen, ergibt sich folgendes Bild:

Benötigt werden

- ▶ zwei Eigenschaften vom Typ Color, denen wir die Namen foreground und background geben,
- ▶ eine Eigenschaft radius vom Typ int für den Radius der Schaltfläche und
- ▶ eine Eigenschaft text vom Typ String.

Hieraus ergeben sich zwangsläufig die Getter- und Setter-Methoden für diese Eigenschaften. Wir überlegen nun weiter, dass wir einen Kreis darstellen wollen, eine geometrische Figur. Daraus ergibt sich, dass wir für unsere Bean nicht nur die Packages java.awt.*, javax.swing.* und java.io.Serializable, sondern auch das Package java.awt.geom importieren müssen.

Wir müssen auch noch einen weiteren Punkt berücksichtigen. Unsere Bean ist von JButton abgeleitet; diese stellt aber eine rechteckige Schaltfläche dar und keine runde, wie wir sie benötigen. Wenn der Durchmesser des Kreises identisch ist mit der größten Kantenlänge des Rechtecks und der Kreis über das Rechteck gezeichnet wird, so ergibt sich das in Abbildung 6.2 gezeigte Modell:

Abb. 6.2: Kreisradius = maximale Kantenlänge des Rechtecks

> **HINWEIS** Zur besseren Verdeutlichung des Zusammenhangs zwischen Kreisradius und Kantenlänge des Rechtecks wurde der Kreis in den Hintergrund gezeichnet. In Wirklichkeit ist aber das Rechteck im Hintergrund!

Was würde in diesem Fall passieren, wenn Sie mit der Maus in den senkrecht schraffierten Bereich klickten? Richtig! Es würde gar nichts passieren. Der Grund hierfür ist, dass die Funktionalität des Schalters von JButton vorgegeben wird; und dieser deckt nun einmal nur den horizontal schraffierten Bereich ab!

Man könnte nun auf die Idee kommen, das Rechteck so zu vergrößern, dass alle Kanten dem Durchmesser des Kreises entsprechen. Sie werden aber in Abbildung 6.3 sehr schnell erkennen, dass dies ebenfalls nicht die erwünschte Lösung sein kann:

Abb. 6.3: Beide Kantenlängen des Rechtecks = Kreisradius

In diesem Fall würde die Schaltfläche zwar korrekt reagieren, wenn Sie mit der Maus innerhalb des senkrecht schraffierten Bereichs klickten. Sie würde aber ebenfalls reagieren, wenn Sie in den überschüssigen horizontal schraffierten Bereich klickten. Dies ist natürlich nicht erwünscht! Wir sind der Lösung aber einen gehörigen Schritt näher gekommen: Die Abmessungen des Rechtecks (die Abmessungen von JButton) werden also dem Durchmesser des Kreises angepasst. Wir müssen dann »nur« noch die horizontal schraffierten Bereiche des Rechtecks aus dem überwachten Bereich herausfiltern. Glücklicherweise gibt es hierfür eine relativ einfache Lösung, die auf der Methode contains() basiert. Auf diese werden wir weiter unten in der Kodierungsphase zu sprechen kommen. Sie sehen aber, dass wir mindestens diese eine Methode als Hilfsmethode benötigen!

Kodierung von RoundButton

Bei der Kodierung von RoundButton werden wir wieder schrittweise vorgehen: Jede der verschiedenen Aufgaben wird separat gelöst. Am Ende dieses Abschnitts finden Sie dann, weil es übersichtlicher ist, das vollständige Listing dieser Bean.

Importieren benötigter Packages und Definition der Klasse

In der Planungsphase haben wir bereits erkannt, welche API-Packages wir für die Lösung der Aufgabe benötigen. Legen wir also los:

```
import java.awt.* ;
import java.awt.geom.* ;
```

```
import javax.swing.* ;
import java.io.Serializable ;
public class RoundButton extends JButton implements
     Serializable
{}
```

Tippen Sie diese Zeilen in Ihren Text-Editor und speichern Sie sie unter dem Namen RoundButton.java in ein Verzeichnis Ihrer Wahl. Sie werden erkennen, dass der Anweisungsblock zwischen den beiden geschweiften Klammern zurzeit noch leer ist. Diesen werden wir aber in den folgenden Schritten mit Anweisungen füllen. Die Basisarbeiten sind hiermit jedenfalls bereits abgeschlossen!

Eigenschaften festlegen und Konstruktor programmieren

Im nächsten Schritt werden wir nun die Eigenschaften, die unsere Bean ihren Anwendern zur Verfügung stellen soll, in den Anweisungsblock aufnehmen. Damit diese nicht von außen verändert werden können, werden wir sie, so wie es sich für Beans gehört, mit dem Modifizierer private versehen. Damit die Farben von Anfang an für den Konstruktor vorgegeben sind, werden wir die Vordergrundfarbe (Eigenschaft foreground) auf Schwarz und die Hintergrundfarbe (Eigenschaft background) auf Rot setzen.

> **HINWEIS**: In diesem Teil der Kodierung verzichte ich aus Platzgründen auf den Einsatz von Kommentaren. Diese finden Sie später im vollständigen Listing in der Form, in der sie von javadoc ausgewertet werden können.

Tragen Sie die folgenden Zeilen in den Anweisungsblock ein:

```
private Color   foreground = Color.black;
private Color   background = Color.red;
private String  text;
private int     radius;
public RoundButton()
{
```

```
    super("");
    calcMaxSize();
    radius = size.width;
    setContentAreaFilled(false);
}
```

Der Konstruktor wäre nicht sonderlich aufregend, wenn dort nicht die beiden Methoden `calcMaxSize()` und `setContentAreaFilled()` auftauchen würden. Was hat es mit diesen beiden Methoden auf sich? Nun, `calcMaxSize()` ist eine echte Hilfsmethode, die wir selber noch erzeugen müssen. Damit der Konstruktor einen `RoundButton` zeichnen kann, müssen ihm bestimmte Informationen über die Abmessungen von `JButton` vorliegen. Mit der Methode `calcMaxSize()` werden wir diese Informationen beschaffen. Nähere Informationen zu dieser Methode finden Sie bei ihrer Kodierung weiter unten in diesem Kapitel. `setContentAreaFilled(false)` hat eine andere Aufgabe: Hierbei handelt es sich um eine Methode aus der Klasse `AbstractButton`, von der `JButton` unmittelbar abgeleitet ist. Zum Verständnis dieser Methode sollten wir uns noch einmal Abbildung 6.3 ansehen. Dort verhält es sich so, dass das Rechteck von `JButton` die Kreisfläche von `RoundButton` vollständig enthält. Der `ContentArea` stellt die gesamte Fläche von `JButton` dar. Hätten wir der Methode `setContentAreaFilled()` als Argument den Wert `true` übergeben und würden wir diesen Bereich mit einer Farbe versehen, so würde auch die Kreisfläche vollständig übermalt. Auch andere Inhalte, wie z.B. Icons, würden vollständig übermalt werden und damit unsichtbar. Dadurch, dass wir dieser Methode als Argument den Wert `false` übergeben haben, wird dies verhindert.

Die Getter- und Setter-Methoden

Wir kommen nun zur Programmierung der Getter- und Setter-Methoden. Da wir vier Eigenschaften definiert haben, deren Werte jeweils ermittelbar und neu definierbar sein soll, benötigen wir nun also acht Methoden, die diese Aufgaben erledigen. Exemplarisch soll dies für die Vordergrundfarbe erfolgen:

```
public Color getForeground()
{
  return foreground;
}
public void setForeground(Color fg)
{
  foreground = fg;
  repaint();
}
```

Die Getter- und Setter-Methoden für die Hintergrundfarbe und die Beschriftung der Schaltfläche folgen dem gleichen Schema. Auch die Ermittlung des aktuell eingestellten Radius erfolgt auf die gleiche Weise. Etwas aufwendiger ist aber die Setter-Methode für radius. Da sich durch die Änderung des Radius die Größe der aktiven Schaltfläche ändert, muss der rechteckige Bereich, der von JButton abgedeckt wird, über diese Änderung informiert werden. Aus diesem Grund soll diese Methode etwas ausführlicher behandelt werden.

```
public void setRadius(int r)
{
  radius = r;
  size.width = radius;
  size.height = radius;
  setPreferredSize(size);
  setMinimumSize(size);
  setMaximumSize(size);
  setSize(size);
  setBounds(getX(),getY(),radius,radius);
  repaint();
}
```

Wenn der Radius des Kreises verändert wird, und dabei spielt es keine Rolle, ob er größer oder kleiner wird, muss das Rechteck von JButton hierüber informiert werden, damit seine Größe entsprechend dem neuen Radius angepasst wird. Warum dies so ist, kann leicht Abbildung

6.3 entnommen werden. Hierzu benötigen wir aber eine Hilfsvariable, die wir bisher noch nicht vereinbart haben: size, die eine Instanz der Klasse Dimension sein muss, da sie die Abmessungen (Dimension) des Rechtecks aufnehmen soll. Fügen Sie also bei der Deklaration der Variablen diese zusätzliche Größe ein. Da diese Variable ausschließlich innerhalb der Bean verwendet wird, sollten Sie diese mit dem Modifizierer private deklarieren. Nachfolgend werden mit den neuen Werten für size die Abmessungen von JButton an den Radius angepasst. Dies erfolgt mit den Methoden setPreferredSize(), setMaximumSize(), setMinimumSize() und setSize(). Wir müssen aber auch noch die Grenzen von JButton neu festlegen, damit die Methode contains(), die weiter vorne bereits erwähnt wurde, überhaupt korrekt funktionieren kann. Dies erfolgt mit der Methode setBounds(). Diese Methode erwartet vier Argumente. Hierbei handelt es sich um

▶ die x- und y-Koordinate des Rechtecks, also den Startpunkt,

▶ die Breite des Rechtecks und

▶ seine Höhe.

Die x- und die y-Koordinaten werden mit den Methoden getX() und getY() ermittelt. Dies wurde so realisiert, damit RoundButton nach einer Änderung von radius an seiner ursprünglichen Position neu gezeichnet wird: Wir müssen immer im Hinterkopf behalten, dass es sich bei RoundButton um eine Komponente handelt, die von ihrem Anwender auf einer Programmoberfläche platziert wird. Würden wir uns die ursprünglichen Koordinaten nicht merken, so würde RoundButton nach einer Änderung von radius und nach dem Aufruf von repaint() an einer anderen Stelle neu gezeichnet werden. Die Anforderung zum Neuzeichnen der Schaltfläche erfolgt dann mit repaint().

HINWEIS Diese Methode muss überall aufgerufen werden, wo die Abmessungen, Farben oder Beschriftungen von RoundButton verändert werden!

Hilfsmethoden

Wir sind jetzt fast fertig mit den wesentlichen Funktionen unserer Bean. Es werden jetzt nur noch einige Hilfsmethoden benötigt, die unsere Bean auf den Monitor zeichnen. Die Bezeichnung »Hilfsmethoden« ist allerdings etwas verniedlichend: Sie sorgen nämlich nicht nur für das Zeichnen der Komponente, sie sind auch für die Funktionalität von RoundButton zuständig; und die ist nicht ganz trivial!

Beginnen wir mit der Methode calcMaxSize(), die wir bereits im Konstruktor kennen gelernt haben. Diese Methode hat die Aufgabe, die Größe von JButton unmittelbar nach der Erzeugung der Instanz zu ermitteln. Die Werte, die hier ermittelt werden, stellen die Basis für alle weiteren Format-Berechnungen dar.

```
private void calcMaxSize()
{
    size = super.getPreferredSize();
    size.width = size.height = Math.max(size.width,
        size.height);
    setPreferredSize(size);
    setMinimumSize(size);
    setMaximumSize(size);
}
```

In der ersten Zeile size = super.getPreferredSize(); wird die bevorzugte Größe von JButton ermittelt. Hierbei handelt es sich um die aktuelle Größe der Komponente. Da es für die Aufgabe von besonderer Bedeutung ist, dass die Breite die gleichen Abmessungen hat wie die Höhe (siehe Abbildung 6.3), wird anschließend mit der Methode max(size.width, size.height); aus dem Package java.lang.Math der größere der beiden Werte ermittelt und beiden Variablen direkt zugewiesen. Der Rest dieser Methode sollte selbst erklärend sein.

Diese Bean verwendet noch drei weitere Hilfsmethoden:

▶ paintComponent(),

▶ paintBorder() und

▶ contains().

Wir werden uns an dieser Stelle nur mit der Beschreibung von contains() befassen, da diese Methode dafür zuständig ist, dass Round-Button nur ausgelöst werden kann, wenn sich die Maus innerhalb der Kreisfläche und nicht innerhalb des horizontal schraffierten Bereichs aus Abbildung 6.3 befindet.

Schauen wir uns also diese Methode etwas genauer an:

```
Shape form;
public boolean contains(int x, int y)
{
    form = new Ellipse2D.Float(0, 0, radius, radius);
    return form.contains(x, y);
}
```

Zunächst fällt auf, dass wir eine neue Variable eingeführt haben, die den Namen form hat. Diese Variable ist vom Typ Shape, der im Interface java.awt.Shape definiert ist. Dieses Interface stellt Definitionen für beliebige geometrische Formen zur Verfügung, also auch für Kreise. Daher können wir der Variablen form auch die Form einer Ellipse zuweisen, wie dies in der ersten Zeile dieser Methode passiert.

> **HINWEIS** Wir verwenden diese Methode, weil ein Kreis eine Sonderform einer Ellipse ist. Eine Ellipse wird durch zwei Radien definiert; wenn beide Radien identisch sind, so erhalten wir einen Kreis! Sie können daher auch elliptisch geformte Schaltflächen erzeugen.

Mit contains(x, y) wird nun festgestellt, ob sich die Maus innerhalb der angegebenen Koordinaten befindet, und es wird entsprechend der Wert true oder false zurück gegeben.

Das vollständige Listing

Nachdem wir nun die wichtigsten Methoden unserer JavaBean erarbeitet haben, können wir nun das vollständige Listing abdrucken.

> **HINWEIS**
> Wie bereits weiter oben erwähnt, sind die Kommentare im folgenden Listing sehr ausführlich gehalten. Der Grund hierfür ist, dass wir im Anschluss an den Test von RoundButton die Dokumentation von javadoc erstellen lassen wollen. Wie für alle anderen Beispiele dieses Buches gilt auch hier: Sie können die vollständige Archiv-Datei dieses Beispiel von der Webseite zum Buch unter *http://www.bhv-buch.de* herunterladen.

Lassen Sie uns nun also los legen:

```
import java.awt.*;
import java.awt.geom.*;
import javax.swing.*;
import java.io.Serializable;
public class RoundButton extends JButton implements
        Serializable
{
    /****************************
     * Eigenschaften der Bean
     ****************************/
    // Eigenschaften der Bean
    // Vordergrundfarbe. Startwert = Schwarz
    private Color   foreground = Color.black;
    // Hintergrundfarbe. Startwert = Rot
    private Color   background = Color.red;
    // Beschriftung der Schaltfläche
    private String text;
    // Radius der Schaltfläche
    private int     radius;
    // Sonstige Variablen, Hilfsvariablen
```

```java
    private Dimension size;  // Abmessungen von JButton
    private Shape     form;  // Zum Bestimmen der Form
    /*********************************************
     * Berechnet Abmessungen und ermittelt hieraus
     * den Radius.
     *********************************************/
    public RoundButton()
    {
        super("");
        calcMaxSize();
        radius = size.width;
        setContentAreaFilled(false);
    }
    /*********************************************
     * Ermittelt die Vordergrundfarbe von RoundButton.
     *********************************************/
    public Color getForeground()
    {
        return foreground;
    }
    /***************************************
     * Stellt die neue Vordergrundfarbe von
     * RoundButton ein.
     ***************************************/
    public void setForeground(Color fg)
    {
        foreground = fg;
        repaint();
    }
    /*********************************************
     * Ermittelt die Hintergrundfarbe von RoundButton.
     *********************************************/
    public Color getBackground()
    {
```

```
    return background;
}
/***********************************
 * Stellt die Hintergrundfarbe von RoundButton
 * ein.
 ***********************************/
public void setBackground(Color bg)
{
    background = bg;
    repaint();
}
/***********************************
 * Ermittelt die Beschriftung von RoundButton.
 ***********************************/
public String getText()
{
    return text;
}
/***********************************
 * Beschriftet RoundButton mit dem String, der als
 * Argument übergeben wird.
 ***********************************/
public void setText(String str)
{
    text = str;
    repaint();
}
/***********************************
 * Ermittelt den aktuellen Radius von RoundButton.
 ***********************************/
public int getRadius()
{
    return radius;
}
```

```java
/***********************************************
 * Stellt den neuen Radius von RoundButton ein und
 * veranlasst, dass Neuzeichnen von RoundButton.
 ***********************************************/
public void setRadius(int r)
{
    radius      = r;
    size.width  = radius;
    size.height = radius;
    setPreferredSize(size);
    setMinimumSize(size);
    setMaximumSize(size);
    setSize(size);
    setBounds(getX(),getY(),radius, radius);
    repaint();
}
/***********************************************
 * Hilfsmethode, die für das Zeichnen und das
 * allgemeine Verhalten der Bean zuständig ist.
 ***********************************************/
protected void paintComponent(Graphics g)
{
    if (getModel().isArmed())
            g.setColor(Color.lightGray);
    else
            g.setColor(background);
    // Zeichnet den Kreis mit dem aktuellen Radius
    g.fillOval(0,0,radius-1,radius-1);
    super.paintComponent(g);
}
/*******************************************
 * Zeichnet einen Rahmen um RoundButton.
 *******************************************/
protected void paintBorder(Graphics g)
```

```
{
    g.setColor(foreground);
    g.drawOval(0,0,radius-1,radius-1);
}
/************************************************
 * Prüft, ob sich die Maus innerhalb der
 * Schaltfläche befindet. Diese darf nur ausgelöst
 * werden, wenn sich die Maus innerhalb der
 * Schaltfläche befindet. In diesem Fall liefert
 * die Methode den Wert <b>true</b> zurück, sonst
 * <b>false</b>.
 ************************************************/
public boolean contains(int x, int y)
{
    form = new Ellipse2D.Float(0,0,radius,radius);
    return form.contains(x, y);
}
/************************************************
 * Ermittelt den größeren Wert von Breite/Höhe
 * und setzt diesen als neuen Wert fest.
 ************************************************/
private void calcMaxSize()
{
    size = super.getPreferredSize();
    size.width = size.height = Math.max(size.width,
        size.height);
    setPreferredSize(size);
    setMinimumSize(size);
    setMaximumSize(size);
}
}
```

HINWEIS Im Kommentar zur Methode contains() sehen Sie zwei HTML-Tags: <b> und </b>. Hiermit können Sie besonders wichtige Bereiche der Dokumentation in Fettschrift (b = bold) hervorheben! Auf die gleiche Weise können Sie auch andere Formatierungsangaben in die Kommentare Ihrer Beans aufnehmen; javadoc interpretiert diese Formatierungen und zeigt sie entsprechend an.

Kompilieren und Testen von RoundButton

Wenn Sie den Quelltext in einen Editor eingegeben und die Datei abgespeichert haben, können wir uns daran begeben, sie zu kompilieren. Dies erfolgt auf die herkömmliche Art mit javac RoundButton.java. Sie müssen außerdem die Manifest-Datei und anschließend das Java-Archiv erzeugen. Der Vollständigkeit halber folgen im Anschluss noch die entsprechenden Anweisungen. Beginnen werden wir mit der Manifest-Datei:

```
Name: RoundButton.class
Java-Bean: True
```

Und nun folgt noch die Anweisung zum Erstellen der Archiv-Datei:

```
jar cfm RoundButton.jar RoundButton.mf
    RoundButton.class
```

Wenn dies alles fehlerfrei funktioniert hat, können wir nun damit beginnen, RoundButton zu testen. Starten Sie hierfür den BeanBuilder und erzeugen Sie mit *File – New* eine neue Testumgebung. Laden Sie anschließend über das Menü *File – Load Jar File* das Archiv RoundButton.jar in den BeanBuilder und platzieren Sie die Bean im Design Panel von BeanBuilder. Im Design-Panel sollte nun die in Abbildung 6.4 gezeigte Ausgabe erfolgen:

Abb. 6.4: RoundButton unmittelbar nach dem Laden

Wechseln Sie nun in das Property-Panel und verändern Sie einige der Eigenschaften, die Ihre Bean den Anwendern zur Verfügung stellen soll.

> **HINWEIS**
> Das Property-Panel zeigt, wie bereits früher erwähnt, mehr Eigenschaften an, als Sie in der Bean vorgesehen haben. Der Grund hierfür ist, dass die Basisklassen von RoundButton Eigenschaften besitzen, die BeanBuilder ebenfalls erkennt. Wie Sie die Eigenschaften der Basisklasse ausblenden, werden Sie im zweiten Teil dieses Kapitels kennen lernen.

Wenn Sie den Design-Modus deaktivieren, können Sie die Bean direkt austesten. Ändern Sie einmal die folgenden Eigenschaften:

▶ radius = 200,

▶ foreground = gelb,

▶ background = blau und

▶ die Schriftgröße auf den Wert *Dialog, Bold, 24*.

Es stellt sich unmittelbar die in Abbildung 6.5 gezeigte Ausgabe ein:

Abb. 6.5: RoundButton mit geänderten Eigenschaften

Sie erkennen sofort, dass sich unterschiedliche Einstellungen unmittelbar auf das Erscheinungsbild von RoundButton auswirken. Dabei funktioniert auch die Änderung der Schriftgröße, obwohl diese Eigenschaft gar nicht direkt durch unsere Bean unterstützt wird. Der Grund hierfür ist aber inzwischen hinreichend bekannt.

> **HINWEIS** Klicken Sie bitte auch ausdrücklich in die Bereiche des Rechtecks, die nicht vom Kreis übermalt sind: Sie werden feststellen, dass Mausklicks in diese Bereiche keine Auswirkung haben!

Dokumentation

Nachdem der Test von RoundButton erfolgreich absolviert wurde, werden wir uns nun an die Dokumentation unserer Bean begeben. Da wir den Quelltext bereits ausgiebig kommentiert haben, probieren wir sofort das Kommando

javadoc -d .\docs RoundButton.java

aus.

> **HINWEIS**
> Zur Erinnerung: Durch die Option –d und der Angabe eines Verzeichnisses wird die Dokumentation in diesem Verzeichnis erzeugt und gespeichert. Existiert das angegebene Verzeichnis noch nicht, so wird es zunächst erzeugt.

Öffnen Sie nun mit Ihrem Internet-Browser einmal die neu erstellte Datei *index.html*. In den folgenden drei Abbildungen (Abbildungen 6.6, 6.7 und 6.8) werden Ausschnitte aus der automatisch erzeugten Dokumentation gezeigt.

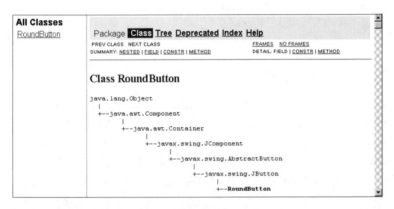

Abb. 6.6: Auszug aus der Dokumentation, Teil 1

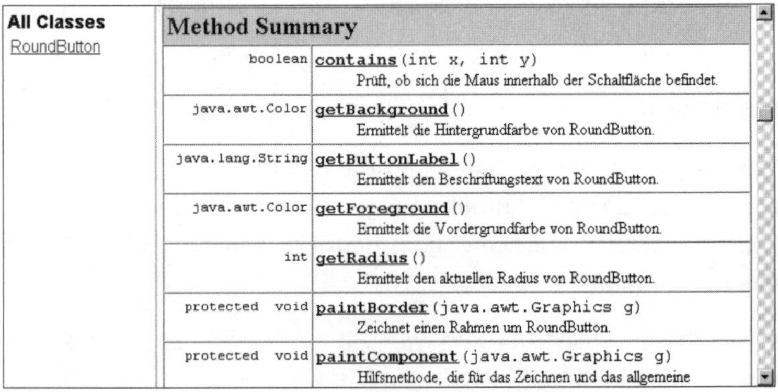

Abb. 6.7: Auszug aus der Dokumentation, Teil 2

Abb. 6.8: Auszug aus der Dokumentation, Teil 3

Damit ist der erste der beiden Teile dieses Kapitels abgeschlossen: Die wesentlichen Funktionen wurden implementiert, die Bean erfolgreich getestet und die Dokumentation wurde ebenfalls erzeugt. Im folgenden zweiten Teil werden wir RoundButton verbessern.

> **HINWEIS** Speichern Sie die Datei *RoundButton.java* in einem separaten Verzeichnis und arbeiten Sie mit der Kopie dieses Programms weiter. Wir werden im weiteren Verlauf nur noch Erweiterungen an diesem Programm durchführen.

6.2 Teil 2: Verbesserung von RoundButton

Im ersten Teil haben wir die grundlegende Funktionalität unserer neuen Bean entwickelt. Für Testzwecke mag dies auch ausreichen; wollen Sie RoundButton aber in einer integrierten Entwicklungsumgebung einsetzen oder anderen Anwendern zur Verfügung stellen, so ist dies bei weitem nicht ausreichend:

▶ In unserer Testumgebung BeanBuilder wird nach dem Laden des Java-Archivs von RoundButton in der Palette nur ein leeres Rechteck angezeigt: Dies muss geändert werden, damit Sie bzw. die Anwender einen Eindruck von der Bean erhalten können.

▶ Darüber hinaus lassen sich in BeanBuilder wesentlich mehr Eigenschaften einstellen, als es von uns geplant war: Wir wollten nur die Vordergrund- und Hintergrundfarbe, den Radius und die Beschriftung von RoundButton ermöglichen. Hierüber hinaus gehende Eigenschaften sollen ausgeblendet werden.

Wir wollen uns nun damit beschäftigen, die genannten Punkte zu unserer Bean hinzuzufügen. Um dies zu erreichen, müssen wir uns zunächst mit dem Interface BeanInfo beschäftigen, da dieses Interface alle Möglichkeiten bietet, die wir für diese Aufgaben benötigen, obwohl wir im weiteren Verlauf dieses Kapitels mit der Klasse SimpleBeanInfo arbeiten werden. SimpleBeanInfo implementiert nämlich das Interface BeanInfo und stellt daher dessen gesamte Funktionalität bereit.

Das Interface BeanInfo

Wir haben gesehen, dass unsere Bean RoundButton wesentlich mehr Möglichkeiten bietet, als ursprünglich geplant. Viele Einstellungen, die für den Entwickler von Beans durchaus sinnvoll sind, können den Anwender einer Bean aber verwirren. Als Bean-Entwickler haben Sie daher die Möglichkeit, Ihren Beans gezielte Informationen zu »spendieren«, die dem Anwender bzw. den Java-Entwicklungsumgebungen die Arbeit mit diesen erleichtern. Hierzu zählen u.a.

▶ die bereits erwähnten Grafiken und

▶ explizite Informationen zu den Methoden, Eigenschaften, Ereignissen usw.

Als Entwickler von JavaBeans müssen Sie nicht zwangsläufig alle Informationen bereit stellen: Es bleibt Ihnen überlassen, welche Informationen Sie weiter geben wollen und welche nicht! Der Rest erfolgt automatisch über den Mechanismus der Low-Level-Reflection, der bereits in Kapitel 3 beschrieben wurde.

Die folgende Tabelle stellt eine Übersicht über die Methoden von BeanInfo dar:

Methoden von BeanInfo	Funktion
BeanInfo[] getAdditionalBeanInfo()	Informationen zu Beans können in verschiedenen BeanInfo-Objekten gespeichert sein. Mit dieser Methode ist es möglich, zusätzliche BeanInfo-Objekte der aktuellen Bean abzufragen.
BeanDescriptor getBeanDescriptor()	BeanDescriptor ist eine Klasse, die (beschreibende) Informationen zu einer Bean enthält. Hierzu zählen z.B. der Name der Java-Klasse, der angezeigte Name usw. Mit der Methode getBeanDescriptor() können Sie diese Informationen beschaffen.
int getDefaultEventIndex()	Für bestimmte Aktionen, die mit einer Bean durchgeführt werden, gibt es Ereignisse, die bevorzugt angewendet werden (z.B. Mausklick bei einer Schaltfläche). Hierbei handelt es sich um die Standardaktion (default action). In Zusammenarbeit mit der Klasse EventSetDescriptor gibt diese Methode den Index des Standard-Ereignisses für die aktuelle Bean zurück.
int getDefaultPropertyIndex()	Entsprechend zu den Ereignissen einer Bean existiert im Regelfall auch eine Standard-Eigenschaft. Diese Methode liefert den Index dieser Standard-Eigenschaft aus dem Array PropertyDescriptor[] zurück.
EventSetDescriptor[] getEventSetDescriptors()	Beans können Ereignisse auslösen. Diese Methode liefert alle entsprechenden Ereignis-Typen zurück.
Image getIcon(int iconKind)	Dies ist die Methode, die alle für eine Bean verfügbaren Images zur Anzeige in Entwicklungsumgebungen beschafft.

Methoden von BeanInfo	Funktion
MethodDescriptor[] getMethodDescriptors()	Diese Methode liefert ein Array von Methoden-Informationen zurück, die diese Bean nach außen zur Verfügung stellt. Der Inhalt des Arrays darf gleich Null sein: In diesem Fall wird der automatische Low-Level-Mechanismus ausgeführt.
PropertyDescriptor[] getPropertyDescriptors()	Mit dieser Methode werden alle verfügbaren Beschreibungen von Eigenschaften in ein Array vom Typ PropertyDescriptor[] geschrieben.

Tab. 6.1: Methoden des BeanInfo-Interfaces

> **HINWEIS** Damit der Mechanismus der Introspection korrekt funktionieren kann, ist es erforderlich, auch bei der Verwendung von BeanInfo bestimmte Namenskonventionen einzuhalten. Es muss grundsätzlich die Bezeichnung BeanInfo an den Namen der Hauptklasse angehängt werden. In den Namenskonventionen für JavaBeans wurde nämlich vereinbart, dass Entwicklungsumgebungen alle erforderlichen Informationen zu Beans in einer Datei finden, die mit dem Zusatz BeanInfo endet. Die zusätzlichen Informationen zu RoundButton müssen demnach in einer Datei mit dem Namen RoundButtonBeanInfo gespeichert werden! Wenn Sie dieser Konvention nicht folgen, werden diese Informationen Ihrer Bean und damit einer beliebigen Entwicklungsumgebung nicht zur Verfügung stehen.

Images für RoundButton

Um unsere Bean einem größeren Interessentenkreis »schmackhaft« zu machen, wollen wir ihr zunächst Images »spendieren«. Hierzu werden wir die Klasse SimpleBeanInfo einsetzen. Diese implementiert, wie bereits weiter oben erwähnt, das Interface BeanInfo, das wir eben besprochen haben. SimpleBeanInfo stellt gegenüber BeanInfo nur eine einzige weitere Methode zur Verfügung: loadImage(). Einen Aspekt, den ich bei der Beschreibung von BeanInfo bewusst ausgelassen habe, möchte ich an dieser Stelle noch nachreichen. Neben den genannten Methoden stellt BeanInfo nämlich noch vier Konstanten für die Beschreibung der Grafiken zur Verfügung:

- ICON_COLOR_16x16,
- ICON_COLOR_32x32,
- ICON_MONO_16x16 und
- ICON_MONO_32x32.

Diese Konstanten beschreiben den Typ der Grafiken, die von der Bean zur Verfügung gestellt werden sollen. Die Namensbestandteile COLOR und MONO dienen zur Kennzeichnung von farbigen bzw. monochromen Grafiken; die Angaben 16x16 bzw. 32x32 beschreiben die Größe der jeweiligen Grafik in Pixel. Der erste Teil der Erweiterung von RoundButton ist so einfach, dass an dieser Stelle sofort das vollständige Listing abgedruckt werden soll:

```
import java.beans.*;
public class RoundButtonBeanInfo extends
      SimpleBeanInfo
{
    public java.awt.Image getIcon(int iconKind)
    {
       if (iconKind == BeanInfo.ICON_COLOR_16x16)
       {
            java.awt.Image img =
            loadImage("RoundButtonIconColor16.gif");
            return img;
       }
       if (iconKind == BeanInfo.ICON_COLOR_32x32)
       {
            java.awt.Image img =
```

```
            loadImage("RoundButtonIconColor32.gif");
            return img;
        }
        if (iconKind == BeanInfo.ICON_MONO_16x16)
        {
            java.awt.Image img =
            loadImage("RoundButtonIconMono16.gif");
             return img;
        }
        if (iconKind == BeanInfo.ICON_COLOR_32x32)
        {
            java.awt.Image img =
            loadImage("RoundButtonIconMono32.gif");
            return img;
        }
        return null;
    }
}
```

> **HINWEIS** Es ist üblich, die Grafiken im GIF-Format (GIF = CompuServe Graphics Interchange) zur Verfügung zu stellen.

Sie werden sofort erkennen, dass es sich bei der Erweiterung um eine neue Klasse handelt, die den Namen RoundButtonBeanInfo hat und die Funktionalität der Klasse SimpleBeanInfo erweitert. RoundButtonBeanInfo verwendet zunächst nur eine einzige Methode: getIcon(). Mit dieser Methode wird in Abhängigkeit von der gewünschten Darstellungsart (also farbig/monochrom und/oder 16x16/32x32 Pixel) die gewünschte Grafik geladen und an die Bean zurück geliefert. getIcon() benötigt für die Ermittlung der jeweiligen Grafik ein Argument vom Typ int. Dieses Argument stellt nichts Anderes als die Konstanten ICON_COLOR_xxx dar. Es ist auch nicht weiter schlimm, wenn keine entsprechenden Grafiken vorhanden sind: In diesem Fall wird eben null als Ergebnis zurückgegeben und entsprechend wird keine Grafik angezeigt!

Wenn Sie dieses Listing abgetippt und gespeichert haben (die Datei muss im gleichen Verzeichnis wie RoundButton gespeichert werden), können Sie sie mit javac RoundButtonBeanInfo.java auf die herkömmliche Art kompilieren. An der Manifest-Datei brauchen Sie keine Änderungen vorzunehmen, nur bei der Batch-Datei rbb.bat müssen Sie berücksichtigen, dass die Klasse RoundButtonBeanInfo.class sowie die vier Grafikdateien mit den Namen, wie sie im Listing angegeben sind, mit in das Archiv aufgenommen werden. Ändern Sie rbb.bat entsprechend folgendermaßen ab (dies ist natürlich nicht erforderlich, wenn Sie die Beispiele aus dem Internet heruntergeladen haben):

jar cfm RoundButton.jar RoundButton.mf *.class *.gif.

Mit javadoc -d .\docs RoundButton.java sollten Sie darüber hinaus noch die Dokumentation erstellen und diese ebenfalls in das Archiv aufnehmen. Hierfür ist es nur erforderlich, das *docs*-Verzeichnis in das jar-Kommando aufzunehmen. Wenn Sie nun BeanBuilder erneut starten und diese Bean mit Load Jar File laden, so erscheint in der Palette die in Abbildung 6.9 gezeigte Darstellung von RoundButton:

Abb. 6.9: Ausschnitt aus der Palette von BeanBuilder

> **HINWEIS**
> Es ist nicht erforderlich, alle vier möglichen Grafiken anzubieten! Wenn Sie es vorziehen, Ihre Beans nur mit einer 32x32-Grafik in Farbe auszuliefern, so reicht dies völlig aus. Die Anwendung in verschiedenen Entwicklungsumgebungen ist in diesem Fall aber eingeschränkt!

Festlegen der erwünschten Eigenschaften

Wir wollen uns nun damit befassen, alle ererbten Eigenschaften von RoundButton mit Ausnahme von foreground, background, text und natürlich radius auszublenden. Hierzu ist es erforderlich, die Klasse RoundButtonBeanInfo zu erweitern. Schauen wir uns hierfür zunächst den erforderlichen (zusätzlichen) Quelltext an:

```
private final static Class beanClass =
    RoundButton.class;
public PropertyDescriptor[] getPropertyDescriptors()
{
  try
  {
  PropertyDescriptor background =
      new PropertyDescriptor("background",
      beanClass);
  PropertyDescriptor foreground =
      new PropertyDescriptor("foreground",
      beanClass);
  PropertyDescriptor text =
      new PropertyDescriptor("text", beanClass);
  PropertyDescriptor radius =
      new PropertyDescriptor("radius", beanClass);

  background.setHidden(false);
    foreground.setHidden(false);
    text.setHidden(false);
    radius.setHidden(false);

  PropertyDescriptor rv[] =
      {background, foreground, text, radius};
  return rv;
  }
```

```
catch (IntrospectionException e)
{
    throw new Error(e.toString());
}
}
```

Was passiert hier nun? Da es sich um Eigenschaften (englisch: Property) handelt, die wir ausblenden wollen, müssen wir diese näher beschreiben: Dies erfolgt mit der Klasse `PropertyDescriptor`. Mit dieser Klasse legen wir fest, welche Eigenschaften unsere Bean ihren Anwendern, heißt Entwicklern, zur Verfügung stellen soll. Glücklicherweise müssen wir nicht sämtliche unerwünschten Eigenschaften ausblenden: Dies wäre, wie Sie an der Vielzahl der von BeanBuilder angezeigten Eigenschaften von `RoundButton` gesehen haben, sehr mühselig. Die Entwickler von Sun haben es den Bean-Entwicklern dann doch wesentlich einfacher gemacht: Sie müssen nur die gewünschten Eigenschaften angeben; die unerwünschten Eigenschaften werden dann automatisch ausgeblendet!

> **HINWEIS** Genau genommen sorgen Sie als Bean-Entwickler dafür, dass nicht die unerwünschten Eigenschaften ausgeblendet sondern nur die gewünschten Eigenschaften eingeblendet werden! Dies vereinfacht die Entwicklung komplexer Beans erheblich.

Wenn Sie die Änderungen in die Datei *RoundButtonBeanInfo.java* aufgenommen haben, können Sie diese Datei neu kompilieren. Nach dem Erzeugen eines neuen Java-Archivs können wir dieses nun mit BeanBuilder testen. Das Ergebnis wird in Abbildung 6.10 gezeigt:

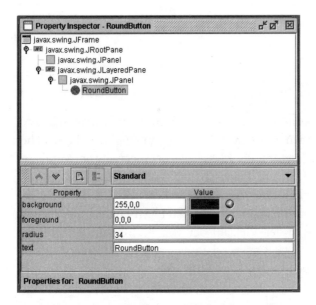

Abb. 6.10: Anzeige der gewünschten Eigenschaften

Wie Sie unmittelbar erkennen, werden wirklich nur noch die in der Erweiterung von `RoundButtonBeanInfo.java` explizit angegebenen Eigenschaften angezeigt. Darüber hinaus erkennen Sie im oberen Teil des Property Inspectors, dass beim Einsatz der `RoundButton`-Bean dort ebenfalls das Symbol dieser Bean angezeigt wird.

An dieser Stelle soll noch eine eingehendere Beschreibung der Klasse `PropertyDescriptor` sowie der im gleichen Zusammenhang eingesetzten Klasse `Class` erfolgen. Diese Klasse ist Bestandteil des Packages `java.beans` und dient der Beschreibung von jeweils einer Eigenschaft einer Bean, die durch eine Instanz der Klasse `Class` angegeben wird. Wenn Sie mehrere Eigenschaften explizit zur Verfügung stellen wollen, so muss für jede dieser Eigenschaften eine separate Instanz von `PropertyDescriptor` erzeugt werden! `Class` besitzt keinen eigenen Konstruktor: Statt dessen werden Objekte vom Typ `Class` durch die virtuelle Java-Maschine (das ist die Java-Laufzeitumgebung) automatisch erzeugt und bereitgestellt.

> **HINWEIS**: Class ist Bestandteil des Packages java.lang. Der Einsatz von Class ist aber nicht nur auf Java-Klassen beschränkt sondern kann auch für Interfaces eingesetzt werden.

Class stellt eine Vielzahl von Methoden zur Verfügung, mit deren Hilfe es unter anderem möglich ist, sämtliche mit dem Schlüsselwort public versehenen Klassen (und Interfaces), die zur angegeben Klasse gehören, zu ermitteln: Das Ergebnis dieser Abfrage wird in einem Class[] abgelegt. In Tabelle 6.2 sind einige der wichtigsten Methoden von Class zusammen gefasst und erläutert:

Methoden	Funktion
public Field getField(String name)	Diese Methode liefert als Ergebnis das Field-Objekt zum angegebenen Feldnamen zurück. Existiert dieses Feld nicht, so wird eine Exception vom Typ NoSuchFieldException geworfen. Wenn ein SecurityManager installiert ist, so ruft diese Methode zunächst die checkMemberAccess()-Methode bzw., falls die Klasse in einem Package ist, die checkPackageAccess()-Methode auf. Falls der Zugriff nicht gestattet ist, so wird eine Exception vom Typ SecurityException ausgelöst.
Class[] getInterfaces()	Die Anwendung dieser Methode liefert alle Interfaces, die durch diese Klasse oder dieses Interface repräsentiert werden, in einem Class[] zurück.

Methoden	Funktion
Method[] getMethods()	Der Aufruf dieser Methode liefert alle public-Methoden dieser Klasse/dieses Interfaces und alle public-Methoden der Superklassen und Super-Interfaces in einem Method[] zurück. Für den Fall, dass ein SecurityManager installiert ist, besteht die Möglichkeit, dass eine Security-Exception ausgelöst wird.
boolean isArray()	Mit dieser Methode kann ermittelt werden, ob dieses Class-Objekt ein Array darstellt.
String toString()	Mit toString() wird das Objekt in einen String umgewandelt.

Tab. 6.2: Einige Methoden der Klasse Class

> **HINWEIS** Diese Beschreibung ist längst nicht vollständig. Eine eingehendere Beschreibung würde zwangsläufig zu weiteren Klassen und Interfaces führen und uns zu weit von unserem Ziel, der Erklärung von PropertyDescriptor, abbringen.

Kommen wir also wieder zu unseren PropertyDescriptor-Objekten zurück. Diese Klasse besitzt drei Konstruktoren:

▶ PropertyDescriptor(String name, Class Klasse),

▶ PropertyDescriptor(String name, Class Klasse, String getterName, String setterName) und

▶ PropertyDescriptor(String name, Method getterMethode, Method setterMethod).

Wir können in unserem Beispiel den ersten Konstruktor einsetzen, weil die Getter- und Setter-Methoden für die angegebene Eigenschaft den Namenskonventionen für JavaBeans folgen. Der zweite Konstruktor kann alternativ eingesetzt werden; dann müssen aber die Getter- und Setter-Methoden explizit mit den String-Argumenten benannt werden.

Der dritte Konstruktor ist dann einsetzbar, wenn die Namen der Getter- und Setter-Methoden nicht den Namenskonventionen entsprechen. Da die aufgeführten Eigenschaften verfügbar gemacht werden sollen, muss das Hidden-Attribut dieser Eigenschaften mit der Methode setHidden(false) explizit zurückgesetzt werden.

> **HINWEIS** Die Methode setHidden() stammt aus der Klasse FeatureDescriptor, die die Basisklasse aller verfügbaren Descriptor-Klassen des Packages java.beans ist. Die Klasse FeatureDescriptor stellt noch einige weitere Methoden bereit. Sie liefert Informationen, die allen Descriptor-Klassen gemeinsam sind, wie z.B. das Hidden-Attribut sowie Namen und Werte von Methoden und Ereignissen.

Anschließend wird ein PropertyDescriptor-Array definiert, das die Namen der Eigenschaften der Entwicklungsumgebung zur Verfügung stellt. Abschließend muss nur das Array an den Introspection-Mechanismus der verwendeten Entwicklungsumgebung zurückgegeben werden. Sie erkennen darüber hinaus, dass das »Freischalten« der Eigenschaften in einem try-catch-Block stattfindet: Da immer die Möglichkeit besteht, dass während des Introspection-Vorgangs eine Exception auftritt, muss ihre Bean auf diese Fehlermöglichkeit entsprechend reagieren!

In Tabelle 6.3 werden einige weitere Methoden von PropertyDescriptor erläutert:

Methode	Funktion
Method getReadMethod()	Liefert die Methode zum Lesen des Wertes der verbundenen Eigenschaft zurück.
Method getWriteMethod()	Entspricht getReadMethod(), liefert aber die Methode zum Ändern der entsprechenden Eigenschaft.

Methode	Funktion
boolean isConstrained()	Mit dieser Methode können Sie feststellen, ob es sich bei der Eigenschaft um eine bedingte (constrained) Eigenschaft handelt.
boolean isBound()	Hiermit können Sie feststellen, ob es sich um eine gebundene Eigenschaft handelt.
Class getPropertyType()	Diese Methode liefert den Datentyp der verbundenen Eigenschaft zurück, wie z.B. int. Der Wert darf auch null sein!
boolean equals(Object objekt)	Mit dieser Methode können Sie feststellen, ob ein spezieller Eigenschaften-Editor für diese Eigenschaft existiert. Normalerweise wird als Ergebnis der Wert null zurück geliefert.

Tab. 6.3: Einige Methoden der Klasse PropertyDescriptor

> **HINWEIS** Bei der Beschreibung der Methode `equals()` in Tabelle 6.3, die übrigens erst mit dem SDK 1.4 eingeführt wurde, wurde der Begriff Eigenschaften-Editor erwähnt. Ich will an dieser Stelle nicht sonderlich detailliert auf die so genannten *Eigenschaften-Editoren* eingehen: Diese werden in Kapitel 10 eingehend behandelt.

> **HINWEIS** Mit Schaltflächen sollen Ereignisse ausgelöst werden, die von anderen Komponenten oder Methoden bedient werden. Da zu Ereignissen aber noch einige Grundlagen eingeführt werden müssen, habe ich mich dazu entschlossen, diese im nächsten Kapitel gesondert zu beschreiben. Dort werden wir noch einmal auf `RoundButton` zurückkommen. Löschen Sie also die bisher erstellten Dateien *RoundButton.java* und *RoundButtonBeanInfo.java* noch nicht, da wir diese in Kapitel 7 erneut brauchen.

6.3 Zusammenfassung, Fragen und Übungen

Zusammenfassung

▶ In diesem Kapitel haben wir die erste Bean mit einem komplexeren Hintergrund entwickelt. Im ersten Teil dieses Kapitels wurde die grundlegende Funktionsweise der Bean systematisch geplant und implementiert.

▶ Dabei haben wir gesehen, auf welche Weise die Funktionalität anderer Java-Klassen dazu eingesetzt werden kann, das gewünschte Verhalten der eigenen Bean zu erzielen. Da unsere Bean von den Klassen JButton und somit auch von AbstractButton, JComponent usw. abgeleitet ist und deren Funktionalität erbt, brauchen wir uns um die wesentliche Funktionalität von Schaltflächen nicht weiter zu kümmern. Allerdings mussten wir feststellen, dass unsere Bean wesentlich mehr Eigenschaften besitzt als wir ursprünglich geplant hatten.

▶ Im zweiten Teil dieses Kapitels haben wir uns daher daran begeben, die Funktonalität und das Einsatzgebiet unserer Bean zu verbessern. Hierzu wird das Interface BeanInfo verwendet, das eine Vielzahl von Methoden zur Festlegung der Eigenschaften und des Verhaltens einer Bean zur Verfügung stellt.

▶ Wir haben anschließend gelernt, wie wir eine Bean mit kleinen Grafiken versehen können, damit sie sinnvoll in grafischen Entwicklungsumgebungen einsetzbar sind.

▶ Zum Abschluss haben wir uns damit befasst, die überzähligen (geerbten) Eigenschaften der eingesetzten Superklassen »auszublenden«. Um dies zu erreichen, haben wir uns ausgiebig mit der Klasse PropertyDescriptor und einigen ihrer Methoden beschäftigt.

Fragen und Übungen

1. Worin unterscheidet sich die Klasse `SimpleBeanInfo` vom Interface `BeanInfo`?

2. Was besagt die Namenskonvention bezüglich des Namens der Info-Klasse einer Bean?

3. Welche drei Eigenschaften erbt `RoundButton` von `JButton` und `AbstractButton`?

4. Welche Aufgabe hat die Methode `contains()` in `RoundButton`?

5. Welche Funktion hat die Klasse `Shape`?

6. Wie viele Eigenschaften beschreibt eine Instanz der Klasse `PropertyDescriptor`?

7. Von welcher Klasse sind alle Descriptor-Klassen abgeleitet?

8. Welche Aufgabe hat die Methode `setHidden()`?

9. In welchem Fall muss der dritte Konstruktor von der Klasse `PropertyDescriptor` angewendet werden?

10. In welcher Form werden die Eigenschaften, die dem Anwender einer Bean zur Verfügung stehen sollen, an den Introspection-Mechanismus der Entwicklungsumgebung zurückgegeben?

7 Ereignisse

JavaBeans

7 Ereignisse

Eine der wesentlichen Funktionalitäten der Architektur von JavaBeans sind *Ereignisse*. Sie ermöglichen es erst, dass JavaBeans anderen Komponenten oder Anwendungen Änderungen ihres Zustands mitteilen können. Änderungen des Zustands können beispielsweise durch das Anklicken der Komponente mit der Maus (z.B. bei Schaltflächen) oder durch Eingabe von Texten in Edit-Felder, also durch Drücken von Tasten der Tastatur, erreicht werden. Darüber hinaus ist dies die einzige Möglichkeit, verschiedene Beans miteinander in Entwicklungsumgebungen zu verbinden. Die Komponente, die ein Ereignis auslöst, wird dabei als *Ereignis-Quelle* (event source) bezeichnet; die anderen Komponenten und Methoden, die mit der Quelle verbunden sind und auf die erzeugten Ereignisse reagieren sollen, werden als *Listener* bezeichnet. In Kapitel 3 haben wir bereits einen kleinen Einblick in die Behandlung von Ereignissen gewonnen: Hier soll das dort erworbene Wissen noch etwas vertieft werden!

> **HINWEIS**
> Das in diesem Kapitel behandelte Thema gilt gleichermaßen für JavaBeans und herkömmliche Java-Programme!

7.1 Grundlagen von Ereignissen

Während in alten Betriebssystemen, die nur über eine nicht-grafische Benutzeroberfläche verfügen, bestimmte Funktionalitäten schrittweise nacheinander abgearbeitet werden konnten, ist dies in modernen Betriebssystemen mit grafischer Benutzeroberfläche nicht mehr zeitgemäß. Der Grund hierfür ist, dass diese Betriebssysteme derart viele Aufgaben zu erfüllen haben, dass sie den größten Teil der Zeit mit der Verwaltung des Systems, mit der Anzeige von Programmen und der Aktualisierung von Programmausgaben beschäftigt sind. Hinzu kommt noch, dass moderne Betriebssysteme wie z.B. Windows 98, ME, 2000 und XP, Sun Solaris, Mac OS und LINUX so genannte Multitasking-Betriebssysteme sind, die in der Lage sind, die gesamte Leistungsfähigkeit der verwendeten Computer auf mehrere nahezu gleichzeitig laufende Anwendungen zu verteilen. Eine schrittweise Abarbeitung der verschiedenen Aufgaben würde unweigerlich dazu führen, dass die meisten Programme nicht ausreichend schnell bearbeitet würden und die Arbeit mit diesen Programmen daher zur Qual werden würde. In modernen Betriebssystemen wurde daher ein völlig neues Konzept eingeführt: der Einsatz von Ereignissen. Immer dann, wenn ein Programm die Bearbeitung einer bestimmten Aufgabe anfordert, die direkt vom Betriebssystem verwaltet wird (z.B. Verkleinern, Vergrößern, Öffnen und Verschieben von Fenstern, Bewegen der Maus oder Mausklicks sowie Eingaben über die Tastatur), wird ein Ereignis ausgelöst, das dem Betriebssystem mitteilt, dass es bedient werden möchte. Die Ereignisse werden in eine Ereignis-*Warteschlange* eingespeist (*event queue*), aus der das Betriebssystem die Anforderungen nacheinander zu gegebener Zeit herausliest und an alle gestarteten Programme meldet. Diese entscheiden dann, ob und wie das jeweilige Ereignis behandelt wird.

> **HINWEIS** Weil das Betriebssystem die Ereignisse an die aktiven Programme delegiert, spricht man in diesem Zusammenhang auch vom so genannten *Ereignis-Delegierungsmodell* oder auch kurz *Ereignismodell*.

Abbildung 7.1 zeigt das (vereinfachte) Schema des Java-Ereignismodells.

> **HINWEIS** Die Vereinfachung dieses Schemas beruht darauf, dass Ereignisquellen durchaus mehrere verschiedene Ereignisse auslösen können und nicht nur eins, wie es in Abbildung 7.1 dargestellt ist. Die Vereinfachung ist aber deshalb zulässig, weil jedes Ereignis eindeutig ist und von anderen Ereignistypen leicht unterschieden werden kann.

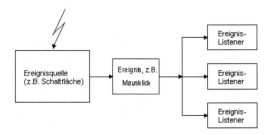

Abb. 7.1: Ereignismodell von JavaBeans (vereinfacht)

Als Merksatz kann man gemäß Abbildung 7.1 Folgendes festhalten:

Das Verteilen von Ereignissen setzt sich immer aus den drei folgenden Teilen zusammen:

▶ Einer Ereignis-Quelle,

▶ dem Ereignis selber (dies wird auch als *Event State Object* bezeichnet)

▶ und einem Ereignis-Listener.

Ereignis-Objekte, Event Listener und Adapter

In Abbildung 7.1 ist zu erkennen, dass Ereignisse (bzw. *Ereignis-Objekte* oder *Event State Objects*) von Ereignisquellen, so genannte *Event Sources*, ausgelöst werden.

Auf der anderen Seite stehen Objekte, die auf dieses Ereignis in einer bestimmten Form reagieren sollen. Hierbei kann es sich um Anwendungen (Applikationen und Applets) oder um andere Komponenten handeln. Diese Objekte »lauern« auf Ereignisse, um sie bedienen zu können. Aus diesem Grunde nennt man sie auch *Event Listener*. Event Sources lösen Ereignisse aus, die über Java-Methoden an die Listener weitergeleitet werden.

> **HINWEIS** Um eine Vorstellung davon zu erhalten, um welche Art von Methoden es sich hierbei handelt, sollen einige typische Beispiele aus der Klasse MouseEvent genannt werden: Hierbei handelt es sich beispielsweise um die Methoden getButton(), getX(), getY() oder getClickCount(). Beispiele für Ereignis-Objekte dieser Klasse heißen MOUSE_CLICKED, MOUSE_ENTERED oder MOUSE_MOVED.

Für jeden Ereignistyp existiert eine eindeutige Methode, die in den so genannten *Event Listener Interfaces* gruppiert sind. Ihre grundlegende Funktionalität erben diese Interfaces vom Interface EventListener, das Bestandteil des Packages java.util ist. Jede Klasse, die auf eines oder mehrere Ereignisse reagieren soll, zeigt dies durch entsprechende Zusätze der Form implements zzzListener1, zzzListener2... an. Da die Listener-Methoden eindeutig sind, erhalten sie nur ein Argument, das den Ereignistyp beschreibt. Ereignistypen sind von der Klasse EventObject abgeleitet, die sich ebenfalls im Package java.util befindet. Ereignis-Objekte lassen sich bereits am Namen erkennen, da sie auf Event enden, wie z.B. MouseEvent oder KeyEvent.

> **HINWEIS** Das »Anhängen« von Listener oder Event and die Listener-Interfaces bzw. Event-Klassen ist eine Folge von Namenskonventionen. Sie sind nicht dazu verpflichtet, diesen Konventionen zu folgen; es ist aber guter Programmierstil, dennoch so zu verfahren!

Unter Umständen ist es einem Listener nicht möglich, bestimmte Interfaces direkt einzubinden oder es werden zusätzliche Methoden benötigt. In solchen Fällen können Sie an Stelle von Listener-Interfaces auch die so genannten Adapter-Klassen verwenden. Adapter sind *abstrakte Klassen*, die eine beliebige Anzahl von *Methodenrümpfen* besitzen. Methodenrümpfe haben eine so genannte Null-Definition. D.h. dass Sie nur die Methoden anwenden müssen, die Sie auch benötigen. Bei Interfaces ist dies anders: Hier müssen Sie alle Methoden des

Interfaces verwenden (auch wenn diese für Ihre Anwendung nicht benötigt werden). Dies wird natürlich lästig, wenn ein Interface viele Methoden enthält, für Ihre Anwendung aber nur eine einzige oder sehr wenige dieser Methoden benötigt werden. In solchen Fällen bietet sich immer die Verwendung der entsprechenden Adapter-Klasse an.

Grundsätzlich ist es problemlos möglich, mehrere Ereignis-Objekte in Form einer Liste an andere Komponenten oder Anwendungen zu verteilen; allerdings sollten Sie dies nur in ganz besonderen Fällen tun, z.B. wenn Programme, die in anderen Programmiersprachen als Java geschrieben sind, ebenfalls über diese Ereignisse informiert werden müssen. Sun empfiehlt aber strengstens, nicht auf diese Weise vorzugehen, sondern eine strikte und eindeutige Trennung von Ereignis-Typen zu realisieren!

Registrierung von Ereignis-Listenern

Damit eine Verbindung zwischen Event Source und Event Listener hergestellt werden kann, müssen sich die Listener bei der Source anmelden können. Diesen Vorgang bezeichnet man mit dem Begriff *Registrierung von Event Listenern*. Damit ein Listener überhaupt eine Möglichkeit erhält, sich bei einer Event Source anzumelden, muss diese Methode hierfür zur Verfügung stehen. Da Listener unter Umständen auch nicht weiter über diese Ereignisse informiert werden sollen (z.B. weil sie nicht weiter benötigt werden und bearbeitet werden sollen), muss darüber hinaus noch die Möglichkeit gegeben sein, dass sich Listener auch wieder »abmelden« (de-registrieren) können.

Der ganze Mechanismus des Registrierens und De-Registrierens von Event Listenern beruht ausschließlich auf den beiden folgenden Methoden:

▶ `public void add<ListenerType>(<ListenerType> listener)` und

▶ `public void remove<ListenerType>(<ListenerType> listener)`.

Es ist sehr empfehlenswert, die add<ListenerType>-Methoden mit dem Modifizierer synchronized zu versehen, um zu verhindern, dass zwischenzeitlich eintretende weitere Ereignisse die Behandlung des aktuellen Ereignisses stören.

Registrierung von Unicast Event Listenern

Ereignis-Quellen (Event Sources) sollten Multicast-Ereignisse unterstützen. In Kapitel 3 wurden dieser Begriff und sein Pendant, so genannte Unicast-Ereignisse, bereits kurz vorgestellt. Allerdings werden wir zur Beschreibung nun die genauen Bezeichnungen, wie z.B. Ereignis-Objekt und Ereignis-Listener, verwenden.

Wenn eine Ereignis-Quelle Multicast-Ereignisse unterstützt, dann bedeutet dies nichts Anderes, als dass mehrere verschiedene Ereignis-Listener registriert werden können. Um auf das Beispiel aus Kapitel 3 zurückzukommen: Die Klasse MouseEvent ist in der Lage, u.a. die Ereignis-Objekte BUTTON1, BUTTON2, BUTTON3, MOUSE_WHEEL, MOUSE_CLICKED oder MOUSE_MOVED zu erzeugen, wobei diese Aufzählung noch nicht einmal vollständig ist. Dies entspricht typischen Ereignis-Quellen. Hierdurch ist es möglich, mehrere Listener zu registrieren. Dies erfolgt genau auf die Art und Weise, die weiter oben vorgestellt wurde.

Im Gegensatz hierzu lassen Unicast-Ereignis-Objekte zu einem Zeitpunkt immer nur einen Ereignis-Listener zu. Um zu verhindern, dass sich mehrere Listener registrieren, muss die oben gezeigte Methode zur Listener-Registrierung folgendermaßen erweitert werden:

```
public void add<ListenerType>(<ListenerType>
listener) throws java.util.TooManyListersException;
```

Bei der De-Registrierung gibt es keinen Unterschied: Dies erfolgt weiterhin mit der Methode

```
public void remove<ListenerType>(<ListenerType>
listener).
```

Wenn Sie sich nun noch einmal Abbildung 7.1 genauer anschauen, werden Sie feststellen, dass es sich dort um eine Multicast-Ereignis-Quelle handelt. Bei einer Unicast-Quelle dürfte auf der rechten Seite der Abbildung nur ein einziger Event Listener vorhanden sein.

> **HINWEIS** Die Verwendung von Unicast-Ereignissen ist absolut untypisch. Normalerweise sind Objekte immer Multicast-fähig. Es verhält sich sogar so, dass alle API-Komponenten seit dem JDK 1.1 Multicast-fähig sind!

Die Kernaussage des bisher Gelernten lautet:

Es ist empfehlenswert, dass Ereignis-Quellen die Registrierung mehrerer Ereignis-Listener unterstützen sollen. In diesem Fall spricht man von Multicast-Support.

Wenn ein Ereignis ausgelöst wird, wenn also eine Zustandsänderung einer Komponente eintritt, wird dies durch ein entsprechendes Ereignis-Objekt angezeigt. Die Ereignis-Quelle ruft die entsprechenden Methoden der registrierten Ereignis-Listener auf und übergibt diesen das Ereignis-Objekt als Argument. In den Ereignis-Listenern wird dieses Ereignis dann bedient.

Es gibt allerdings noch weitere Aspekte, die, bezogen auf Ereignisse, von besonderer Bedeutung sind. Diese werden in den nachfolgenden Abschnitten betrachtet.

Zeitliche Folge bei der Lieferung von Ereignissen

Ein Aspekt, der bisher noch nicht erwähnt wurde, ist die zeitliche Reihenfolge, in der Ereignis-Objekte von den verschiedenen Listenern behandelt werden. Die Benachrichtigung der registrierten Listener erfolgt, bezogen auf die Ereignis-Quelle, synchron. Wenn die Ereignis-Quelle eine Listener-Methode aufruft, so erfolgt dies im gleichen Thread. Auch die Ausführung der Methode erfolgt im gleichen Thread.

Ausnahmebedingungen

Die Methoden der Ereignis-Listener dürfen durchaus Exceptions »werfen«. Es ist allerdings darauf zu achten, ausschließlich so genannte *checked exceptions* einzusetzen. Hierbei handelt es sich um Ausnahmebedingungen, die prüfbar sind. Prüfbare Ausnahmebedingungen sind solche Bedingungen, die mit einer Fehlerbehandlung versehen werden können. Ein typisches Beispiel betrifft das Öffnen von Dateien: Beim Versuch, eine Datei zu öffnen, lässt sich sehr einfach feststellen, ob diese Datei überhaupt existiert. Existiert diese Datei nicht, so kann dies durch die Behandlungsroutine dieser Ausnahmebedingung sauber abgefangen werden, z.B. durch eine Fehlermeldung.

Listener-Methoden sollten aber grundsätzlich vermeiden, so genannte *unchecked exceptions* (nicht-prüfbare Ausnahmen) zu erzeugen, da diese nicht mit throws »geworfen« werden können. Ein typisches Beispiel für eine unchecked exception ist die Division durch Null: Wird ein Wert durch Null dividiert, so führt dies zu einem mathematisch undefinierten Ergebnis. Wenn die Möglichkeit eines solchen Fehlers existiert, z.B. weil die Listener-Methoden auch Divisionen durchführen, so sollte dies innerhalb der Listener-Methode in einer Fehlerprüfungsroutine behandelt werden!

Deadlocks

Normalerweise erfolgt die Behandlung von Ereignissen von unten nach oben. Diese etwas laxe Formulierung besagt nichts Anderes, als dass eine Komponente A zur gleichen Zeit ein Ereignis an Komponente B liefert, während Komponente B eine Methode von Komponente A aufruft. Es ist offensichtlich, dass dies zu Problemen führt, da nicht geregelt ist, in welcher Reihenfolge die weitere Programmausführung erfolgt. Wenn sich zwei oder mehr Methoden gegenseitig sperren, so nennt man dies *Deadlock*. Um diesen Zustand zu verhindern, wird empfohlen, dass Ereignis-Quellen synchronisierte (Schlüsselwort: synchronized) Methoden und Blöcke verwenden, um auf die Daten von Ereignis-Listenern zuzugreifen. Diese Aussage bezieht sich aber ausschließlich auf den

Zugriff auf die Daten und ausdrücklich nicht auf das »Abfeuern« von Ereignissen! Hiervon ist sogar ausdrücklich abzuraten. In den Java-Beans-Spezifikationen von Sun findet sich hierzu das folgende Beispiel:

```java
public interface ModelChangedListener extends
   java.util.EventListener
{
   void modelChanged(EventObject event);
}
public abstract class Model
{
   // Liste der Ereignis-Listener
   private Vector listeners = new Vector();
   public synchronized void
   addModelChangedListener(ModelChangedListener mcl)
   {
      listeners.addElement(mcl);
   }
   public synchronized void
   removeModelChangedListener(ModelChangedListener
      mcl)
   {
      listeners.removeElement(mcl);
   }
   protected void notifyModelChanged()
   {
      Vector l;
      EventObject e = new EventObject(this);
      synchronized(this)
      {
         l = (Vector)listeners.clone();
      }
      for (int i = 0; i < l.size(); i++)
      {
         ((ModelChangedListener)l.elementAt(i)).
```

```
            modelChanged(event):
         }
      }
   }
```

Dieses Beispiel funktioniert folgendermaßen: Sämtliche Ereignis-Listener werden in einem Vector-Objekt gesammelt. Vector-Objekte sind vergleichbar mit Arrays von Objekten, die dynamisch wachsen oder schrumpfen können.

> **HINWEIS** Wir wollen uns hier zunächst mit der Methode notifyModelChanged() befassen; die beiden anderen Methoden zum Hinzufügen bzw. zum Entfernen von Ereignis-Listenern werden im folgenden Abschnitt besprochen.

Bevor ein Ereignis gesendet wird, muss zunächst sichergestellt werden, dass Änderungen an der Liste der Ereignis-Listener, die durch Methoden der Event-Listener vorgenommen werden können, keine Auswirkungen auf das aktuelle Ereignis haben. Daher wird vom Vector-Objekt zunächst mit der Methode clone() eine Kopie der Liste angefertigt. Hier sehen Sie erneut, dass dieser Block mit dem Schlüsselwort synchronized versehen ist, damit der Kopiervorgang ungestört durchgeführt werden kann. Das Abfeuern des Ereignisses erfolgt im Anschluss daran: Und hier sehen Sie, dass dies, gemäß der Empfehlung bezüglich Deadlocks, nicht synchronisiert ist!

Modifizierung der Liste von Ereignis-Listenern

Dieser und der vorhergehende Abschnitt überlappen sich. Während im letzten Abschnitt dafür gesorgt wurde, dass Ereignisse zur Vermeidung von Deadlocks nicht synchronisiert werden, muss aber dafür gesorgt werden, dass das Vector-Objekt während des Sendens von Ereignissen nicht modifiziert werden kann. Dies könnte nämlich dazu führen, dass nicht eindeutig geklärt ist, welche Listener über das aktuelle Ereignis informiert werden. Mit den Methoden addModelChangedListener(ModelChangedListener mcl) bzw. removeModelChangedListener(ModelChangedListener mcl) werden Listener entweder zu diesem Vector hinzugefügt oder aus ihm entfernt. Hier sehen Sie die Verwendung von synchronized, um genau dies zu verhindern. Auf diese Weise wird nämlich sicher gestellt, dass Ereignisse nur an die Listener gesendet werden, die aktuell in der Liste enthalten sind. Änderungen an der Liste werden erst im Anschluss an das Senden des Ereignisses vorgenommen.

7.2 Ereignisse für RoundButton

Nach dieser komplexen und reichlich theoretischen Einführung in die Grundlagen von Ereignissen wollen wir uns nun daran begeben, die Erkenntnisse hieraus in die Praxis umzusetzen. Zu diesem Zweck wollen wir unsere Bean RoundButton aus dem letzten Kapitel um Ereignisse erweitern.

Schaltflächen sollen innerhalb von Anwendungen bestimmte Aktionen bzw. Ereignisse auslösen. Immer wenn eine Schaltfläche z.B. mit der Maus bedient wird, erfolgt dies mit dem Hintergrund, eine bestimmte Funktion hervorzurufen. Bisher ist RoundButton dazu noch nicht in der Lage: Wir müssen dafür sorgen, dass unsere Bean Ereignisse auslösen kann, die von anderen Komponenten oder Methoden »eingefangen« werden können. Da es sich bei den Ereignissen, die von RoundButton ausgelöst werden sollen, um Aktions-Ereignisse handelt (action event), müssen wir dafür sorgen, dass unsere Bean entsprechende Methoden zur Registrierung von Aktions-Ereignissen zur Verfügung stellt. Wir müssen also RoundButton Methoden zum Hinzufügen und zum Entfernen der entsprechenden Event Listenern hinzufügen. Wenn ein RoundButton Ereignisse auslösen kann (z.B. um anzuzeigen, dass er angeklickt wurde), muss er alle registrierten Ereignistypen über diese Ereignisse informieren. Es muss eine Methode eingesetzt werden, die das Ereignis an alle registrierten Event Listener nacheinander weiterleitet.

Schaltflächen müssen aber ebenfalls in der Lage sein, auf interne Ereignisse zu reagieren. Es sind nämlich zwei verschiedene Dinge, Ereignisse nach außen zu melden und auf interne Ereignisse zu reagieren. Interne Ereignisse innerhalb einer Schaltfläche betreffen zum Beispiel das unterschiedliche Erscheinungsbild der Schaltfläche im Ruhezustand und im aktiven Zustand: Im ersten Fall wirkt die Schaltfläche gegenüber anderen Komponenten erhoben, im zweiten Fall erscheint sie niedergedrückt. Eine andere Möglichkeit ist beispielsweise eine Änderung der Farbe (wie in unserem Beispiel: Im Ruhezustand hat RoundButton die Hintergrundfarbe Color.red, im gedrückten Zustand wechselt die Hintergrundfarbe nach Color.lightGray). Abbildung 7.2 veranschaulicht dies:

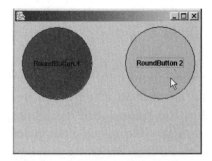

Abb. 7.2: RoundButton, links im Ruhezustand, rechts aktiviert

Zu den internen Ereignissen in einer Schaltfläche zählen neben dem Klicken mit der Maus auch Änderungen des Fokus, Ziehen der Maus bei gedrückter Maustaste (Drag&Drop) und Tastatur-Ereignisse, wenn die Schaltfläche auch über die Tastatur bedient werden soll. Da RoundButton von JButton abgeleitet ist und diese Komponente die genannten internen Ereignisse bereits berücksichtigt, brauchen wir uns hierum nicht zu kümmern.

> **HINWEIS**
> Um die Erweiterung von RoundButton so einfach wie möglich zu halten, habe ich auf die Implementierung weiterer Ereignisse verzichtet!

Registrierung und De-Registrierung der Listener

Wir wollen uns nun daran begeben, die Methoden zum Registrieren und De-Registrieren von Ereignis-Listenern zu implementieren. Da wir die Grundlagen, wie dies zu erfolgen hat, bereits erarbeitet haben, können wir direkt loslegen. Damit dies funktioniert, müssen wir zunächst einen ActionListener einführen:

```
private transient ActionListener actionListener =
null;
```

Dass wir ein Objekt vom Typ ActionListener benötigen, leuchtet sofort ein, denn schließlich wollen wir die registrierten Listener ja über ein Aktions-Ereignis unterrichten. Da wir immer vom Ruhezustand von RoundButton ausgehen, ist es auch leicht zu verstehen, warum wir ihm den Wert null zuweisen: Hierdurch wird der Listener mit einem definierten Wert initialisiert, sodass nicht bereits beim Aufruf ein Ereignis ausgelöst wird. Aber was hat es mit dem Wörtchen transient auf sich? Wir haben gelernt, dass alle JavaBeans serialisierbar sein müssen, das heißt, dass sie ihren Zustand speichern sollen. Es stellt sich aber nun die Frage, ob dies für Ereignisse ebenfalls sinnvoll ist. Antwort: Natürlich nicht! Es ist absolut unerwünscht, dass ein »altes« Ereignis für eine neue Aufgabe verwendet wird! Wir müssen also eine Möglichkeit finden, Ereignisse von der Serialisierung auszunehmen. Dies wird durch das Schlüsselwort transient erreicht.

> **HINWEIS**
> transient können Sie natürlich nicht nur für Ereignisse einsetzen; Sie können es überall dort verwenden, wo die Speicherung von normalerweise serialisierten Werten unerwünscht ist.

Fahren wir nun fort mit der Implementierung der Methoden zum Registrieren und De-Registrieren von Ereignis-Listenern. Diese folgen genau dem bereits erklärten Schema:

```
public synchronized void addActionListener
    (ActionListener al)
{
```

```
    actionListener = AWTEventMulticaster.add
      (actionListener, al);
}
public synchronized void removeActionListener
    (ActionListener al)
{
    actionListener = AWTEventMulticaster.remove
      (actionListener, al);
}
```

Sie erkennen sofort, dass beide Methoden den Modifizierer synchronized verwenden, um eine Änderung der Vector-Liste für Ereignisse während der Ausführung eines Ereignisses zu verhindern. Die Klasse AWTEventMulticaster ist aber neu für uns. Hierbei handelt es sich um eine Klasse, die für die Verteilung von Ereignissen aus dem Package java.awt.event an die registrierten Listener zuständig ist. AWTEventMulticaster selbst ist Bestandteil von java.awt und ist direkt von java.lang.Object abgeleitet. In Tabelle 7.1 sehen Sie eine Auswahl von Methoden dieser Klasse:

Methode	Funktion
void actionPerformed-(ActionEvent e)	Dies ist die wahrscheinlich wichtigste Methode dieser Klasse, denn sie ruft direkt die actionPerformed()-Methoden der registrierten Listener-Klassen auf.
static xxxListener add (xxxListener x, yyyListener y)	Hierbei handelt es sich um insgesamt 17 Methoden, die dafür zuständig sind, die jeweiligen Listener zur entsprechenden Liste von Listenern hinzuzufügen. Für xxx und yyy stehen beispielsweise Action, Adjustment, Focus, Mouse, MouseMotion usw. Für MouseListener lautet diese Methode entsprechend static MouseListener add(MouseListener mouseListener, MouseListener ml). Als Ergebnis liefern diese Methoden die aktualisierten Listen der jeweiligen Listener zurück.

Methode	Funktion
static xxxListener remove-(xxxListener xxx, yyyListener yyy)	Dies sind die entsprechenden Gegenstücke zu den add-Methoden: Sie entfernen die angegebenen Listener aus der Liste der Listener und geben die neue Liste als Ergebnis zurück.
void keyPressed(KeyEvent ke)	Ruft die keyPressed()-Methode der registrierten Listener auf und zeigt an, dass eine Taste gedrückt wurde..
void mouseClicked (MouseEvent me)	Ruft die mouseClicked()-Methode der registrierten Listener auf und zeigt an, dass eine Maustaste gedrückt wurde.
void mouseWheelMoved-(MouseWheelEvent mwe)	Ruft die mouseWheelMoved()-Methode der registrierten Listener auf, um anzuzeigen, dass das Mausrad benutzt wurde.
public static EventListener[] getListeners(EventListener l, Class listenerType)	Liefert als Ergebnis ein Array mit einer Liste aller in der angegebenen Klasse registrierten java.util.EventListener-Objekte. Diese Methode ruft eine ClassCastException hervor, wenn die angegebene Klasse oder das angegebene Interface Ereignisse verwendet, die nicht von java.util.EventListener abgeleitet sind.
void windowActivated-(WindowEvent we)	Behandelt das windowActivated-Ereignis, indem die entsprechenden Methoden der registrierten Listener aufgerufen werden.
void windowClosed-(WindowEvent we)	Ruft die entsprechenden Methoden der registrierten Listener auf, wenn das Fenster geschlossen wurde.

Tab. 7.1: Auswahl von Methoden der Klasse AWTEventMulticaster

Die in Tabelle 7.1 dargestellte Auflistung ist noch lange nicht vollständig. Sie sollten sich diese Klasse daher etwas intensiver anschauen, um mehr über ihre Funktion zu erfahren.

Benachrichtigung der Listener

Die Methoden für die Registrierung und das Entfernen von Ereignis-Listenern haben wir nun fertiggestellt. Jetzt fehlt uns nur noch eine Möglichkeit, Ereignisse an die registrierten Listener zu verteilen. Dies ist allerdings sehr einfach zu realisieren, wie die folgende Methode zeigt:

```
protected void processActionEvent(ActionEvent ae)
{
   if (actionListener != null)
      actionListener.actionPerformed(ae);
}
```

Dies ist bereits alles: Erweitern Sie die Klasse RoundButton.java um die Methoden, die in Kapitel 7.2 vorgestellt wurden und kompilieren Sie die Klasse. Aktualisieren Sie auch mit javadoc -d .\docs RoundButton.java die Dokumentation und erstellen Sie ein neues Archiv.

> **HINWEIS**
>
> Alternativ können Sie auch die Archiv-Datei zu Kapitel 7 von der Verlags-Webseite (*http://www.bhv-buch.de*) herunterladen.

Testen des »neuen« RoundButton

Wir können uns nun damit befassen, RoundButton im BeanBuilder zu testen. Da wir bisher noch keine Ereignisbehandlung mit BeanBuilder durchgeführt haben, werden wir uns natürlich auch hiermit ausgiebig befassen. Starten Sie hierfür zunächst das Programm BeanBuilder und leeren Sie mit dem Menü-Kommando *File – New* das Design-Panel. Als Nächstes laden Sie auf die bekannte Weise die Archiv-Datei von RoundButton in den BeanBuilder. Ordnen Sie nun zwei Instanzen von RoundButton im oberen Bereich des Design-Panels sowie eine Instanz von JLabel aus der Swing-Palette im unteren Bereich an. Vergrößern Sie nun die Radien der beiden Schaltflächen auf den Wert 125 und ändern

Sie darüber hinaus die Beschriftung der beiden Schaltflächen in RoundButton 1 und RoundButton 2.

Nun sollten Sie der zweiten Schaltfläche noch eine andere Hintergrund- und Vordergrundfarbe zuweisen. Das Ganze sollte so aussehen, wie in Abbildung 7.3 dargestellt:

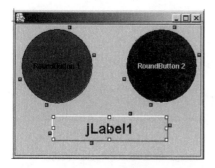

Abb. 7.3: Design-Panel für den Test von RoundButton

Zusätzlich zu den bereits bekannten weißen »Anfassern«, die zur Positionierung und zur Änderung der Abmessung der Komponenten dienen, können Sie bei jeder der drei Komponenten vier weitere »Anfasser« erkennen, die bei unseren früheren Tests nicht vorhanden waren: Sie dienen gewissermaßen als Verbindungsweg für die Ereignisse, die zwischen den einzelnen Komponenten hin und her geschickt werden. Verbinden Sie nun einen der grauen Verbindungspunkte von RoundButton 1 mit einem der entsprechenden Punkte von JLabel: Da RoundButton 1 die Ereignisquelle und JLabel als Ereignis-Listener arbeiten soll, muss die Verbindung von RoundButton 1 nach JLabel verlaufen.

In Abbildung 7.4 erkennen Sie sofort, dass diese Verbindung durch einen roten Pfeil im Design-Panel angezeigt wird:

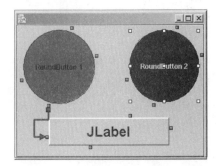

Abb. 7.4: Verbindung zwischen RoundButton 1 und JLabel

> **HINWEIS**
> Die Verbindung zwischen zwei Komponenten wird hergestellt, indem zunächst einer der Verbindungspunkte der Quelle angeklickt wird und die Maus bei gedrückter Maustaste zu einem der Verbindungspunkte des Listener-Objekts verschoben wird.

Unmittelbar hierauf öffnet sich das in Abbildung 7.5 gezeigte Fenster:

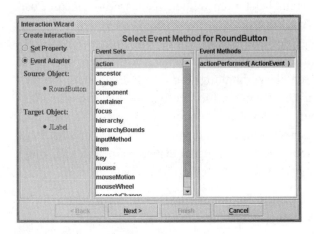

Abb. 7.5: Interaction Wizard

Hierbei handelt es sich um den so genannten Interaction Wizard, der Ihnen auf der linken Seite eine Auswahl der Ereignisse und auf der rechten Seite die für das jeweilige Ereignis verfügbaren Methoden anzeigt. Klicken Sie im linken Bereich nun auf den Eintrag mouse; unmittelbar darauf werden im rechten Bereich die fünf verfügbaren Methoden mouseClicked(), mouseEntered(), mouseExited(), mousePressed() und mouseReleased() angezeigt. Da wir ein Mausklick-Ereignis bearbeiten wollen, wählen wir die Methode mouseClicked() aus und drücken anschließend auf die *Next*-Schaltfläche. Es öffnet sich sofort ein weiteres Fenster, in dem die verfügbaren Methoden für das Listener-Objekt, also JLabel, aufgeführt sind.

Abbildung 7.6 zeigt dieses Fenster:

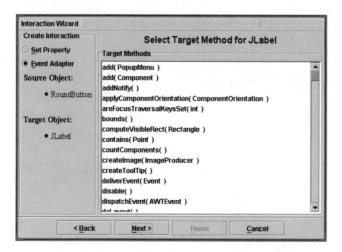

Abb. 7.6: Methoden für JLabel

Lokalisieren Sie in dieser Liste die Methode setBackground(), klicken Sie erst diese und anschließend wieder den *Next*-Button an. Es öffnet sich das letzte Fenster mit einer Auswahl der verfügbaren Argumente für den Listener.

Wählen Sie hier, wie in Abbildung 7.7 gezeigt, die Methode getBackground() an und klicken Sie dann auf die *Finish*-Schaltfläche.

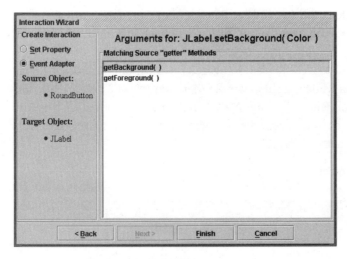

Abb. 7.7: Argumente für die gewählte Methode

Hiermit sind Sie bereits mit der Zuweisung des Ereignisses von RoundButton 1 an JLabel fertig. Führen Sie die Ereigniszuweisung für RoundButton 2 auf die gleiche Weise aus. In Abbildung 7.8 erkennen Sie, dass sich die Farbe der Pfeile für erfolgreich zugewiesene Ereignisse nach hellblau ändert:

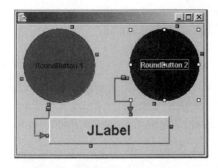

Abb. 7.8: Die Ereigniszuweisung ist abgeschlossen

Um den Eindruck optisch besser zu verdeutlichen, sollten Sie das Prozedere in der gleichen Form noch für die Vordergrundfarben durchführen. In Abbildung 7.9 wird Ihnen gezeigt, wie das Design-Panel dann aussieht:

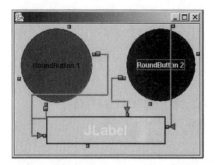

Abb. 7.9: Zuweisung weiterer Ereignisse

Nun sind wir soweit, dass wir unser »Kunstwerk« in Aktion sehen können. Hierzu müssen Sie nur noch einen Schritt ausführen:

Deaktivieren Sie den Entwicklungs-Modus mit einem Klick in der Menüleiste des BeanBuilder auf die Checkbox Design Mode. Nun können Sie die Wirkungsweise unserer runden Schaltflächen, wie in Abbildung 7.10 gezeigt, direkt betrachten:

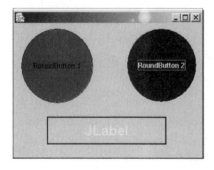

Abb. 7.10: Klicken und Loslassen von RoundButton 2

> **HINWEIS** In der Beta-Version des BeanBuilder werden leider noch nicht alle Komponenten oder Container unterstützt. Wenn Sie also versuchen, an Stelle von `JLabel` das `JApplet Duke`, das ist das Maskottchen von Java, mit den beiden Schaltflächen zu steuern, wird dies zurzeit noch nicht funktionieren!

7.3 Zusammenfassung, Fragen und Übungen

Zusammenfassung

▶ In diesem Kapitel haben wir uns sehr ausgiebig mit Ereignissen befasst. Hierbei wurde deutlich, dass Ereignisse über die Änderung des Zustands der Ereignis-Quelle informieren sollen.

▶ Dabei haben wir festgestellt, dass JavaBeans das gleiche Ereignismodell benutzen wie »herkömmliche« Java-Programme.

▶ Wir haben gelernt, dass Ereignisse immer Instanzen vom Typ `EventObject` sind.

▶ Darüber hinaus haben wir gelernt, dass sich Listener, die von einer Ereignis-Quelle über Zustandsänderungen informiert werden wollen, zuerst bei der Quelle registrieren müssen. Hierfür stellt die Quelle öffentliche Methoden von der Form `addXxx-Listener()` zur Verfügung.

▶ Wenn Listener nicht weiter über bestimmte Ereignisse informiert werden wollen, so können sie sich aus der Liste der Listener entfernen lassen.

▶ Von besonderer Bedeutung für die Funktion des Ereignismodells ist die Klasse `AWTEventMulticaster` aus dem Package `java.awt`. Sie ist für das Verteilen der Ereignisse an die registrierten Listener zuständig.

Fragen und Übungen

1. Aus welchen drei Teilen setzt sich das Ereignismodell immer zusammen?

2. Was ist die Hauptaufgabe von Ereignissen?

3. Was ist der besondere Vorteil des »neuen« Ereignismodells, das mit dem JDK 1.1 eingeführt wurde, gegenüber dem alten 1.0-Modell?

4. Worin liegt der Unterschied zwischen Unicast- und Multicast-Ereignis-Objekten?

5. Dürfen Ereignis-Listener Ausnahmebedingungen »werfen«?

6. Wie sollten unchecked exceptions grundsätzlich behandelt werden?

7. Wann treten so genannte Deadlocks auf?

8. Wie kann ein Deadlock vermieden werden?

9. Welche Aufgabe hat das Schlüsselwort transient?

10. Was versteht man allgemein unter dem Begriff Serialisierung?

8　Eine Stoppuhr-Bean

JavaBeans

8 Eine Stoppuhr-Bean

In den Kapiteln 6 und 7 haben wir unsere erste »richtige« JavaBean entwickelt. Hierbei haben wir gelernt, worauf bei der Planung und Umsetzung einer Bean besonders zu achten ist. Wir wollen das bisher Gelernte nun weiter verfeinern und entwickeln eine weitere Bean, die Sie zu einer echten Stoppuhr erweitern können. Um das Beispiel etwas überschaubarer zu halten, habe ich mich dazu entschlossen, die Funktionalität dieser Stoppuhr auf die Anzeige von Stunden, Minuten und Sekunden zu beschränken. Denn trotz dieser Beschränkung werden wir in diesem Beispiel einige entscheidende Dinge kennen lernen, die für die Entwicklung von JavaBeans von besonderer Bedeutung sind:

▶ Diese Bean besteht vor allem aus einer Aneinanderreihung von kleinen Grafiken, die für die Darstellung der digitalen Ziffern benötigt werden. Die besondere Schwierigkeit, die hierbei auftritt, ist die Folgende: Die Klasse ist gemeinsam mit den Grafiken im gleichen Archiv gepackt! Sie werden lernen, wie Sie aus einer archivierten Datei auf andere Daten, so genannte Ressourcen, die im gleichen Archiv enthalten sind, zugreifen.

▶ Darüber hinaus werden wir zwei Komponenten innerhalb einer Bean zusammenfassen, nämlich die Anzeige und einen Timer. Hiermit sehen Sie auch gleichzeitig, wie Sie eine unsichtbare Timer-Bean einsetzen können.

▶ Der dritte Punkt, der neu hinzu kommt, zeigt, wie eine Bean auf interne Ereignisse reagiert. Die Anzeige soll jede Sekunde aktualisiert werden und muss daher auf die internen Timer-Ereignisse reagieren können!

Wie bereits RoundButton aus Kapitel 6 wird auch diese Bean in mehreren Teilen entwickelt. Im ersten Teil befassen wir uns ausgiebig mit der »eigentlichen« Bean. Im zweiten Teil kommt dann die erforderliche BeanInfo-Klasse hinzu und im abschließenden dritten Teil werden wir die Stoppuhr im BeanBuilder mit Schaltflächen zum Starten und Stoppen des Timers versehen und sie ausgiebig testen.

8.1 Die Stoppuhr-Bean, Teil 1

Die Planung der Bean

Sie werden schnell feststellen, dass bei dieser Bean, die um Einiges umfangreicher ist als RoundButton aus Kapitel 6, eine gute Planung noch wichtiger ist. Dies wird die Umsetzung der Ideen erheblich vereinfachen.

Die Anzeige

Als Erstes wollen wir uns um die Erstellung der Image-Dateien für die Darstellung der Anzeige kümmern.

Die Anzeige soll in Form einer LED-Anzeige erfolgen und das in Abbildung 8.1 gezeigte Aussehen haben:

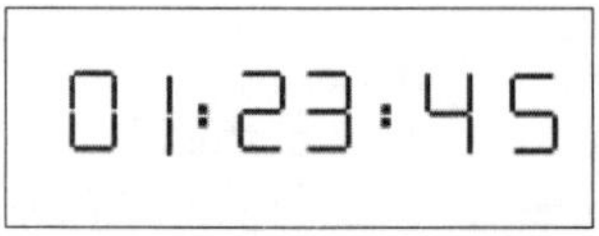

```
01:23:45
```

Abb. 8.1: Darstellung der Ziffern für die Anzeige

Es handelt sich hierbei um insgesamt 10 tif-Dateien, deren Namen genau dem Wert der darzustellenden Ziffer entspricht. So ist die Ziffer »0« in der Datei *DIG0.TIF* zu finden usw. Die einzige Ausnahme ist die Anzeige für den Doppelpunkt: Um das Laden der Dateien in die Bean zu vereinfachen, habe ich ihr den Namen *DIG10.TIF* gegeben! Bei der Kodierung der Bean werden Sie den Grund für diese Vorgehensweise schnell erkennen.

Öffentliche Eigenschaften der Bean

Die Bean wird auf einem Objekt vom Typ `Canvas` gezeichnet, wobei die Anzeige innerhalb eines dreidimensionalen Rechtecks angeordnet werden soll. Da es sich um ein räumliches Rechteck handelt, sehen wir zunächst die Möglichkeit vor, es gegenüber anderen Komponenten hervorzuheben: Für diesen Zweck führen wir eine Eigenschaft mit dem Namen `raised` ein, die vom Typ `boolean` ist und weisen ihr als Startwert `false` zu. Wichtiger ist aber eine andere Eigenschaft: Wir wollen schließlich der Uhr eine Startzeit zuweisen. Um dies besonders einfach und sicher zu realisieren, habe ich mich dazu entschlossen, die Startzeit durch drei `int`-Werte zu beschreiben, je einer für die Stunden (`hours`), Minuten (`minutes`) und Sekunden (`seconds`). Die letzten öffentlichen Eigenschaften sollen zur Einstellung der Vorder- und Hintergrundfarbe dienen. Hier benötigen wir also zwei Eigenschaften vom Typ `Color` und nennen diese `background` und `foreground`.

Öffentliche Methoden der Bean

Entsprechend den gewünschten Eigenschaften müssen wir natürlich auch die zugehörigen Getter- und Setter-Methoden vorsehen. Diese folgen dem gleichen Schema, das Sie bereits bei `RoundButton` ausgiebig kennen gelernt haben. Wir benötigen aber noch weitere Methoden, die öffentlich verfügbar sein müssen. Da wir unserer Bean einen Timer zuweisen, der im Sekundentakt die Anzeige erhöht, müssen wir noch Methoden zum Starten und zum Anhalten des Timers zur Verfügung stellen. Diese erhalten die Namen `startTimer()` und `stopTimer()`. Diese beiden Methoden sind besonders wichtig, da ein Timer mit der Methode `new Timer(int delay, ActionListener listener)` nur erzeugt wird; er wird nicht automatisch gestartet! Ein `Timer`-Objekt muss immer ausdrücklich gestartet werden.

Hilfsmethoden und nicht-öffentliche Eigenschaften

Wir benötigen aber noch einige weitere Methoden, die innerhalb unserer Bean angewendet werden. Hierzu zählt zunächst eine Methode, mit der die einzelnen Image-Dateien aus dem Java-Archiv herausgelesen werden können. Diese Methode erhält den Namen `loadImageFromJar()`. Damit diese Methode universell eingesetzt werden kann, muss man ihr natürlich mitteilen, in welchem Archiv sich die Dateien befinden: Sie erhält als Argument ein `String`-Objekt mit dem Namen der Archiv-Datei. Da sie Image-Dateien aus einem Archiv heraus liest, ist der Rückgabewert dieser Methode ein Objekt vom Typ `Image`. Um eine schnelle Verfügbarkeit der `Image`-Dateien zu gewährleisten, werden die einzelnen Dateien in einem Array von Image-Objekten einmalig abgespeichert. Dieses Array erhält den Namen `digits[]`. Wir benötigen aber noch ein zweites Array des gleichen Typs: Da sich die Anzeige jede Sekunde ändert, müssen die einzelnen Images in der korrekten Reihenfolge gespeichert werden. Hierfür verwenden wir das Array `actDigit[]`. Weitere Methoden dienen zum Inkrementieren bzw. Dekrementieren der Anzeige: Sie soll sowohl aufwärts wie auch abwärts zählen können! Die entsprechenden Methoden erhalten die Namen `incrementSeconds()` und `decrementSeconds()`. Innerhalb dieser Methoden erfolgt darüber hinaus noch die Überprüfung der anzuzeigenden Bereiche: Wenn beispielsweise die Sekundenanzeige 59 Sekunden anzeigt, dann muss sie beim nächsten Timer-Ereignis beim Aufwärtszählen die Minuten erhöhen und die Sekunden auf Null zurücksetzen.

Eine Umwandlung der Werte für die Stunden, Minuten und Sekunden ist nicht erforderlich, da diese bereits als `int`-Wert vorliegen. Es muss aber unbedingt berücksichtigt werden, dass diese Werte zweistellig sein können und die einzelnen Ziffern entsprechend ihrer Wertigkeit sortiert werden müssen. Hierfür verwenden wir das Arrays `actDigit[]`. Um die Zehner- und die Einer-Stellen der einzelnen `int`-Werte in die korrekte Reihenfolge bringen, benötigen wir eine weitere Methode: `prepareDigitArray()`. Und eine ganz wichtige Methode, die bisher noch gar nicht erwähnt wurde, ist selbstverständlich die `paint()`-Methode, mit der die Anzeige überhaupt erst gezeichnet werden kann.

> **HINWEIS**
> Mit diesen relativ wenigen Möglichkeiten einer Stoppuhr wird die Bean bereits reichlich komplex! Um das Programm nicht unnötig aufzublähen, habe ich mich auf diese wenigen Möglichkeiten beschränkt. Es gibt viele weitere Möglichkeiten, diese Bean zu erweitern. So wäre der erste Schritt die Vergrößerung des Anzeigebereichs auf hundertstel Sekunden. Auch die Möglichkeit, Zwischenzeiten zu messen, besitzt diese Bean noch nicht (auch wenn sie sehr einfach zu realisieren wäre).

Wir dürfen allerdings das Timer-Objekt nicht vergessen: Ohne Timer funktioniert die Bean nicht so, wie es gewünscht ist.

Das Listing zur Stoppuhr-Bean

Lassen Sie sich von dem folgenden Listing bitte nicht abschrecken: Ich bin mir vollkommen darüber im Klaren, dass es sehr umfangreich ist. Um die Anzahl der Druckseiten für dieses Listing nicht allzu groß werden zu lassen, habe ich daher auf die meisten Kommentare verzichtet. Dafür wird die Funktionsweise der wichtigsten Methoden im Anschluss an das Listing ausführlich erläutert.

> **HINWEIS**
> In der Archiv-Datei zu diesem Beispiel, die Sie von der bhv-Webseite herunterladen können, sind die ausführlichen Kommentare selbstverständlich enthalten. Dort wurden sie wieder so abgefasst, dass das Programm javadoc hieraus eine ausführliche Dokumentation erzeugen kann.

```
import java.awt.*;
import java.awt.event.*;
import javax.swing.*;
import javax.swing.Timer;
import java.io.Serializable;

public class Stoppuhr extends Canvas implements
```

```java
            ActionListener, Serializable
{
   // Eigenschaften der Bean
   private boolean raised    = false;
   private Color    background;
   private Color    foreground = Color.red;


   // Interne Eigenschaften
   private Image   digits[]  = new Image[11];
   private Image   actDigit[] = new Image[8];
   private String  name = "";
   private int     hours   = 0;
   private int     minutes = 0;
   private int     seconds = 0;
   private Timer   runner;

   // Konstanten
   final   int     COLON      = 10;
   final   int     DIGITWIDTH = 44;
   final   int     OFFSET     = 4;

   // Konstruktor
   public Stoppuhr()
   {
      super();
      runner = new Timer(1000, this);
      setSize(new Dimension(356,100));

      for (int i = 0; i < 11; i++)
      {
           String name = "dig" + i + ".gif";
           digits[i] = loadImageFromJar("images/" +
                     name);
      }
```

```java
      prepareDigitArray(hours, minutes, seconds);
}
//*** Getter- und Setter-Methoden
public Color getBackground()
{
   return background;
}
public void setBackground(Color bg)
{
   background = bg;
   repaint();
}
public Color getForeground()
{
   return foreground;
}
public void setForeground(Color fg)
{
   foreground = fg;
   repaint();
}
public int getHours()
{
   return hours;
}
public void setHours(int h)
{
   hours = h;
   prepareDigitArray(hours, minutes, seconds);
}
public int getMinutes()
{
   return minutes;
}
```

```java
public void setMinutes(int m)
{
   minutes = m;
   prepareDigitArray(hours, minutes, seconds);
}
public int getSeconds()
{
   return seconds;
}
public void setSeconds(int s)
{
   seconds = s;
   prepareDigitArray(hours, minutes, seconds);
}
public boolean getRaised()
{
   return raised;
}
public void setRaised(boolean r)
{
   raised = r;
   repaint();
}


// Methoden zum Starten und Stoppen der Stoppuhr
public void startTimer()
{
   runner.start();
}
public void stopTimer()
{
   if (runner.isRunning())
       runner.stop();
```

```
}

// Hilfsmethoden zum Erhöhen/Erniedrigen der
// angezeigten Zeit
public void incrementSeconds()
{
   ++seconds;
   if (seconds > 59)
   {
       seconds = 0;
      ++minutes;
   }
   if (minutes > 59)
   {
      minutes = 0;
      ++hours;
   }
   if (hours > 23)
      hours = 0;
   prepareDigitArray(hours, minutes, seconds);
   repaint();
}
public void decrementSeconds()
{
   --seconds;
   if (seconds < 0)
   {
      seconds = 59;
      --minutes;
   }
   if (minutes < 0)
   {
      minutes = 59;
      --hours;
```

```java
    }
    if (hours < 0)
       hours = 23;
    prepareDigitArray(hours, minutes, seconds);
    repaint();
}
// Hilfsmethode zum Vorbereiten des Anzeige-Arrays
public void prepareDigitArray(int hours,
    int minutes, int seconds)
{
    int    highValue, lowValue;
    highValue  = (int)(hours / 10);
    lowValue   = (int)(hours % 10);
    actDigit[0] = digits[highValue];
    actDigit[1] = digits[lowValue];

    highValue  = (int)(minutes / 10);
    lowValue   = (int)(minutes % 10);
    actDigit[3] = digits[highValue];
    actDigit[4] = digits[lowValue];

    highValue  = (int)(seconds / 10);
    lowValue   = (int)(seconds % 10);
    actDigit[6] = digits[highValue];
    actDigit[7] = digits[lowValue];

    actDigit[2] = actDigit[5] = digits[COLON];
    repaint();
}
// Hilfsmethode zum Laden der Images aus der JAR-
// Datei
public Image loadImageFromJar(String name)
{
    if (name == null)
```

```
      return null;
   Image image = null;
   Toolkit  tk = Toolkit.getDefaultToolkit();
   try
   {
      image =
         tk.getImage(getClass().getResource(name));
   }
   catch (Exception e) { return null; }
   return image;
}
// Methode zum Neu-Zeichnen der Anzeige
public synchronized void paint(Graphics g)
{
   g.setColor(Color.red);
   g.fill3DRect(1,1,369,79, raised);
   g.draw3DRect(0,0,370,80,raised);
   for (int i = 0; i < 8; i++)
   {
      g.drawImage(actDigit[i],
               i*DIGITWIDTH+OFFSET,
               OFFSET,this);
   }
}
// Listener für Action-Ereignisse des Timers
public void actionPerformed(ActionEvent ae)
{
   incrementSeconds();
}
}
```

> **HINWEIS** Sie können die Bean bereits jetzt mit `javac Stoppuhr.java` kompilieren. Als Manifest-Datei können Sie die Datei von `RoundButton` aus Kapitel 6 verwenden; Sie müssen dann nur den Namen der Klasse ändern. Wenn Sie nun noch das Java-Archiv mit `jar cfm Stoppuhr.jar Stoppuhr.mf Stopp.class images` erzeugen, lässt sich die Bean bereits in BeanBuilder laden und testen. Allerdings sind dann viel zu viele Eigenschaften verfügbar, und darüber hinaus fehlt noch eine vernünftige Darstellung der geladenen Bean innerhalb von BeanBuilder.

Ein kurzer Überblick über das Listing

Zunächst werden die benötigten Packages in das Programm importiert. Hierzu zählen bei JavaBeans, die Grafiken verwenden, immer die Packages `java.awt.*`, `javax.swing.*` und `java.io.Serializable`. Da die Stoppuhr aber auch auf Ereignisse reagieren soll, benötigen wir noch das Package `java.awt.event.*`. Als Timer verwenden wir den Swing-Timer aus dem Package `javax.swing.Timer`, da dieser für alle Benutzeroberflächen mit Swing-Komponenten und Animationen verwendet werden soll.

> **HINWEIS** Java besitzt zwei verschiedene Timer-Klassen: Eine befindet sich im Package `javax.swing` und die andere im Package `java.util`. Während der `Timer` aus `java.util` eher für generelle Timer-Anwendungen entwickelt wurde, hat der `Timer` aus dem Paket `javax.swing` seine besonderen Stärken bei der Anwendung in grafischen Oberflächen. Dies hat im Wesentlichen zwei Gründe: Der erste Grund ist die einfachere Anwendung des `javax.swing.Timer`, da sie der Anwendung herkömmlicher Swing-Komponenten sehr ähnlich ist. Der zweite (und meiner Meinung nach wichtigere) Grund ist, dass dieser Timer den gleichen Thread benutzt, der auch für das Blinken des Cursors, die Darstellung von Tooltipps usw. zuständig ist. Aufwendige Synchronisierungsarbeiten mit anderen Threads sind daher nicht erforderlich!

Im ersten größeren Block legen wir nun die Eigenschaften der Stoppuhr fest, die für den Anwender zugänglich sein sollen. Darüber hinaus benötigen wir weitere Eigenschaften, die für die interne Funktion der Bean von besonderer Bedeutung sind. Hierzu zählen u.a. die Arrays für die Aufnahme der Images. Weitere Eigenschaften dieses Bereichs dienen für die Umwandlung der aktuellen Werte, die angezeigt werden sollen. Sie sehen, dass das Array `actDigit[]` kleiner dimensioniert werden kann als das Array `digits[]`. Der Grund hierfür ist, dass `digits[]` alle zehn Images aufnehmen muss, damit der Zugriff auf die einzelnen Grafiken schneller erfolgen kann. `actDigit[]` ist für die Aufnahme der sortierten und für die Anzeige der benötigten Images zuständig. Da immer nur acht Grafiken dargestellt werden, kann dieses Array entsprechend kleiner ausfallen.

Der nächste Block ist der Konstruktor der Bean. Hier wird einmalig zunächst der Timer initialisiert. Die Klasse `Timer` aus dem Package `javax.swing.Timer` besitzt nur einen einzigen Konstruktor: `Timer(int delay, ActionListener al)`! Mit dem `int`-Wert `delay` wird die Verzögerungszeit für den Timer in Millisekunden eingestellt. Der Wert `delay` besagt, dass der Timer alle `delay` Millisekunden ein Timer-Ereignis erzeugt, um anzuzeigen, dass er einmal durchgelaufen ist. Der `ActionListener`, der als zweites Argument für diesen Konstruktor verwendet wird, beschreibt den `ActionListener`, der über dieses Ereignis informiert werden soll. Da in unserem Fall die eigene Bean über Timer-Ereignisse informiert werden soll, geben wir für den `ActionListener` `this` an.

Anschließend wird im Konstruktor dafür gesorgt, dass die Images aus dem Archiv geladen werden sollen (die Beschreibung der entsprechenden Methode `loadImageFromJar()` folgt im Anschluss). Natürlich muss der Timer auch auf einen definierten Zustand gesetzt werden; aus diesem Grund haben wir weiter oben im Listing die Eigenschaften `hours`, `minutes` und `seconds` mit Null initialisiert.

Die Methode loadImageFromJar()

Diese Methode dient dazu, die im Archiv gepackten Image-Dateien aus dem Archiv herauszulesen. Hierzu benötigt sie natürlich den Namen der Image-Datei, die sie lesen soll: Dies ist das Argument vom Typ String! Zunächst wird überprüft, ob überhaupt ein Name angegeben wurde; ist dies nicht der Fall, so kehrt die Methode unverrichteter Dinge zurück. Wurde ein Name angegeben, so besorgt sich die Methode zunächst das aktuelle DefaultToolkit. Das Toolkit ist die abstrakte Superklasse für alle aktuellen Implementierungen des Abstract Window Toolkit AWT.

> **HINWEIS**
> Der besondere Vorteil der Programmiersprache Java ist bekanntermaßen ihre Plattformunabhängigkeit. Da die verschiedenen grafischen Betriebssysteme aber unterschiedliche Ansätze zur Realisierung der Benutzeroberfläche verwenden, muss es eine Möglichkeit geben, diese in ein für alle Betriebssysteme gültiges Verfahren umzusetzen. Hierzu dient die Klasse Toolkit. Sie dient gewissermaßen als Bindeglied zwischen den verschiedenen Betriebssystemen auf der einen Seite und der einheitlichen Programmiersprache Java andererseits.

Da wir Images aus der Archiv-Datei herauslesen wollen, verwenden wir die Methode getImage() aus der Toolkit-Klasse. Die Schwierigkeit liegt darin, dass die Klasse Stoppuhr.class im gleichen Archiv gepackt ist, wie die Image-Dateien. Wir müssen also zunächst die Klasse bestimmen, in der die Images verwendet werden sollen. Hierzu setzen wir die Methode getClass() aus der Klasse java.lang.Object ein. Diese Methode liefert die Laufzeit-Klasse eines Objekts zurück. Nun muss »nur« noch die angegebene Datei »besorgt« werden. Mit dem Wissen, dass es sich hierbei um eine Ressource handelt, wenden wir die Methode getResource() an. Das Ganze muss natürlich innerhalb eines try-catch-Blocks ausgeführt werden: Schließlich kann man nicht ausschließen, dass die angegebene Ressource gar nicht existiert bzw. dass der Name falsch angegeben wurde! Zum Schluss muss nur noch das geladene Image an den Aufrufer zurückgeliefert werden.

> **HINWEIS** Diese Vorgehensweise können Sie für alle Ressourcen anwenden, die innerhalb eines Java-Archivs in komprimierter Form gepackt sind. Zu Ressourcen zählen nicht nur Images, sondern auch Sound-Dateien oder zukünftig vielleicht sogar Videodaten.

Die Methode prepareDigitArray()

Diese Methode dient zur Aufbereitung des Arrays mit den Images, die den Eigenschaften hours, minutes und seconds entsprechen. Unter der Voraussetzung, dass jeder Ziffernblock der Anzeige eine Zehner- und eine Einer-Stelle besitzt, müssen die entsprechenden Images an die zugehörige Position des Arrays actDigit[] kopiert werden. Hierzu ist es erforderlich, die zweistelligen int-Werte für die Stunden, Minuten und Sekunden jeweils in einen High- und einen Low-Wert umzuwandeln.

Wir setzen also die Operatoren / und % ein, um die Indizes zu berechnen. Durch den Einsatz des Operators / erhalten wir den ganzzahligen Teil einer Division und durch den Einsatz des Operators % erhalten wir den Rest der Division.

Hierzu ein kleines Beispiel:

Angenommen, die Stundenanzeige steht auf 15 Stunden. Dividieren wir 15 / 10, so erhalten wir den ganzzahligen Teil der Division, nämlich 1. Dies ist der Index für den höherwertigen Teil der Anzeige. Die zweite Division mit 15 % 10 liefert uns als Ergebnis den Rest, also 5. Dies ist der Index für den niederwertigen Teil der Anzeige. Hier erkennen Sie nun auch, aus welchem Grunde die einzelnen Images mit durchlaufenden Nummern versehen wurden!

> **HINWEIS**
> Für die Berechnung der Indizes ist das so genannte *type casting* erforderlich. Der Grund hierfür ist, dass Divisionen Ergebnisse vom Typ double liefern. Benötigt werden aber Werte vom Typ int. Durch das type casting wird dem Compiler gezeigt, dass die explizite Umwandlung eines double-Wertes in einen int-Wert erwünscht ist, und dass Ungenauigkeiten des Ergebnisses, die durch diese Umwandlung auftreten können, bewusst in Kauf genommen werden.

Nach dem die Indizes berechnet wurden, muss nur noch das Array actDigit[] entsprechend aufbereitet werden. Die Methode repaint() sorgt dafür, dass die Anzeige neu gezeichnet wird.

8.2 Die Klasse StoppuhrBeanInfo

Bevor wir uns an das Testen der Stoppuhr begeben, wollen wir noch ihre BeanInfo-Klasse erzeugen. Dies erfolgt nach dem gleichen Schema, das wir bereits bei RoundButton angewendet haben; aus diesem Grunde verzichte ich auf eine detaillierte Beschreibung. Hier folgt das Listing:

```java
import java.beans.*;
public class StoppuhrBeanInfo extends SimpleBeanInfo
{
   public java.awt.Image getIcon(int iconKind)
   {
      if (iconKind == BeanInfo.ICON_COLOR_16x16)
      {
         java.awt.Image img =
            loadImage("images/StoppuhrIconColor16.gif");
         return img;
      }
      if (iconKind == BeanInfo.ICON_COLOR_32x32)
      {
```

```java
      java.awt.Image img =
      loadImage("images/StoppuhrIconColor32.gif");
      return img;
   }
   if (iconKind == BeanInfo.ICON_MONO_16x16)
   {
      java.awt.Image img =
      loadImage("images/StoppuhrIconMono16.gif");
      return img;
   }
   if (iconKind == BeanInfo.ICON_COLOR_32x32)
   {
      java.awt.Image img =
      loadImage("images/StoppuhrIconMono32.gif");
      return img;
   }
   return null;
}
private final static Class beanClass =
   Stoppuhr.class;

public PropertyDescriptor[]
   getPropertyDescriptors()
{
   try
   {
      PropertyDescriptor background =
         new PropertyDescriptor("background",
                                beanClass);
      PropertyDescriptor foreground =
         new PropertyDescriptor("foreground",
                                beanClass);
      PropertyDescriptor name =
         new PropertyDescriptor("name",
```

```java
                                       beanClass);
            PropertyDescriptor raised =
                new PropertyDescriptor("raised",
                                       beanClass);
            PropertyDescriptor hours =
                new PropertyDescriptor("hours",
                                       beanClass);
            PropertyDescriptor minutes =
                new PropertyDescriptor("minutes",
                                       beanClass);
            PropertyDescriptor seconds =
                new PropertyDescriptor("seconds",
                                       beanClass);

            background.setHidden(false);
            foreground.setHidden(false);
            name.setHidden(false);
            raised.setHidden(false);
            hours.setHidden(false);
            minutes.setHidden(false);
            seconds.setHidden(false);

            PropertyDescriptor rv[] =
                { background, foreground, name, raised,
                  hours, minutes, seconds };

            return rv;
        }
        catch (IntrospectionException e)
        {
            throw new Error(e.toString());
        }
    }
}
```

Wir müssen jetzt nur noch das Java-Archiv erzeugen, wobei wir gleichzeitig noch die Dokumentation generieren sollten. Hierfür modifizieren wir unsere Batch-Datei ein wenig, sodass diese nun folgendermaßen aussieht:

```
javadoc -d docs *.java
jar cfmv Stoppuhr.jar Stoppuhr.mf *.class images
```

> **HINWEIS**
>
> Es gibt elegantere Methoden ein Archiv zu erzeugen als mit einer Batch-Datei. Die interessanteste Möglichkeit besteht darin, ein so genanntes *Makefile* zu erzeugen. Ein Makefile stellt das Argument für das make-Utility dar, ein Programm, das ursprünglich aus der UNIX-Welt stammt, seit geraumer Zeit aber auch für DOS- und Windows-Umgebungen verfügbar ist. Hierbei handelt es sich um ein Programm, das Änderungen an beliebigen Dateien verfolgt und nur geänderte Dateien neu kompiliert. Dies ist der wesentliche Unterschied gegenüber Batch-Dateien: Dort werden nämlich grundsätzlich immer alle angegebenen Arbeitsschritte durchgeführt, auch wenn beispielsweise das Neu-Kompilieren einer Datei gar nicht erforderlich ist. make kann den gesamten Entwicklungsprozess einer Anwendung vollständig automatisieren. Hierzu zählen neben dem Neu-Kompilieren geänderter Dateien beispielsweise auch das Linken. Selbstverständlich können Sie hiermit auch die Erstellung der Archiv-Dateien automatisieren. Ein interner Kontrollmechanismus sorgt dafür, dass das Endergebnis nur erzeugt wird, wenn alle Teilschritte erfolgreich durchgeführt werden konnten. Wenn Sie komplexere Programme entwickeln, kann ich Ihnen nur empfehlen, sich intensiv mit diesem Tool zu beschäftigen, da seine Anwendung die Entwicklung komplexer Programme erheblich vereinfacht!

8.3 Testen der Stoppuhr-Bean

Wenn Sie alle Arbeitsschritte bis hierhin durchgeführt haben, ist es nun an der Zeit, die Bean zu testen. Wir benötigen für den Test neben der Stoppuhr-Bean noch zwei Schaltflächen zum Starten und Stoppen der Stoppuhr: Hierzu verwenden wir RoundButton aus Kapitel 6!

Starten Sie also zunächst den BeanBuilder und laden Sie die entsprechenden Jar-Dateien über *File – Load Jar File*. Sie sollten unmittelbar die in Abbildung 8.2 gezeigte Oberfläche erhalten:

Abb. 8.2: Ausschnitt aus der User-Palette für eigene Beans

Platzieren Sie nun die Stoppuhr sowie zweimal RoundButton auf dem Design Panel, sodass das Design Panel anschließend folgendermaßen aussieht (siehe Abbildung 8.3):

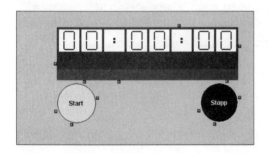

Abb. 8.3: Design Panel nach dem Platzieren der Beans

Damit Sie das gleiche Design erreichen, müssen Sie die Radien der beiden RoundButton-Beans auf den Wert 75 setzen und den Text der text-Eigenschaft in Start bzw. Stopp ändern. Ziehen Sie nun eine Verbindung von einem der Ereignis-Hooks (das sind die kleinen grauen Rechtecke) des Start-Buttons zu einem der grauen Kästen der Stoppuhr. Es öffnet sich unmittelbar der in Abbildung 8.4 gezeigte Interaction-Wizard:

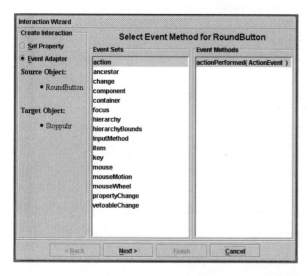

Abb. 8.4: Interaction-Wizard für die Registrierung von Ereignis-Listenern

Hier wählen Sie nun in der Event-Sets-Liste den Eintrag mouse und in der Liste der Event-Methods den Eintrag mouseClicked und bestätigen diese Auswahl mit einem Mausklick auf die *Next*-Schaltfläche des Wizards. Nun können Sie die Zielmethode auswählen, die durch das Anklicken des Start-RoundButton ausgeführt werden soll. In Abbildung 8.5 sehen Sie, dass die Zielmethode startTimer() selektiert werden muss.

Da die Zielmethode keine Argumente benötigt, klicken Sie im folgenden Fenster nur noch die *Finish*-Schaltfläche an. Wenden Sie auf die gleiche Weise den RoundButton Stopp an, wählen Sie hier aber als Zielmethode stopTimer(). Wenn Sie nun den Design-Modus verlassen und den *Start*-Button anklicken, fängt die Stoppuhr an, die Zeit im Sekundentakt zu erhöhen. Sie können auch die Startzeit verändern, indem Sie startWert modifizieren. Abbildung 8.6 zeigt die Stoppuhr nach einigen Sekunden Laufzeit:

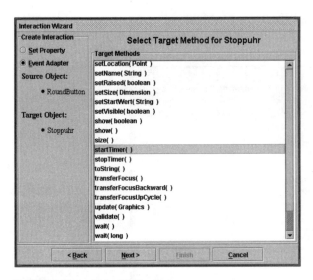

Abb. 8.5: Auswahl der Zielmethode

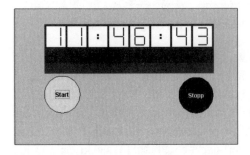

Abb. 8.6: Die Stoppuhr nach einigen Sekunden Laufzeit

Probieren Sie an dieser Stelle bitte auch den *Stopp*-Button aus und testen Sie, ob die Stoppuhr wirklich angehalten wird.

8.4 Verbesserungsvorschläge

Wir haben nun die Grundfunktionalität einer Stoppuhr innerhalb einer Bean realisiert. Die Stoppuhr ist aber noch lange nicht ideal. Versuchen

Sie doch einmal in Eigenregie, die Funktionalität zu erweitern. Ich möchte Ihnen an dieser Stelle einige Verbesserungsvorschläge nennen:

▶ Erweiterung der Anzeige, damit auch hundertstel Sekunden angezeigt werden.

▶ Schaltfläche zum Rücksetzen der Uhr.

▶ Intervallmessung.

▶ Eine weitere interessante Verbesserung dieser Bean wäre beispielsweise die Möglichkeit, andere Komponenten bei Erreichen eines bestimmten Anzeige-Wertes hierüber zu informieren.

▶ Darüber hinaus können Sie die Bean auch so erweitern, dass Sie als Countdown-Zähler arbeitet: Die Methode `decrementSeconds()` wurde bereits implementiert; Sie müssen nur noch dafür sorgen, dass sie auch aufgerufen wird!

Auf der Basis der gezeigten Bean können Sie auch eine »echte« Uhr programmieren: Sie können hierzu beispielsweise die Systemzeit abfragen und entsprechend als Startwert eintragen!

> **HINWEIS** Sie haben sicherlich bemerkt, dass bei der Eingabe der Startzeit über die Eigenschaft `startWert` keine Überprüfung auf Richtigkeit der Eingabe erfolgt. Wir konnten darauf verzichten, da falsche Eingaben durch die interne Funktionalität der Stoppuhr-Bean ignoriert werden. Dies ist soweit in Ordnung, aber nicht eben professionell. Wir werden uns im nächsten Kapitel damit beschäftigen, dies zu verbessern!

8.5 Zusammenfassung, Fragen und Übungen

Zusammenfassung

▶ In diesem Kapitel haben wir eine recht komplexe Bean mitsamt Dokumentation entwickelt.

▶ Von besonderer Bedeutung war hierbei der Zugriff auf Ressourcen, die im gleichen Archiv wie die eigentliche Klasse enthalten sind.

▶ Ein weiterer wichtiger Aspekt, mit dem wir uns befasst haben, war die Verwendung von zwei Komponenten innerhalb einer Bean: Die Anzeige sowie ein Timer!

▶ Ebenfalls von Bedeutung war die Implementierung von Ereignissen, die innerhalb der Bean von Bedeutung sind und entsprechend ausgewertet wurden.

Fragen und Übungen

1. Aus welchem Grund verwenden wir in unserer Stoppuhr-Bean den Timer aus dem Paket javax.swing?

2. Starten Timer automatisch?

3. Was versteht man unter dem Toolkit bzw. dem DefaultToolkit?

4. Was versteht man unter Ressourcen?

5. Wie lautet die Funktionalität, um auf die Grafik-Ressourcen innerhalb eines JAR-Archivs zugreifen zu können?

6. Welche Vorteile bietet die Verwendung von make gegenüber einer Batch-Datei?

9 Verbesserung der Stoppuhr-Bean

JavaBeans

9 Verbesserung der Stoppuhr-Bean

In Kapitel 8 haben wir eine reichlich komplexe Bean entwickelt. Trotz ihrer Komplexität gibt es aber noch Möglichkeiten, sie zu verbessern. Sie werden sicherlich beim Testen der Stoppuhr-Bean festgestellt haben, dass die Eingabe unsinniger Werte für die Eigenschaften hours, minutes und seconds möglich ist. Die Eingabe negativer Werte oder Buchstaben bzw. Sonderzeichen in die entsprechenden Eingabefelder wird zwar nicht beachtet, es ist aber durchaus möglich, Werte einzugeben, die mehr als zwei Stellen belegen. Die Bean reagiert auf solche Eingaben überhaupt nicht, z.B. mit einer unsinnigen Anzeige. Der Benutzer wird aber auch nicht auf den Eingabefehler hingewiesen und erhält ebenso keine Informationen über den zulässigen Wertebereich. Wir müssen also eine Möglichkeit einführen, die den Anwender der Bean vor der Eingabe ungültiger Werte schützt.

Um dies zu erreichen, werden wir unsere Stoppuhr in diesem Kapitel um so genannte *eingeschränkte Eigenschaften* erweitern. Eingeschränkte Eigenschaften informieren registrierte Listener darüber, dass sich ihr Wert geändert hat und geben diesen die Möglichkeit, den neuen Wert auf seine Gültigkeit zu prüfen. Abhängig vom Resultat dieser Prüfung kann die Änderung zugelassen oder verboten werden.

> **HINWEIS**
> Es ist immer gut, wenn Benutzer von Programmen vor unbeabsichtigten (oder manchmal auch böswilligen) Falscheingaben geschützt werden. Dies gilt selbstverständlich nicht nur für Beans, sondern für alle Arten von Programmen. Ihre Bedienung wird hierdurch nicht nur sicherer, sondern auch komfortabler!

9.1 Eingeschränkte Eigenschaften

Einen ersten Einblick in eingeschränkte Eigenschaften haben wir bereits in Kapitel 3 gewonnen, sodass dieser Begriff nichts völlig Neues für Sie darstellt; unsere bisher erstellten Beans benötigen diese aber auch nicht. Denn eines sollte gleich als Erstes erwähnt werden: Eingeschränkte Eigenschaften sind zwar sehr interessant in ihrer Anwendung, es ist aber nicht ganz einfach, sie zu implementieren.

Grundlagen eingeschränkter Eigenschaften

Das Besondere an eingeschränkten Eigenschaften ist, dass Änderungen ihrer Werte von beliebigen Listenern zurückgewiesen werden können.

> **HINWEIS**
> Der Begriff »beliebig« ist in diesem Zusammenhang wörtlich zu nehmen. Nicht nur andere Beans oder Software können Änderungen zurückweisen: Änderungen können auch innerhalb einer Bean als unzulässig zurückgewiesen werden!

Aber warum sollte dies passieren? Welche Gründe gibt es hierfür? Wenn Sie an das Beispiel der Stoppuhr denken, so wäre es problemlos möglich, Werte einzugeben, die größer als 99 sind. Für die Eigenschaft hours wäre ein Maximalwert von 99 noch in Ordnung, aber die Eigenschaften minutes bzw. seconds sollten auf einen Maximalwert von 59 begrenzt werden. Im normalen Einsatz der Bean ist hierfür auch bereits gesorgt: Überläufe in den Sekunden setzen diesen Bereich auf Null zurück und erhöhen gleichzeitig die Minutenanzeige. Das Gleiche gilt für die Minutenanzeige. Wenn die Stoppuhr aber mit einem beliebigen Startwert beginnen soll, so gibt es bisher keine Möglichkeit, Fehleingaben zu prüfen: Sie werden einfach ignoriert! Dies ist immerhin bereits besser, als wenn das Programm unsinnige Werte anzeigen oder gar »abstürzen« würde; gut ist dies aber nicht.

JavaBeans bieten mit den eingeschränkten Eigenschaften einen Mechanismus, der genau dieses Verhalten unterstützt: Eingaben können geprüft und im Falle einer ungültigen Eingabe zurückgewiesen werden. Hierzu ist es aber erforderlich, dass die registrierten Listener über Änderungen des Wertes der betroffenen Eigenschaften informiert werden. Dies erfolgt durch das »Werfen« einer so genannten PropertyVetoException. Im einfachsten Fall lässt sich dies folgendermaßen realisieren:

```
public void setWert(<Eigenschaftentyp> wert)
     throws PropertyVetoException;
```

Wie bei allen Listenern muss es aber auch eine Möglichkeit geben, interessierte Listener zu registrieren bzw. zu de-registrieren. Hierzu benötigen wir zwei Methoden aus der Klasse VetoableChangeSupport, die dies für uns erledigen:

```
public void addVetoableChangeListener(
     VetoableChangeListener vcl);
```
und
```
public void removeVetoableChangeListener(
     VetoableChangeListener vcl);
```

Jeder registrierte Listener muss natürlich eine Methode enthalten, die für die Prüfung des neuen Wertes aufgerufen wird. Hierbei handelt es sich um die Methode vetoableChange(), die durch das Interface VetoableChangeListener zur Verfügung gestellt wird.

Alle bisher im Zusammenhang mit eingeschränkten Eigenschaften genannten Methoden, Interfaces und Klassen befinden sich im Package java.beans. Dieses Paket müssen Sie also immer in die entsprechenden Listener-Dateien sowie in die Bean importieren, deren Eigenschaften geprüft werden sollen.

Bevor der Wert einer eingeschränkten Eigenschaft geändert wird, muss der »alte« Wert dieser Eigenschaft gesichert werden. Dies erfolgt für den Fall, dass die Änderung als unzulässig zurückgewiesen wird und der

»alte« Wert daher wiederhergestellt werden muss. Wenn der Wert nun geändert wird, muss die entsprechende Setter-Methode eine `PropertyVetoException` werfen. Bei dieser Exception handelt es sich um ein Objekt, das den Namen der betroffenen Eigenschaft sowie ihren alten und den neuen Wert kapselt und an die Methode `vetoableChange()` des Listeners übergibt. Hier findet nun die Prüfung auf die Zulässigkeit des neuen Wertes statt. Wird der Test erfolgreich bestanden, so spricht Nichts dagegen, dass die Änderung durchgeführt wird. Im anderen Fall aber muss der Quelle, das ist die Bean, deren Eigenschaft geändert werden soll, mitgeteilt werden, dass die Änderung unzulässig ist. Dies erfolgt, indem die Methode `vetoableChange()` selbst wieder eine `PropertyVetoException` wirft. Es ist die Aufgabe der Quelle, diese Exception einzufangen und den alten Wert der Eigenschaft wiederherzustellen.

Abbildung 9.1 stellt die Funktionsweise grafisch dar:

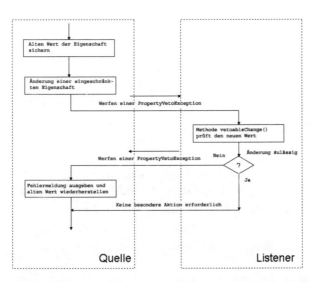

Abb. 9.1: Eingeschränkte Eigenschaft und PropertyVetoException

> **HINWEIS**
> Abbildung 9.1 können Sie entnehmen, dass die PropertyVetoException geworfen werden muss, *bevor* der ursprüngliche Wert geändert wird!

Es stellt sich nun die Frage, wie die Änderung des Wertes einer eingeschränkten Eigenschaft an die registrierten Listener übermittelt wird. Hierfür hat Sun in der Klasse VetoableChangeSupport eine Methode definiert, die in mehreren Varianten zur Verfügung steht: fireVetoableChange(). Tabelle 9.1 stellt die verschiedenen Varianten dieser Methode vor:

Methoden	Funktion
void fireVetoableChange-(PropertyChangeEvent pce) throws PropertyVetoException	Teilt den registrierten Listenern mit, dass eine eingeschränkte Eigenschaft verändert wurde und gibt diesen die Chance, den neuen Wert zu prüfen. Weist ein beliebiger registrierter Listener die Änderung zurück, so wirft die Methode eine erneute PropertyVetoException, die von der Quelle eingefangen werden muss.
void fireVetoableChange-(String NameDerEigenschaft, boolean alterWert, boolean neuerWert) throws PropertyVetoException	Identische Funktion wie oben, aber bereits für die Änderung von boolschen Werten vorbereitet. Allerdings wird die eingeschränkte Eigenschaft durch ihren Namen in Form eines Strings konkret angegeben.
void fireVetoableChange(String NameDerEigenschaft, int alterWert, int neuerWert) throws PropertyVetoException	Identische Funktion wie Variante 2, aber bereits für die Änderung von int-Werten vorbereitet.
void fireVetoableChange(String NameDerEigenschaft, Object alterWert, Object neuerWert) throws PropertyVetoException	Identische Funktion wie Variante 2, aber bereits für die Änderung von beliebigen Objekten vorbereitet.

Tab. 9.1: Varianten der Methode fireVetoableChange()

Weitere Informationen zu eingeschränkten Eigenschaften

Das bisher Gesagte würde bereits vollkommen ausreichen, um die Funktionalität der Stoppuhr-Bean zu verbessern. Es gibt allerdings noch zwei Punkte, die der Vollständigkeit halber ergänzend erwähnt werden müssen.

Eingeschränkte und gebundene Eigenschaften

In Kapitel 3 haben wir neben den eingeschränkten Eigenschaften auch eine kurze Einführung in die so genannten gebundenen Eigenschaften vorgenommen. Zur Erinnerung: Unter gebundenen Eigenschaften versteht man Eigenschaften, die in unmittelbarem Zusammenhang mit Eigenschaften oder Methoden in anderen JavaBeans stehen, z.B. bei der Berechnung von Zwischenergebnissen. Wenn der Wert einer gebundenen Eigenschaft verändert wird, so werden alle registrierten Listener über diese Änderung informiert und führen auf der Basis des neuen Wertes neue Funktionen aus. Der wesentliche Unterschied zu eingeschränkten Eigenschaften besteht darin, dass die Listener keinen Einspruch gegen die Änderung der Eigenschaft in der Quelle vornehmen. Die Anwendung gebundener Eigenschaften erfolgt auf die gleiche Weise wie bei eingeschränkten Eigenschaften; nur die Methoden und Listener haben andere Bezeichnungen. Statt der Klasse VetoableChangeSupport wird bei gebundenen Eigenschaften die Klasse PropertyChangeSupport eingesetzt. Entsprechend sind die verwendeten Listener Instanzen von PropertyChangeListener und die Methoden zur Registrierung bzw. De-Registrierung der Listener addPropertyChangeListener() bzw. removePropertyChangeListener(). Die Methoden, mit denen die registrierten Listener über Änderungen informiert werden, heißen firePropertyChange(), wobei hier die gleichen vier Varianten existieren, die Sie bereits im Zusammenhang mit eingeschränkten Eigenschaften kennen gelernt haben. Gebundene und eingeschränkte Eigenschaften sind sich sehr ähnlich. Aus diesem Grund empfiehlt Sun die Beachtung des folgenden Hinweises:

> **HINWEIS:** Es wird sehr empfohlen, dass eine Eigenschaft, die eingeschränkt ist, gleichzeitig auch eine gebundene Eigenschaft ist!

Wenn Sie dieser Empfehlung folgen, so müssen Sie also zusätzlich eine Liste erzeugen, in der sich `PropertyChangeListener`-Objekte registrieren lassen können.

> **HINWEIS:** Das verbesserte Beispiel der Stoppuhr-Bean berücksichtigt diese Empfehlung; allerdings wird diese Erweiterung in diesem Beispiel nicht benötigt, sodass sie keine Funktion erhält!

Änderungen ohne Auswirkung auf die Eigenschaft

Es steht Ihnen bzw. den Anwendern Ihrer Beans frei, einer Eigenschaft den gleichen Wert erneut zuzuweisen. Würde in einem solchen Fall der gesamte Mechanismus, also das Informieren der registrierten Listener über Änderungen und die Prüfung des neuen Wertes auf Gültigkeit, durchlaufen, so können Sie sich vorstellen, dass dies die Ausführung von Programmen verlangsamt und in zeitkritischen Anwendungen zu Problemen führen kann. Ein typisches Beispiel für diesen Effekt wäre beispielsweise das folgende Konstrukt:

```
private <Eigenschaftentyp> eigenschaft;
public void setEigenschaft(getEigenschaft());
```

Glücklicherweise müssen Sie sich als Entwickler oder Anwender von Beans um diesen Fall nicht kümmern: Bevor die registrierten `PropertyChangeListener` bzw. `VetoableChangeListener` über diese Art von Änderungen informiert werden, erfolgt eine automatische Prüfung innerhalb der Klassen `PropertyChangeSupport` bzw. `VetoableChangeSupport` auf Gleichheit der Werte. Sind die Werte identisch, so werden die Änderungen gar nicht erst vorgenommen und die registrierten Listener brauchen daher auch gar nicht über die Änderungen informiert zu werden!

9.2 Die Stoppuhr-Bean, Teil 2

Nachdem wir uns im ersten Teil dieses Kapitels die theoretischen Grundlagen zu gebundenen und eingeschränkten Eigenschaften erarbeitet haben, können wir nun damit beginnen, die neuen Erkenntnisse in die Stoppuhr-Bean aus Kapitel 8 einzuarbeiten. Als Erstes müssen wir dafür sorgen, dass die Klassen und Interfaces, die für die Behandlung gebundener und eingeschränkter Eigenschaften benötigt werden, überhaupt zur Verfügung stehen. Hierzu muss das Package java.beans importiert werden. Wir beschränken uns darauf, nur eingeschränkte Eigenschaften innerhalb der Stoppuhr-Bean zu behandeln, die Behandlung gebundener Eigenschaften wird nur für andere Komponenten vorbereitet: Erweitern Sie hierzu den implements-Part um den Eintrag VetoableChangeListener. Bis hier sollte das Ganze also folgendermaßen aussehen:

```
... // Import der Packages aus Stoppuhr.java
import java.beans.*;
public class Stoppuhr extends Canvas implements
      ActionListener, VetoableChangeListener,
      Serializable
```

Als Nächstes müssen wir die Listen für die registrierten Listener zusätzlich erzeugen. Dies erfolgt mit

```
private PropertyChangeSupport changes =
   new PropertyChangeSupport(this);
```

für die Unterstützung gebundener Eigenschaften und

```
private VetoableChangeSupport vetos =
   new VetoableChangeSupport(this);
```

Da die Stoppuhr-Bean für den Fall ungültiger Eingaben selber als VetoableChangeListener agieren soll, muss sie sich auch selbst in die Liste vetos eintragen. Dies erfolgt im Konstruktor der Bean durch

```
addVetoableChangeListener(this);
```

Listing:

```java
// Import der Packages wie in Kap. 8
import java.beans.*;

public class Stoppuhr extends Canvas implements
      ActionListener, VetoableChangeListener,
      Serializable
{
   // Eigenschaften der Bean
   ...
   // Interne Eigenschaften
   ...
   private String message;


   // GANZ WICHTIG FÜR VETO-EIGENSCHAFTEN !!!
   private VetoableChangeSupport vetos =
      new VetoableChangeSupport(this);
   // GANZ WICHTIG FÜR GEBUNDENE EIGENSCHAFTEN !!!
   private PropertyChangeSupport changes =
      new PropertyChangeSupport(this);

   // Konstruktor
   {
      ...
      prepareDigitArray(hours, minutes, seconds);
      // Hier wird die aktuelle Bean zu den
      // Listenern hinzugefügt!!!
      addVetoableChangeListener(this);
   }

   //*** Getter- und Setter-Methoden
   public Color getBackground(){...}
```

```java
public void setColor(Color bg){...}
public Color getForeground(){...}
public void setForeground(Color fg){...}
public int getHours(){...}

// Neuen Wert für hours setzen
public void setHours(int newHours) throws
      PropertyVetoException
{
   // Sichert den Originalwert
   int oldHours = hours;
   try
   {
      vetos.fireVetoableChange("hours",
            new Integer(hours),
            new Integer(newHours));
   }
   catch (PropertyVetoException pve)
   {
      JOptionPane.showMessageDialog(this,
        "Eingabefehler: " + message,
        "Eingabefehler",
        JOptionPane.ERROR_MESSAGE);
      // Veto erfolgt, alten Wert verwenden
         newHours = oldHours;
   }
   // Wert für hours neu festlegen
   hours = newHours;
   prepareDigitArray(hours, minutes, seconds);
   repaint();
}
public int getMinutes(){...}
// Neuen Wert für minutes setzen
public void setMinutes(int newMinutes) throws
```

```java
            PropertyVetoException
{
    int oldMinutes = minutes;
    try
    {
         vetos.fireVetoableChange("minutes",
             new Integer(minutes),
             new Integer(newMinutes));
    }
    catch (PropertyVetoException pve)
    {
       JOptionPane.showMessageDialog(this,
           "Eingabefehler: " + message,
           "Eingabefehler",
           JOptionPane.ERROR_MESSAGE);
         newMinutes = oldMinutes;
    }
    minutes = newMinutes;
    prepareDigitArray(hours, minutes, seconds);
    repaint();
}
public int getSeconds(){...}
// Neuen Wert für seconds setzen
public void setSeconds(int newSeconds) throws
        PropertyVetoException
{
    int oldSeconds = seconds;
    try
    {
         vetos.fireVetoableChange("seconds",
             new Integer(seconds),
             new Integer(newSeconds));
    }
    catch (PropertyVetoException pve)
```

```java
         {
            JOptionPane.showMessageDialog(this,
                  "Eingabefehler: " + message,
                  "Eingabefehler",
                  JOptionPane.ERROR_MESSAGE);
            newSeconds = oldSeconds;
         }
         seconds = newSeconds;
         prepareDigitArray(hours, minutes, seconds);
         repaint();
      }
      public boolean getRaised(){...}
      public void setRaised(boolean r){...}
      public void startTimer(){...}
      public void stopTimer(){...}
      public void incrementSeconds(){...}
      public void decrementSeconds(){...}
      public void prepareDigitArray(int hours,
         int minutes, int seconds){...}
      public Image loadImageFromJar(String name){...}
      public synchronized void paint(Graphics g){...}
      public void actionPerformed(ActionEvent ae){...}

      // Methoden zur Registrierung von Change-Ereignis-
      // Listenern
      public void addPropertyChangeListener(
      PropertyChangeListener pcl)
      {
         changes.addPropertyChangeListener(pcl);
      }
      public void removePropertyChangeListener(
         PropertyChangeListener pcl)
      {
         changes.removePropertyChangeListener(pcl);
```

```java
}

// Methoden zur Registrierung von Veto-Ereignis-
// Listenern
public void addVetoableChangeListener(
   VetoableChangeListener vcl)
{
   vetos.addVetoableChangeListener(vcl);
}
public void removeVetoableChangeListener(
   VetoableChangeListener vcl)
{
   vetos.removeVetoableChangeListener(vcl);
}

// Überprüfung der Gültigkeit der Eingabe
public void vetoableChange(PropertyChangeEvent
   pce) throws PropertyVetoException
{
   int    wert =
      ((Integer)pce.getNewValue()).intValue();
   String text = pce.getPropertyName();

   if (text.equals("hours") && wert > 99 ||
       wert < 0)
   {
        message = "Eingabe muss zwischen 0 und 99
                   liegen!";
        throw new PropertyVetoException(message,
           pce);
   }

   if (text.equals("minutes") && wert > 59 ||
       wert < 0)
```

```
        {
            message = "Eingabe muss zwischen 0 und 59
                    liegen!";
            throw new PropertyVetoException(message,
                pce);
        }

        if (text.equals("seconds") && wert > 59 ||
            wert < 0)
        {
            message = "Eingabe muss zwischen 0 und 59
                    liegen!";
            throw new PropertyVetoException(message,
                pce);
        }
    }
}
```

Bevor wir die neue Version der Stoppuhr-Bean testen, sollten Sie sich die Methode vetoableChange() noch einmal etwas genauer ansehen. Sie erkennen hier, wie Sie auf die Werte, die in einem Veto-Ereignis gekapselt sind, zugreifen können. Wie bereits weiter oben gesagt wurde, enthält jedes Ereignis-Objekt Informationen über die Quelle, die dieses Ereignis hervorgerufen hat. Zu diesen Informationen gehören zunächst der Name der Ereignis-Quelle; darüber hinaus sind aber auch Angaben über den alten und den neuen Wert der betreffenden Eigenschaft in diesem Objekt gekapselt. Den Namen der Ereignis-Quelle können Sie mit der Methode getPropertyName() erfragen. Um an den ursprünglichen Wert der Eigenschaft zu kommen, wenden Sie die Methode getOldValue() an und entsprechend die Methode getNewValue(), um den neuen Wert zu erfragen. Diese Methoden sind Elemente der Klasse PropertyChangeEvent. Es ist noch ein wichtiger Aspekt zu beachten: Da wir in unserem Beispiel die Variante der Methode fireVetoableChange() verwendet haben, die für den alten und den neuen Wert Instanzen der Klasse Object kapselt, müssen die entsprechenden Werte zunächst in den entsprechenden Datentyp umgewandelt werden. Dies geschieht mit den aus den Grundlagen bekannten Wrapper-Methoden. Wenn das PropertyChangeEvent-Objekt den Namen pce hat und Sie ein Integer-Objekt in einen int-Datentyp umwandeln müssen, müssen Sie folgendermaßen vorgehen:

```
int    wert =
((Integer)pce.getNewValue()).intValue();
```

Sie können den Quelltext nun kompilieren und das Java-Archiv erzeugen. Hierzu können Sie die gleiche Manifest- und die gleiche Batch-Datei verwenden, die Sie bereits in Kapitel 8 eingesetzt haben. Änderungen an diesen Dateien sind nicht erforderlich, da wir ja nur die bestehenden Dateien erweitert haben! Wir wollen nun prüfen, ob sich die Erweiterungen der Bean auch wirklich so auswirken, wie wir es geplant haben. Laden Sie also nun den BeanBuilder und mit diesem die neu erstellte Archiv-Datei. Das Design-Panel sollte also aussehen, wie in Abbildung 9.2:

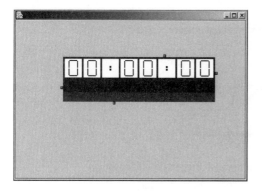

Abb. 9.2: Die Stoppuhr-Bean direkt nach dem Laden

Wechseln Sie nun in den Property Inspector und geben Sie zunächst gültige Werte für die Eigenschaften hours, minutes und seconds ein, z.B. hours = 10, minutes = 20 und seconds = 30. Das Display ändert sich dann, wie in Abbildung 9.3 gezeigt:

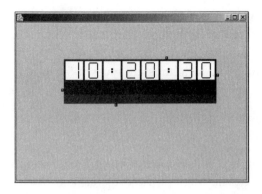

Abb. 9.3: Das Display nach der Eingabe gültiger Werte

Wechseln Sie nun wieder in den Property Inspector und versuchen Sie, negative Werte, Buchstaben oder Sonderzeichen einzugeben: Sie sehen, dass solche Eingaben gar nicht berücksichtigt werden und die Anzeige unverändert bleibt. Wenn Sie nun aber einen Wert für hours eingeben, der außerhalb des zulässigen Bereichs liegt (z.B. 123), so erhalten Sie die in Abbildung 9.4 gezeigte Anzeige:

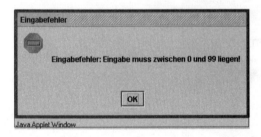

Abb. 9.4: Fehleranzeige, hervorgerufen durch PropertyVetoException

Bevor Sie nun die Schaltfläche *OK* des JOptionPane-Objekts anklicken, schauen wir uns zur Kontrolle noch einmal den Property Inspector an. Abbildung 9.5 zeigt uns, dass hours immer noch den Wert 123 hat.

Wenn wir nun die *OK*-Schaltfläche in der Fehlermeldung anklicken, so bewirkt dies die in Abbildung 9.6 gezeigte Änderung innerhalb des Property Inspectors.

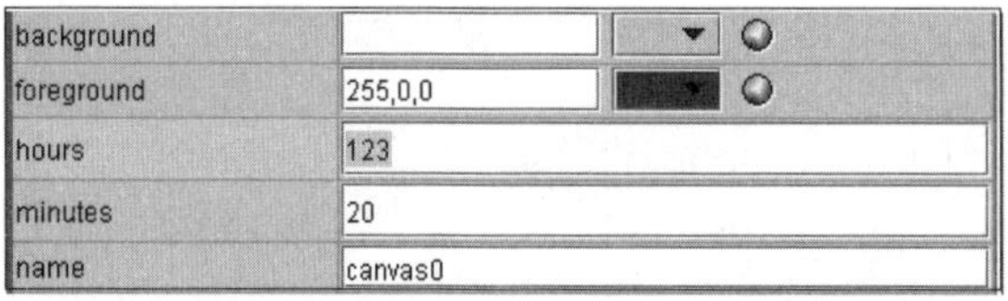

background		▼ ○
foreground	255,0,0	▼ ○
hours	123	
minutes	20	
name	canvas0	

Abb. 9.5: Unzulässige Eingabe für die Eigenschaft hours

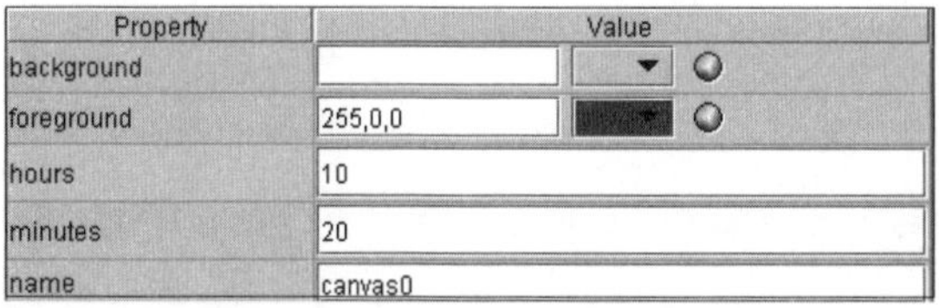

Property	Value	
background		▼ ○
foreground	255,0,0	▼ ○
hours	10	
minutes	20	
name	canvas0	

Abb. 9.6: Der Wert für hours nach dem Anklicken der *OK*-Schaltfläche

Sie können unmittelbar erkennen, dass im Eingabe-Feld für hours wieder der ursprüngliche Wert steht: Dieser wurde also restauriert. Die Erweiterungen, die wir geplant haben, funktionieren also einwandfrei.

9.3 Zusammenfassung, Fragen und Übungen

Zusammenfassung

▶ Der Schwerpunkt dieses Kapitels lag darin, unzulässige Eingaben durch Anwender von JavaBeans zu verhindern und sie über die zulässigen Werte zu informieren.

▶ Um dies zu erreichen, haben wir so genannte gebundene und eingeschränkte Eigenschaften eingeführt.

▶ Zunächst haben wir uns mit den theoretischen Grundlagen gebundener und eingeschränkter Eigenschaften beschäftigt und anschließend das erworbene Wissen zur Verbesserung der Stoppuhr-Bean aus Kapitel 8 eingesetzt.

Zusammenfassung

▶ Von besonderer Bedeutung ist in diesem Zusammenhang das Package java.beans, das fertige Klassen und Interfaces zur Lösung dieser Anforderungen zur Verfügung stellt. Wir haben uns in diesem Kapitel mit den Klassen `PropertyChangeSupport` und `VetoableChangeSupport` sowie mit den korrespondierenden Interfaces `PropertyChangeListener` und `VetoableChangeListener` beschäftigt.

Fragen und Übungen

1. Worin besteht der wesentliche Unterschied zwischen gebundenen und eingeschränkten Eigenschaften?

2. Wie ermöglichen Sie Listenern, sich als Veto-Listener zu registrieren bzw. zu de-registrieren?

3. Wie erzeugen Sie eine Veto-Liste, in der sich interessierte Listener registrieren bzw. de-registrieren können?

4. Worauf müssen Sie besonders achten, wenn Sie Veto-Listener unterstützen?

5. Wie muss ein Veto-Listener reagieren, wenn er mit der Änderung einer Eigenschaft nicht einverstanden ist?

6. Wie heißt die Methode, die jeder interessierte Listener verwenden muss?

7. Mit welcher Methode lässt sich der Name der Eigenschaft erfragen, die das Veto-Ereignis ausgelöst hat und in welcher Klasse ist diese Methode definiert?

8. Welchen allgemeinen Namen haben die Klassen, die zur Umwandlung eines Objekts in den korrespondierenden Datentyp eingesetzt werden?

10 Modifikation von Beans

JavaBeans

10 Modifikation von Beans

JavaBeans bieten ihren Anwendern eine Reihe von Vorteilen; einer dieser Vorteile ist ihre leichte Wiederverwendbarkeit in verschiedenen Anwendungen, wobei sich der Anwender nicht um die innere Funktion dieser Komponenten kümmern muss. Einen weiteren Vorteil haben Sie aber ebenfalls bereits gesehen und auch schon angewendet: Hierbei handelt es sich um die bequeme Möglichkeit, das Aussehen der Beans den individuellen Vorstellungen anpassen zu können. Ob Sie bzw. die Anwender der Beans nun mit dem BeanBuilder oder einem anderen Entwicklungswerkzeug, wie z.B. dem JBuilder von Borland, arbeiten: In jedem Fall sind im Design-Modus die Eigenschaften der aktiven Bean in einem separaten Bereich aufgelistet und können dort leicht durch die Eingabe neuer Werte modifiziert werden.

> **HINWEIS**
> Das Modifizieren oder Ändern der Werte von Eigenschaften bzw. die Anpassung der Beans (aber auch anderer Software oder auch Hardware) an die individuellen Anforderungen der Anwender wird in der amerikanischen Literatur als *Customization* bezeichnet.

Dieser Eingabebereich entspricht einer grafischen Oberfläche und wird in der amerikanischen Literatur als *Property Sheet* und in deutschsprachiger Literatur als *Eigenschaften-Liste* bezeichnet. Sie werden sich möglicherweise bereits gefragt haben, wie es denn sein kann, dass die Eingaben in Eingabefelder, die Sie nicht selber mit der Bean verbunden haben, Änderungen in ihr hervorrufen können. Das »Geheimnis« liegt darin, dass jedes Property Sheet einen eigenen *Property Editor* (*Eigenschaften-Editor*) für jede der aufgeführten Eigenschaften standardmäßig zur Verfügung stellt, der mit der Bean kommuniziert und ihr mitteilt, dass bestimmte Eigenschaften verändert wurden. Üblicherweise sind die Eigenschaften-Listen bzw. -Editoren nicht Bestandteil der Bean, sondern des verwendeten Entwicklungsprogramms! Dies gilt insbesondere für einfache Datentypen, wie z.B. `int`, `float` usw. Aber auch für komplexere Eigenschaften, wie z.B. `Color`- oder `String`-Objekte, stellen die Entwicklungsumgebungen eigene Standard-Editoren für die Bearbeitung der Eigenschaften zur Verfügung.

Wenn JavaBeans die öffentlichen Getter- und Setter-Methoden exportieren (und hiermit die Entwicklungsumgebungen indirekt über die privaten Eigenschaften informieren), so erkennt das Entwicklungsprogramm diese durch den bereits früher erklärten Vorgang der Introspection und baut die entsprechenden Listen automatisch auf.

Für kleine bis mittlere Beans mit einfachen Datentypen, wie z.B. `boolean`, `int` oder `double`, reicht dieser Mechanismus auch völlig aus. Professionelle grafische Entwicklungsumgebungen stellen im Allgemeinen Eigenschaften-Editoren auch für »ausgefallene« Datentypen, wie z.B. Dialoge zur Einstellung von Vorder- und Hintergrundfarben oder für die Eingabe eines Datums oder der Uhrzeit zur Verfügung; hiervon kann man aber nicht in jedem Fall ausgehen.

Um Anwendern der Beans auch für solche Datentypen einen komfortablen Weg zur Einstellung neuer Werte an die Hand zu geben, bietet es sich an, eigene Eigenschaften-Editoren zu entwickeln und diese mit den Beans auszuliefern. Es ist sogar möglich, vollständige »Wizards« (wörtlich: Zauberer, sinngemäß handelt es sich hierbei aber um Assistenten) zu erstellen, die den Anwender durch die Einstellmöglichkeiten »führen«.

> **HINWEIS**
>
> Sie sehen also, dass eine strikte Unterscheidung zwischen den »Lieferanten« der Eigenschaften-Editoren nicht möglich ist. In den meisten Fällen werden mit großer Sicherheit die Eigenschaften-Editoren der verwendeten Entwicklungsumgebung mehr als ausreichend sein, es gibt aber auch Anwendungsbereiche, in denen Sie als Entwickler einer Bean selber für einen solchen Editor sorgen müssen!

10.1 Eigenschaften-Editoren

Eigenschaften-Editoren sind Java-Klassen, die es ermöglichen, Eigenschaften von Beans in einer grafischen Benutzerumgebung einzustellen. Dabei spielt es keine Rolle, ob es sich hier um einen einfachen Datentyp, wie z.B. `int` oder `float` oder um komplexe Datentypen, wie z.B. Klassen (ein typisches Beispiel hierfür ist die `String`-Klasse), handelt. Und wenn Sie eigene Datentypen entwickeln, die nicht auf Standard-Datentypen basieren, müssen Sie sowieso Eigenschaften-Editoren entwickeln!

Für die Entwicklung eigener Eigenschaften-Editoren bietet Sun eine reichhaltige Auswahl von Methoden, die im Interface `PropertyEditor` zusammengefasst sind.

Prinzipiell lassen sich Eigenschaften-Editoren auf drei verschiedene Weisen erstellen:

▶ Als einfache Editoren mit `String`-Argumenten,

▶ als komplexe Editoren, bei denen die erforderlichen Werte als Instanz der Klasse `Object` eingesetzt werden und

▶ als selbständige Komponenten.

Das Interface `PropertyEditor` stellt Ihnen insgesamt 12 Methoden zur Verfügung, die zur Erstellung von Eigenschaften-Editoren eingesetzt werden können. Da es beim Einsatz von Interfaces erforderlich ist, sämtliche Methoden zu implementieren (auch wenn diese nicht benötigt werden), hat Sun zusätzlich eine Klasse mit dem Namen `PropertyEditorSupport` entwickelt, die dieses Interface implementiert. Diese Klasse bietet Basis-Funktionalitäten (so genannte *Stubs*) für jede dieser Methoden, sodass Sie als Programmierer nur noch die von Ihnen benötigten Methoden überschreiben müssen. Die Klasse `PropertyEditorSupport` ist die einzige Klasse, die das Interface `PropertyEditor` implementiert!

> **HINWEIS**
> Sie finden alle Klassen, die zur Entwicklung von Eigenschaften-Editoren benötigt werden, im Package java.beans.

Bei einfachen Eigenschaften-Editoren können Sie sich auf den Einsatz einiger weniger Methoden, wie z.B. getAsText() oder setAsText() beschränken. Die Methode getAsText() liefert den Wert der jeweiligen Eigenschaft als String-Objekt zurück und setAsText() erhält als Argument den neuen Wert ebenfalls in Form eines String-Objekts. Es besteht aber auch die Möglichkeit, die Methoden getValue() oder setValue() einzusetzen: Dann werden die Werte der Eigenschaften als Instanz der Klasse Object zurückgegeben bzw. neu gesetzt. Komplexe Eigenschaften-Editoren müssen aber unter Umständen innerhalb eines eigenständigen Dialogs eingestellt werden: Dann benötigen Sie beispielsweise die Methode paintValue(), die für das Erzeugen einer rechteckigen Benutzeroberfläche unter Zuhilfenahme der Methoden der Graphics-Klasse eingesetzt wird. Den obersten Level für Eigenschaften-Editoren stellen sicherlich eigene Komponenten zur Einstellung von Eigenschaften dar. Ein typisches Beispiel hierfür haben Sie mit großer Sicherheit bereits öfter eingesetzt, ohne sich aber weitere Gedanken hierüber zu machen: Wenn Sie beispielsweise die Vorder- und Hintergrundfarbe der RoundButton-Bean einstellen wollen, werden Sie die Auswahl der gewünschten Farbe über den im BeanBuilder »eingebauten« Farbauswahl-Dialog durchgeführt haben! Um bei dem Beispiel »Farbauswahl« zu bleiben: Hier finden Sie zwei Methoden, den gewünschten Wert einzustellen:

▶ Dies sind die Verwendung des komplexen Editors, also des Farbauswahl-Dialogs und

▶ die technisch einfachere Möglichkeit, die Farbe über Anteile von 0 bis 255 der drei Grundfarben Rot, Grün und Blau in Form einer Zahl vorzugeben.

Bei allen Eigenschaften-Editoren ist es zwingend erforderlich, mindestens eine der genannten Möglichkeiten, einen Wert einzustellen, zu unterstützen. Es ist aber, wie Sie am Beispiel der Farbeinstellung gesehen haben, durchaus zulässig, zwei oder mehr Möglichkeiten anzubieten!

Wenn Sie JavaBeans in Entwicklungsumgebungen wie JBuilder einsetzen, ist es die Aufgabe dieser Entwicklungsumgebung, den am besten geeigneten Eigenschaften-Editor auszuwählen!

Erkennung von Eigenschaften-Editoren

Im Laufe dieses Buches habe ich immer wieder betont, dass es empfehlenswert ist, auf die Einhaltung der Namenskonventionen zu achten. Obwohl die Befolgung der Namenskonventionen nicht zwingend vorgeschrieben ist, ist es dennoch sinnvoll, diese einzuhalten. Ein wichtiger Grund für diese Empfehlung ist, dass der Vorgang der Introspection nur aufgrund der Namenskonventionen funktioniert; wenn Sie die Konventionen nicht befolgen, müssen Sie zusätzlichen Aufwand betreiben, damit Entwicklungsumgebungen die Getter- und Setter-Methoden einer Bean erkennen.

In diesem Buch folgen wir immer den Namenskonventionen, da diese Vorgehensweise von Sun ausdrücklich empfohlen wird.

Für Eigenschaften-Editoren gelten diese Namenskonventionen ebenso. Es ist die Aufgabe einer weiteren speziellen Klasse, die Eigenschaften-Editoren zu suchen und zu finden. Diese Klasse heißt `PropertyEditorManager` und befindet sich ebenfalls im Package `java.beans`. Diese Klasse dient dazu, den zu einem beliebigen Datentyp passenden Eigenschaften-Editor zu suchen und zu finden. Der Editor selber (siehe oben) muss hierzu das Interface `PropertyEditor` implementieren. Die Klasse `PropertyEditorManager` wendet drei Verfahren an, einen bestimmten Eigenschaften-Editor zu finden:

▶ Zunächst wird nach einem ausdrücklich für den entsprechenden Datentyp registrierten Editor gesucht.

▶ Wird kein solcher Editor gefunden, so wird an den Datentyp der Zusatz `Editor` angehängt (Namenskonvention!) und nach einer Klasse gesucht, die diesen Namen trägt. Wenn wir beispielsweise für die `Stoppuhr`-Bean einen eigenen Eigenschaften-Editor entwickeln würden, so müssten wir diesen entsprechend den Namenskonventionen mit `StoppuhrEditor` benennen. `PropertyEditor-Manager` sucht dabei in dem Verzeichnis, in dem sich auch die Bean befindet.

▶ Wenn diese Suche immer noch nicht zum Erfolg führt, wird der Editor im Package `java.beans.editors` gesucht. Um bei unserem Beispiel zu bleiben, würde `StoppuhrEditor` nun im gesamten Suchpfad für Packages gesucht werden. Die Standardeinstellung für den Suchpfad lautet `java.beans.editors`. Demnach würde `Stoppuhr-Editor` im Package `java.beans.editors.StoppuhrEditor` gesucht werden.

> **HINWEIS:** Professionelle grafische Entwicklungsumgebungen können sowohl auf die Eigenschaften-Editoren, die JavaBeans selbst liefern, zugreifen oder eigene Editoren zur Verfügung stellen.

> **HINWEIS:** Für die einfachen Datentypen `boolean`, `byte`, `short`, `int`, `long`, `float` und `double` sowie für die komplexen Datentypen `String`, `Color` und `Font` stellt Java Standard-Eigenschaften-Editoren direkt zur Verfügung!

Änderung von Eigenschaften

Wenn ein `PropertyEditor` den Wert einer Eigenschaft ändert, sollte dies durch das »Abfeuern« eines Objekts vom Typ `PropertyChangeEvent` angezeigt werden. Dies ist von besonderer Bedeutung beim Einsatz höherer grafischer Entwicklungsumgebungen, da diese hierdurch vom

Eigenschaften-Editor über die Änderung des Wertes einer Eigenschaft informiert werden. Erst dann sind diese Programmierumgebungen in der Lage, sich den neuen Wert einer Eigenschaft zu »besorgen« und die entsprechende Setter-Methode innerhalb der Bean aufzurufen.

> **HINWEIS**
> Man kann diesen Vorgang indirekt mit den gebundenen Eigenschaften, die im letzten Kapitel vorgestellt wurden, vergleichen: Der Wert einer Eigenschaft, die an das Entwicklungsprogramm gebunden ist, wird geändert, wodurch dieser Wert innerhalb des Entwicklungsprogramms geändert wird. Der PropertyChangeListener der Entwicklungsumgebung sorgt nun für den Aufruf der entsprechenden Setter-Methode!

Änderung des ursprünglichen Wertes einer Eigenschaft

Der Wert einer Eigenschaft sollte niemals direkt durch das Property Sheet verändert werden. Das Property Sheet zeigt zwar den aktuellen Wert einer Eigenschaft an, aufgrund vieler verschiedener Möglichkeiten, Eigenschaften-Editoren zu implementieren (dies gilt insbesondere für die bereits erwähnten professionellen Entwicklungsumgebungen), sollten Eigenschaften-Editoren zunächst ein neues Objekt des entsprechenden Datentyps erzeugen und den Wert der Eigenschaft in dieser Kopie verändern. Typische Implementierungsunterschiede für Eigenschaften-Editoren sind beispielsweise:

▶ Eigenschaften-Editoren können den Wert einer Eigenschaft unmittelbar nach der Eingabe verändern.

▶ Es besteht aber auch die Möglichkeit, dass der Editor auf eine Bestätigung wartet, z.B. durch einen Mausklick auf eine OK-Schaltfläche, bevor die Änderung durchgeführt wird.

Es gibt aber noch einen weiteren Grund, der gegen die direkte Übernahme von Änderungen spricht: Wenn weiter oben die Empfehlung gegeben wurde, Änderungen aufgrund der indirekten Ähnlichkeit mit gebundenen Eigenschaften direkt durchzuführen, so ist dies ein Aspekt, der zu beachten ist. Darüber hinaus besteht bekanntermaßen aber auch die Möglichkeit, direkt innerhalb von JavaBeans gebundene Eigenschaften einzusetzen. Wenn gebundene Eigenschaften neue Werte annehmen, obwohl der Eigenschaften-Editor für eine andere Eigenschaft geöffnet ist, so kann dies dazu führen, dass das Property Sheet nicht für alle betroffenen Eigenschaften aktualisiert wird. Aus diesem Grund empfiehlt Sun, dass das Property Sheet nach jeder Änderung einer Eigenschaft die Werte aller anderen Eigenschaften erneut einliest! Um einen häufigen Neu-Aufbau von Property Sheets zu vermeiden (was unter Umständen recht viel Zeit in Anspruch nimmt), sollten die Werte der Eigenschaften zunächst daraufhin getestet werden, ob sich ihr Wert verändert hat. Dies erfolgt durch einen einfachen Vergleich mit == Object.equals(). Nur wenn sich der Wert geändert hat, ist ein neues Erzeugen des Property Sheets erforderlich.

> **HINWEIS**
> Sun hatte die Überlegung in Betracht gezogen, ein zusätzliches Ereignis-Objekt in der Form »IndirectPropertyUpdate« zu entwickeln, um hiermit die Änderung des Wertes einer gebundenen Eigenschaft anzuzeigen. Man hat von dieser Idee aber Abstand genommen, weil diese Eigenschaften relativ selten eingesetzt werden, dafür aber einen relativ großen Aufwand bei der Programmierung erfordern. Sun war der Ansicht, dass der Performance-Gewinn gemessen am Aufwand zu gering sei!

Die Methode getJavaIntializationString()

Wenn Sie einen eigenen Eigenschaften-Editor entwickeln, kommt der Methode getJavaInitializationString() eine besondere Bedeutung zu: Sie wurde für den Einsatz in Java-Kode geplant, der für die Änderung von Werten von Eigenschaften zuständig ist, diese also gewissermaßen erzeugt. Und dies ist wörtlich zu nehmen: Diese Methode liefert als Ergebnis ein String-Objekt, das es einer Entwicklungsumgebung ermöglicht, den ursprünglichen Wert einer Eigenschaft wieder herzustellen. Üblicherweise werden Standardwerte von Eigenschaften im Konstruktor der Bean vorgegeben. Mit getJavaInitializationString()

können Sie diesen Wert erfragen und damit einen Startwert im Eigenschaften-Editor vorgeben. Dies ist aber nicht zwingend vorgeschrieben!

10.2 Praktisches Beispiel: AudioPlayer-Bean

Das folgende Beispiel einer Bean zur Wiedergabe von Audio-Dateien ist gleich in mehrfacher Hinsicht sehr interessant:

▶ Sie verwendet einen speziellen Eigenschaften-Editor zur Auswahl der Audio-Datei, die von der Bean wiedergegeben werden soll.

▶ Es wird ausgiebiger Gebrauch eines APIs gemacht, das mit dem SDK 1.3 neu eingeführt wurde: Hierbei handelt es sich um das Package `javax.sound.sampled`. Dieses API gibt Ihnen die Möglichkeit, Wiedergabe- und Sample-Programme für Audio-Daten zu programmieren. Ein weiteres Package, `javax.sound.midi`, auf das wir in diesem Buch allerdings nicht eingehen werden, bietet darüber hinaus die Möglichkeit, MIDI-fähige Musikinstrumente und Sequenzer anzusteuern bzw. nachzubilden.

▶ Der dritte Aspekt, der diese Bean so interessant macht, ist, dass die Bean einen separaten Thread erzeugt, der nur für die Wiedergabe der gewählten Sound-Datei verwendet wird.

Planung der Bean

Da die Bean sehr komplex wird, habe ich mich darauf beschränkt, nur eine einzige öffentliche Eigenschaft vorzusehen: Hierbei handelt es sich um den Namen der Audio-Datei, die wiedergegeben werden soll. Diese Eigenschaft erhält den Namen `audioName` und ist vom Typ `String`. Weitere Eigenschaften dienen ausschließlich der internen Funktion von `AudioPlayer`. Hierzu zählen die Variablen `audioFile` (Datentyp: `File`), `audioInputStream` (Datentyp: `AudioInputStream` aus dem Package `javax.sound.sampled`) sowie `audioClip` (Datentyp: `SourceDataLine`, ebenfalls aus dem Package javax.sound.sampled). Natürlich werden noch weitere Variablen benötigt, die z.B. zur Darstellung der Benutzeroberfläche benötigt werden, aber auch Variablen für den Thread zur Wiedergabe der gewählten Audio-Datei. Der Thread, der zur Wiedergabe der Audio-Datei erforderlich ist, ist eine eigene öffentliche Klasse, die aber vollständig im Quelltext AudioPlayer.java enthalten ist. Im Konstruktor der Bean wird die Benutzeroberfläche von AudioPlayer vollständig erzeugt.

> **HINWEIS**
>
> Diese Bean wird in zwei Schritten entwickelt, damit die Vorgehensweise noch etwas transparent bleibt. Der erste Schritt umfasst die Erstellung der »eigentlichen« Bean sowie der Klasse AudioPlayerBeanInfo. Hiermit sind Sie bereits in der Lage, Audio-Dateien abzuspielen. Der Name der abzuspielenden Audio-Datei wird in das entsprechende JTextField-Objekt, das von BeanBuilder automatisch zur Eingabe von Strings verwendet wird, eingetragen. Im zweiten Schritt werden wir dieses JTextField-Objekt durch einen eigenen Editor ersetzen, der in Form einer Dialogbox zur Dateiauswahl (JFileChooser) realisiert ist.

> **HINWEIS**
>
> Wie bei allen anderen Beans dieses Buches habe ich beim Abdruck des Listings auf die meisten Kommentare verzichtet. Ansonsten könnte das Listing der insgesamt vier Java-Dateien gut und gerne 30 bis 40 Seiten im Buch in Anspruch nehmen. Das vollständige Programm mit allen Kommentaren können Sie von der Verlags-Homepage (*http://www.bhv-buch.de*) herunterladen.

Die Datei AudioPlayer.java

Das folgende Programm-Listing stellt die vollständige Funktionalität der Basisversion der AudioPlayer-Bean dar:

```java
/***************************************************
 * AudioPlayer.java 1.0    06. Juli 2002
 * Autor: Ralf Jesse, Das bhv Einsteigerseminar
 * JavaBeans
 ***************************************************/
import java.awt.*;
import java.awt.event.*;
import java.io.*;
import javax.swing.*;
import javax.swing.border.*;
import javax.sound.sampled.*;
/*********************************************
 * Einfacher Audio-Player zur Wiedergabe von
 * WAV- und AIF-Dateien.
 *********************************************/
public class AudioPlayer extends JPanel implements
        ActionListener, Serializable
{
    // Eigenschaften für den Bean-Anwender
    private String   audioName = new String("");
    // Interne Eigenschaften der Bean
    File             audioFile;
    AudioInputStream audioInputStream;
    SourceDataLine   audioClip;
    // Private Komponenten
    private JButton playButton  = new JButton("Play");
    private JButton stopButton  = new
        JButton("Stopp");
    private JButton pauseButton = new
        JButton("Pause");
    private JLabel  titleInfo   = new
        JLabel(".......");
    private JLabel  timeInfo    = new
        JLabel(".......");
```

```java
// Thread zum Abspielen der Sound-Datei
Playback   playback = new Playback();
String     errStr;
double     duration;
final int bufSize = 16384;
boolean    paused = false;
// Konstruktor der AudioPlayer-Bean.
public AudioPlayer()
{
   setLayout(new BorderLayout());
   EmptyBorder     eb  = new EmptyBorder(5,5,5,5);
   SoftBevelBorder sbb = new
       SoftBevelBorder(SoftBevelBorder.RAISED);
   setBorder(new EmptyBorder(5,5,5,5));
   JPanel mainPanel   = new JPanel();
   mainPanel.setBorder(sbb);
   mainPanel.setLayout(new BoxLayout(mainPanel,
       BoxLayout.Y_AXIS));
   JPanel buttonPanel = new JPanel();
   buttonPanel.setBorder(new
       EmptyBorder(10,0,5,0));
   buttonPanel.add(playButton);
   buttonPanel.add(pauseButton);
   buttonPanel.add(stopButton);
   playButton.setEnabled(false);
   pauseButton.setEnabled(false);
   stopButton.setEnabled(false);
   playButton.addActionListener(this);
   pauseButton.addActionListener(this);
   stopButton.addActionListener(this);

   JPanel infoPanel = new JPanel();
   infoPanel.setLayout(new BoxLayout(infoPanel,
       BoxLayout.Y_AXIS));
```

```java
    JPanel     titleInfoPanel  = new JPanel();
    FlowLayout titleInfoLayout = new FlowLayout();
    JLabel     titleLabel      = new JLabel("Song-
        Titel: ");
    titleInfoPanel.add(titleLabel);
    titleInfoPanel.add(titleInfo);
    titleInfoLayout.setAlignment(
        FlowLayout.LEADING);
    titleInfoPanel.setLayout(titleInfoLayout);
    JPanel     timeInfoPanel   = new JPanel();
    FlowLayout timeInfoLayout  = new FlowLayout();
    JLabel     timeLabel       = new JLabel("Dauer
        : ");
    timeInfoPanel.add(timeLabel);
    timeInfoPanel.add(timeInfo);
    timeInfoLayout.setAlignment(
        FlowLayout.LEADING);
    timeInfoPanel.setLayout(timeInfoLayout);

    infoPanel.add(titleInfoPanel);
    infoPanel.add(timeInfoPanel);
    mainPanel.add(buttonPanel);
    mainPanel.add(infoPanel);
    add(mainPanel);
}
// Getter- und Setter-Methoden
public String getAudioName()
{
    return audioName;
}
public void setAudioName(String audio)
{
    audioName = audio;
    audioFile = new File(getAudioName());
```

```java
         playButton.setEnabled(true);
   }
   // Ereignis-Behandlung der Schaltflächen
   public void actionPerformed(ActionEvent ae)
   {
      Object source = ae.getSource();
      if (source == playButton)
      {
         playButton.setEnabled(false);
         pauseButton.setEnabled(true);
         stopButton.setEnabled(true);
         playback.start();
      }
      else if (source == pauseButton)
      {
         paused = !paused;
         playButton.setEnabled(false);
         if (paused)
            playback.line.stop();
         else
            playback.line.start();
      }
      else if (source == stopButton)
      {
         playButton.setEnabled(true);
         pauseButton.setEnabled(false);
         stopButton.setEnabled(false);
         playback.stop();
      }
   }
   // Hier folgt der Thread zur Wiedergabe
   public class Playback implements Runnable
   {
      SourceDataLine   line;
```

```java
Thread           playbackThread;
AudioInputStream playbackInputStream;
public void start()
{
   errStr = null;
   playbackThread = new Thread(this);
   playbackThread.setName("Playback");
   audioFile = new File(getAudioName());
   playbackThread.start();
}
public void stop()
{
   playbackThread = null;
}

public void run()
{
   if (audioFile != null)
   {
      createAudioInputStream(audioFile);
   }
   if (audioInputStream == null)
   {
      errorDialog("Keine Datei für Wiedergabe
                  geladen");
      return;
   }
   try
   {
      audioInputStream.reset();
   }
   catch (Exception e)
   {
      errorDialog("Datei kann nicht auf Start
```

```java
                    zurück gesetzt werden\n");
      return;
   }
   try
   {
      playbackInputStream =
         AudioSystem.getAudioInputStream(
         audioFile);
   }
   catch (Exception e)
   {
      errorDialog(e.toString());
   }
   DataLine.Info info = new
      DataLine.Info(SourceDataLine.class,
      playbackInputStream.getFormat());
   if (!AudioSystem.isLineSupported(info))
   {
      errorDialog("Leitung " + info + " wird
                  nicht unterstützt");
      return;
   }
   try
   {
      line = (SourceDataLine)
          AudioSystem.getLine(info);
      line.open(
         playbackInputStream.getFormat(),
         bufSize);
   }
   catch (LineUnavailableException e)
   {
      errorDialog("Kann Leitung " + e + " nicht
                  öffnen!");
```

```
      return;
}
int frameSizeInBytes =
   playbackInputStream.getFormat().
   getFrameSize();
int bufferLengthInFrames =
   line.getBufferSize() / 8;
int bufferLengthInBytes =
   bufferLengthInFrames *
   frameSizeInBytes;
byte[] data = new byte[bufferLengthInBytes];
int numBytesRead = 0;
line.start();
while (playbackThread != null)
{
   try
   {
      if ((numBytesRead =
         playbackInputStream.read(
         data)) == -1)
      {
         break;
      }
      int numBytesRemaining = numBytesRead;
      while (numBytesRemaining > 0)
      {
         numBytesRemaining -=
         line.write(
         data,0,numBytesRemaining);
      }
   }
   catch (IOException ex)
   {
      errorDialog("Ein-/Ausgabe-Fehler: " +
```

```
                        ex + " während der Wiedergabe");
                    break;
                }
                catch (IllegalArgumentException iae)
                {
                    errorDialog("Unzulässiges Argument: "
                        + iae);
                    break;
                }
            }
            // Restlichen Inhalt des Puffers leeren
            if (playbackThread != null)
            {
                line.drain();
            }
            line.stop();
            line.close();
            line = null;
            playButton.setEnabled(true);
            pauseButton.setEnabled(false);
            stopButton.setEnabled(false);
        }
    }
    // Verbindung zw. Lied und AudioInputStream
    // erzeugen
    public void createAudioInputStream(File audioFile)
    {
        if (audioFile != null)
        {
            try
            {
                this.audioFile = audioFile;
                errStr = null;
                audioInputStream =
```

```
                AudioSystem.getAudioInputStream(
                    audioFile);
            long milliseconds =
            (long)((audioInputStream.getFrameLength()
            * 1000) /
            audioInputStream.getFormat().
            getFrameRate());
            duration = milliseconds / 1000.0;
            titleInfo.setText(audioName);
            timeInfo.setText("" + duration + "
                Sekunden");
        }
        catch (Exception ex)
        {
            errorDialog(ex.toString());
        }
    }
    else
    {
        errorDialog("Keine Audio-Datei angegeben.");
    }
}

// Fehlermeldungen anzeigen
public void errorDialog(String message)
{
    JOptionPane.showMessageDialog(this,
        message,"Audio-Information",
        JOptionPane.WARNING_MESSAGE);
    return;
}
}
```

Beschreibung von AudioPlayer.java

Bei der Beschreibung der Funktionsweise von AudioPlayer.java beschränkte ich mich auf den Playback-Thread, da hier die Hauptaufgabe der Bean »erledigt« wird. Es ist unbedingt erforderlich, die Wiedergabe der Audio-Datei in einem Thread zu realisieren, da die Bean in der Lage ist, sehr große WAV-Dateien abzuspielen: Ich habe die Bean während der Entwicklung mit WAV-Dateien von nahezu 60 Megabyte Größe getestet. Würden die Wiedergabe der Datei sowie die Behandlung der Schaltflächen innerhalb eines Threads abgearbeitet werden, so würde das Programm das Anklicken der Tasten erst nach der vollständigen Wiedergabe der Audio-Datei bearbeiten können: Bis eine Reaktion auf das Anklicken der Schaltflächen eintritt, können demnach mehrere Minuten verstreichen.

Da der Thread zur Wiedergabe einer Audio-Datei dient, habe ich den Namen Playback gewählt. Innerhalb der Thread-Klasse werden zunächst einige Objekte erzeugt:

▶ der Thread mit dem Namen playbackThread,

▶ ein Objekt von Typ SourceDataLine (line) sowie

▶ ein Objekt vom Typ AudioInputStream (playbackInputStream).

SourceDataLine ist ein Interface, das vom Package javax.sound.sampled bereitgestellt wird. Dieses Interface erweitert das Interface DataLine, das wiederum das Interface Line erweitert. Ein Line-Objekt kann sowohl als *Quelle* aber auch als *Ziel* von nahezu beliebigen Audio-Daten dienen. Hiermit ist es möglich, vollständige Mischpulte mit beliebig vielen Kanälen zu programmieren, wobei ein Line-Objekt, abhängig vom gewünschten Einsatzzweck, wie ein *Kanal* (Line = Leitung, hier spricht man aber besser von einem Kanal wie bei einem *Mehrkanal-Mischpult*) zwischen einer Quelle und einem Ziel betrachtet werden kann. Jede Leitung kann, wie in einem richtigen Mischpult auch, verschiedene Effekte in ein Audio-Signal mischen, wie z.B. *Gain* (Lautstärke bzw. Empfindlichkeit), *Hall* (Reverb) oder *Panorama* (Wechsel zwischen Links und Rechts). Die start()-Methode des Threads wird durch das Anklicken der Schaltfläche *Play* auf der Benutzeroberfläche der Bean gestartet: Sie sorgt vor allem dafür, dass der Thread erzeugt wird. Eine weitere Aufgabe der start()-Methode ist es, aus dem angegebenen Namen der Audio-Datei ein File-Objekt zu erzeugen. Mit diesen Informationen ruft sie dann automatisch die run()-Methode des Threads auf.

Zunächst wird nun die Methode createAudioInputStream() aufgerufen. Hierfür ist die Klasse AudioInputStream zuständig. Ein AudioInputStream-Objekt ist ein Eingabe-Strom für Audio-Daten, die einem bestimmten Format (z.B. wav und aif) und einer bestimmten Länge folgen.

> **HINWEIS** Es gibt eine ganze Menge verschiedener Audio-Formate. Das bekannteste übliche Format ist vermutlich MP3. WAV, AIF und AU sind weitere bekannte Audio-Formate. AudioInputStream unterstützt (derzeit) aber ausschließlich die Formate WAV und AIF.

Die Länge eines Objekts vom Typ AudioInputStream ist allerdings nicht in Bytes (obwohl intern später eine Umrechnung in Bytes erfolgt), sondern in so genannten *Frames* (Rahmen) definiert, wobei die Frames vom gewählten Audio-Format abhängen. Ein Objekt vom Typ AudioInputStream liest eine beliebige Menge von Audio-Daten ein, wobei es überwacht, welches das letzte gelesene Daten-Byte war. Auf diese Weise lässt sich die Wiedergabe zu einem beliebigen Zeitpunkt unterbrechen und an der gleichen Stelle wiederaufnehmen. Die Klasse AudioInputStream liefert Methoden, aus denen spezielle Informationen über die Gesamtlänge der entsprechenden Audio-Datei errechnet werden können: Wie dies erfolgt, sehen Sie ebenfalls in der Methode createAudioInputStream().

Zurück in der run()-Methode werden einige Versuche unternommen, Informationen über das gewonnene AudioInputStream-Objekt zu ermitteln. Hierzu zählt u.a., ob es sich bei der angegebenen Datei überhaupt um eine Audio-Datei handelt. Als Nächstes wird versucht, das

`AudioInputStream`-Objekt an seinen Anfang zurückzusetzen: Dies ist erforderlich, damit die Wiedergabe auch wirklich mit dem Anfang der Audio-Datei beginnt. Nun folgen die Erzeugung eines `AudioInputStream`-Objekts für die Wiedergabe sowie des Wiedergabe-Kanals für die gewählte Datei. Hierzu muss der `AudioInputStream` in eine `SourceDataLine` »gecastet« werden. Das Interface `SourceDataLine` stellt den Kanal dar, in den die Daten für die Wiedergabe geschrieben werden. Solange Daten aus der Quelle gelesen werden können (diese werden in einen zuvor definierten Speicherbereich `data` übertragen), werden diese nun in der folgenden Schleife in die `SourceDataLine` geschrieben. Wenn der Thread nicht ausdrücklich mit der Stopp-Taste angehalten wird, verbleibt fast immer eine unbestimmte Menge von Daten im reservierten Puffer gespeichert, da das Programm das Bestreben hat, den Puffer immer vollständig zu füllen, bevor sein Inhalt in `SourceDataLine` geschrieben wird.

> **HINWEIS**
> Das »fast immer« im letzten Satz ist wörtlich zu nehmen: Es kommt nämlich äußerst selten vor, dass die Größe des reservierten Puffers so groß ist, dass er mit der Länge der gewählten Datei vollständig gefüllt werden kann. In den allermeisten Fällen wird der letzte Versuch, Daten aus der Audio-Datei zu lesen, diesen Puffer nicht mehr vollständig füllen, sondern nur noch teilweise.

Damit die restlichen Daten aus dem Puffer ebenfalls noch abgespielt werden, wird die Methode `drain()` verwendet: Diese Methode sorgt also dafür, dass der Puffer vollständig geleert wird! Abschließend wird mit den Methoden `stop()` und `close()` die Verbindung geschlossen und der verwendete Kanal auf den Wert `null` gesetzt.

Theoretisch könnten Sie die Bean jetzt schon kompilieren und testen: Die wesentlichen Funktionen sind bereits implementiert. Wir wollen aber das bisher Gelernte umsetzen und unserer `AudioPlayer`-Bean zumindest noch Grafiken mitgeben, damit sie in einer Entwicklungsumgebung zumindest halbwegs professionell aussieht.

Die Datei AudioPlayerBeanInfo.java

Hier gehen wir auf die bereits in den letzten Beans erlernte Art und Weise vor, der Bean Icons zu »spendieren«. Besondere Erklärungen sind zu diesem Zeitpunkt noch nicht erforderlich; diese folgen weiter unten, wenn die Erweiterungen um den Eigenschaften-Editor zur Eingabe des Namens der abzuspielenden Audio-Datei(en) folgen.

```java
/****************************************************
* AudioPlayerBeanInfo.java    1.0    06. Juli 2002
* Autor: Ralf Jesse, Das bhv Einsteigerseminar
* JavaBeans

****************************************************/
import java.beans.*;
public class AudioPlayerBeanInfo extends
        SimpleBeanInfo
{
   // Name der Bean-Klasse angeben
   private final static Class beanClass =
      AudioPlayer.class;
   // Icons laden
   public java.awt.Image getIcon(int iconKind)
   {
      if (iconKind == BeanInfo.ICON_COLOR_16x16)
      {
         java.awt.Image img =
            loadImage(
               "images/AudioPlayerIconColor16.gif");
         return img;
      }
      if (iconKind == BeanInfo.ICON_COLOR_32x32)
      {
         java.awt.Image img =
            loadImage(
```

```java
                "images/AudioPlayerIconColor32.gif");
            return img;
        }
        if (iconKind == BeanInfo.ICON_MONO_16x16)
        {
            java.awt.Image img =
                loadImage(
                "images/AudioPlayerIconMono16.gif");
            return img;
        }
        if (iconKind == BeanInfo.ICON_MONO_32x32)
        {
            java.awt.Image img =
                loadImage(
                "images/AudioPlayerIconMono32.gif");
            return img;
        }
        return null;
    }
    public PropertyDescriptor[]
        getPropertyDescriptors()
    {
        try
        {
            PropertyDescriptor audioName =
                new PropertyDescriptor("audioName",
                beanClass);
                audioName.setHidden(false);
            PropertyDescriptor rv[] = { audioName };
            return rv;
        }
        catch (IntrospectionException e)
        {
            throw new Error(e.toString());
```

                }
            }
        }

Nun sind wir aber wirklich so weit, dass wir die Bean testen können. Kompilieren Sie hierzu die beiden Dateien AudioPlayer.java und AudioPlayerBeanInfo.java. Natürlich benötigen Sie auch noch die Manifest-Datei AudioPlayer.mf, die aber nur die beiden folgenden Zeilen enthält:

```
Name: AudioPlayer.class
Java-Bean: True
```

> **HINWEIS** Auf der Verlags-Homepage zu diesem Buch finden Sie zwei Archive zu diesem Kapitel. Die Quelltexte, Klassendateien, Images sowie die Archiv-Datei und die Dokumentation finden Sie im Archiv AudioPlayer1.jar. Das zweite Archiv, AudioPlayer2.jar, enthält die vollständige Bean mit dem besonderen Eigenschaften-Editor. Ich empfehle Ihnen aber, schrittweise vorzugehen und mit dem ersten Archiv zu beginnen, da Sie auf diese Weise den »Werdegang« der AudioPlayer-Bean besser verfolgen können.

In Abbildung 10.1 sehen Sie zunächst die Benutzeroberfläche unserer neuen Bean:

Abb. 10.1: Benutzeroberfläche der AudioPlayer-Bean

Sie können erkennen, dass die Oberfläche neben den drei Schaltflächen zur Bedienung der Bean noch zwei zusätzliche Zeilen enthält, die später, wenn ein Lied zum Abspielen ausgewählt wurde, Informationen zu

diesem Lied anzeigen. Abbildung 10.2 zeigt das Icon, das nach dem
Laden der Bean in BeanBuilder angezeigt wird:

Abb. 10.2: Dieses Icon wird von AudioPlayer verwendet

In Abbildung 10.3 wird der zu diesem Zeitpunkt noch standardmäßig
vorhandene Eigenschaften-Editor, der vom BeanBuilder für String-
Objekte zur Verfügung gestellt wird, angezeigt:

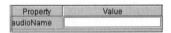

Abb. 10.3: Standard-Eigenschaften-Editor von BeanBuilder für String-Objekte

Wenn Sie in das Eingabefeld den Namen der Audio-Datei eingeben und
anschließend die *Play*-Schaltfläche der Bean anklicken (vorausgesetzt
natürlich, dass die Audio-Datei auch wirklich existiert und Ihnen kein
Tipp-Fehler unterlaufen ist), so zeigt Ihnen die Bean Informationen
zum gewählten Lied an:

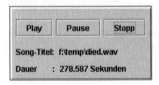

Abb. 10.4: Anzeige der Bean bei geladenem Lied

> **HINWEIS** Die Schaltflächen werden je nach Status der Bean abwechselnd aktiv oder inaktiv angezeigt. So wird die Play-Schaltfläche z.B. deaktiviert, wenn Sie die Wiedergabe gestartet haben; dann machen nur noch die *Pause*- bzw. *Stopp*-Taste Sinn.

Erweiterung der AudioPlayer-Bean

Wir wollen uns nun daran begeben, die Auswahl eines Lieds durch einen Datei-Auswahldialog durchzuführen. Hierzu wird der Standard-Eigenschaften-Editor, den BeanBuilder für die Eingabe von `String`-Objekten zur Verfügung stellt, durch ein `JFileChooser`-Objekt ersetzt. Insgesamt werden für die geplante Erweiterung zwei zusätzliche Klasse erforderlich; damit die Erweiterung der Bean auch bekannt gemacht wird, ist darüber hinaus eine Modifikation der Datei `AudioPlayerBean-Info.java` erforderlich. Wir beginnen zunächst mit dem neuen Eigenschaften-Editor.

Die Datei AudioPlayerEditor.java

Wie bereits erwähnt, verwendet BeanBuilder (wie die meisten anderen grafischen Entwicklungsumgebungen für Java-Programme auch) ein Objekt vom Typ `JTextField` für die Eingabe von `String`-Objekten. Dies reicht in den allermeisten Fällen auch völlig aus; da es sich aber bei den Liedern, die unsere `AudioPlayer`-Bean abspielen soll, um Dateien handelt, wollen wir statt des `JTextField`-Objekts einen `JFileChooser` verwenden. Schauen Sie sich hierzu das folgende Listing an:

```
/***************************************************
* AudioPlayerEditor.java   1.0    06. Juli 2002
* Autor: Ralf Jesse. Das bhv Einsteigerseminar
* JavaBeans
***************************************************/
import java.awt.*;
import java.awt.event.*;
import java.io.*;
import javax.swing.*;
// Definition der Klasse für den AudioPlayer-Editor
public class AudioPlayerEditor extends
    AudioPlayerEditorPanel implements ActionListener
{
```

```java
private JFileChooser audioFileChooser;
private JButton fileChooserButton =
   new JButton("...");
private String  name;
// Konstruktor für AudioPlayerEditor.java
public AudioPlayerEditor()
{
   panel = new JPanel();
   panel.setLayout(new BoxLayout(panel,
       BoxLayout.X_AXIS));
   fileChooserButton.addActionListener(this);
   panel.add(fileChooserButton);
}
// Action-Handler für die Schaltfläche
public void actionPerformed(ActionEvent ae)
{
   Object source = ae.getSource();
   if (source == fileChooserButton)
   {
      audioFileChooser = new JFileChooser();
      audioFileChooser.setCurrentDirectory(
         new File("."));
      audioFileChooser.setFileFilter(
         new javax.swing.filechooser.FileFilter()
      {
         public boolean accept(File f)
         {
            name = f.getName();
            return name.endsWith(".wav") ||
                name.endsWith(".aif") ||
                name.endsWith(".WAV") ||
                name.endsWith(".AIF") ||
                f.isDirectory();
         }
```

```
            public String getDescription()
            {
                return "Audio-Dateien (*.wav, *.aif)";
            }
        });
        audioFileChooser.showDialog(
            panel.getParent(),
            "Auswahl der Audio-Datei");
        // setAsText() zur Übernahme der gewählten
        // Datei in die Bean
        setAsText(audioFileChooser.
                    getSelectedFile().getPath());
        }
    }
}
```

Dieses Listing bedarf keiner besonderen Erklärung, da es sich hierbei um Grundlagen der Swing-Programmierung handelt. Letztendlich handelt es sich nur um ein `JPanel`-Objekt, dem ein `JButton`- und ein `JFileChooser`-Objekt zugewiesen werden. Durch Anklicken der Schaltfläche wird der `JFileChooser` erzeugt und angezeigt. Das einzig Besondere in diesem Listing ist die Methode `setAsText()`, die im Interface `PropertyEditor` definiert ist. Diese Methode dient dazu, den neuen Wert der Eigenschaft in die Bean zu übernehmen. Das Pendant dieser Methode, `getAsText()`, wird in unserem Beispiel nicht benötigt: Sie dient dazu, einen möglicherweise vorher definierten Wert dieser Eigenschaft als Anfangswert in den Eigenschaften-Editor zu übernehmen.

Exkurs in das Interface PropertyEditor

Das Interface `PropertyEditor` enthält noch einige weitere Methoden, die in unserer Bean zwar nicht verwendet werden, die aber in anderen Beans von Bedeutung sein können. Immer, wenn Sie z.B. einen Eigenschaften-Editor erstellen müssen, der nicht aus Text-Elementen oder fertigen Swing-Komponenten, wie z.B. `JTextField`, `JFileChooser` usw.

zusammengesetzt werden kann, müssen Sie die Eigenschaften-Editoren durch »Zeichnen« konstruieren: Hierzu wird die Methode paintValue() verwendet. Wenn Sie Werte zeichnen müssen, muss die Methode isPaintable() den Wert true zurückliefern! Interessant für die Auswahl von vordefinierten Werten einer String-Eigenschaft ist noch die Methode getTags(). Wenn Sie nur die Auswahl vordefinierter Werte zulassen wollen, können Sie diese in einem String-Array vorgeben. Die Methode getTags() liefert dieses Array dann an die Bean zurück. Der Inhalt dieses Arrays wird dann im Property-Sheet der Entwicklungsumgebung automatisch in Form einer Drop-Down-Liste angezeigt. Im einfachsten Fall sieht dies dann folgendermaßen aus:

```
...
private String[] optionen = {"Lied 1", "Lied 2", ...,
   "Lied n"};
public String[] getTags() { return optionen; }
...
```

Das Property-Sheet würde bei dieser Vorgehensweise das Namensfeld wie in Abbildung 10.5 gezeigt darstellen:

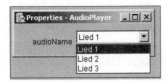

Abb. 10.5: Anwendung der Methode getTags()

Standardmäßig liefert die Methode getTags() den Wert null zurück; ist der Rückgabewert aber von null verschieden, so wird automatisch aus dem JTextField ein Auswahlfeld erzeugt.

>
> Wenn Sie diese Methode statt des folgenden Eigenschaften-Editors einsetzen, könnte die Bean wie eine Musik-Juke-Box verwendet werden!

Mit dieser Bemerkung wollen wir den kleinen Exkurs beenden und mit der Realisierung des Eigenschaften-Editors in Form eines `JFileChooser`-Objekts fortfahren.

Die Datei AudioPlayerEditorPanel.java

Eigenschaften-Editoren müssen die Klasse `PropertyEditorSupport` erweitern und abhängig davon, ob Eigenschaften in Textform vorliegen oder gezeichnet werden müssen, Methoden dieser Klasse überschreiben. Bei diesen Methoden handelt es sich um die bereits erwähnten Methoden `getAsText()`, `setAsText()`, `paintValue()` usw. `PropertyEditorSupport` wird in anderer Literatur als *Komfortklasse* bezeichnet. Komfortklassen dienen dazu, für die Methoden von Interfaces so genannte *Stubs* (Stummel) zu liefern, sodass Java-Programmierer nur noch die Methoden überschreiben müssen, die für sie von Bedeutung sind, während bei der Verwendung von Interfaces bekanntlich alle Methoden überschrieben werden müssen.

> **HINWEIS** Stubs sind im Prinzip nichts anderes als leere Methoden, d.h. es werden die Methoden, die im Interface definiert sind, in der Komfortklasse mit der Zeichenfolge {} überschrieben: Sie enthalten also keine Funktionalität!

Da Java aber keine mehrfache Vererbung zulässt (höchstens auf indirektem Weg über den Einsatz von Interfaces), muss man bei der Verwendung von Komfortklassen eine weitere Klasse programmieren, die diese Komfortklasse erweitert. Aus diesem Grund müssen wir also noch die Klasse `AudioPlayerEditorPanel.java` programmieren, die die Komfortklasse `PropertyEditorSupport` erweitert:

```
/*************************************************
* AudioPlayerEditor.java   1.0   06. Juli 2002
* Autor: Ralf Jesse, Das bhv Einsteigerseminar
* JavaBeans
*************************************************/
import java.awt.*;
```

```java
import java.beans.*;
import javax.swing.*;
// Superklasse für AudioPlayerEditor.java
public class AudioPlayerEditorPanel extends
        PropertyEditorSupport
{
   // Abmessungen für die Editor-Komponenten
   protected JPanel panel;
   protected static final Dimension
      LARGE_DIMENSION = new Dimension(150,20);
   protected static final Dimension
      MEDIUM_DIMENSION = new Dimension(120,20);
   protected static final Dimension
      SMALL_DIMENSION = new Dimension(50,20);
   protected static final Insets
      BUTTON_MARGIN    = new Insets(0,0,0,0);
   // Liefert das Panel des eigenen Editors zurück
   public Component getCustomEditor()
   {
      return panel;
   }
   // Muss true liefern. Zeigt an, dass ein eigener
   // Eigenschaften-Editor unterstützt wird.
   public boolean supportsCustomEditor()
   {
      return true;
   }
   // Anordnung der Komponenten
   protected final void setAlignment(JComponent c)
   {
      c.setAlignmentX(Component.CENTER_ALIGNMENT);
      c.setAlignmentY(Component.CENTER_ALIGNMENT);
   }
}
```

Wenn Sie die beiden neu erstellten Dateien ebenfalls kompilieren und mit den Dateien AudioPlayer.class und AudioPlayerBeanInfo.class in das gleiche Archiv packen, so sind Sie mit der Entwicklung dieser Bean fertig: Sie können diese nun problemlos im BeanBuilder testen. Wenn Sie die Bean laden, wird Ihnen zunächst kein besonderer Unterschied auffallen: Der einzige Unterschied, den Sie bemerken, ist, dass statt des Textfeldes im Property-Sheet nur noch eine Schaltfläche erscheint (siehe Abbildung 10.6):

Abb. 10.6: Die AudioPlayer-Bean mit Schaltfläche statt Textfeld

Wenn Sie nun aber die Schaltfläche anklicken, öffnet sich der Dialog zur Auswahl der Audio-Datei (siehe Abbildung 10.7):

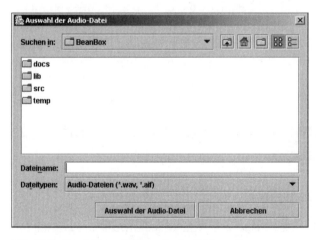

Abb. 10.7: Datei-Auswahldialog der AudioPlayer-Bean

In Abbildung 10.8 erkennen Sie, dass tatsächlich nur *.WAV- bzw. *.AIF-Dateien zur Auswahl zugelassen sind:

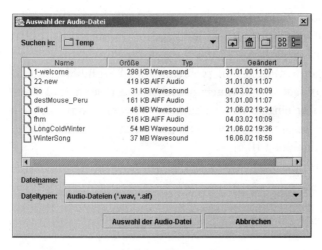

Abb. 10.8: Auswahldialog für *.WAV- und *.AIF-Dateien

Sie können nun, ähnlich wie mit dem bekannten Programm *RealPlayer* Ihre persönlichen Favoriten abspielen lassen. Wie ich bereits erwähnt habe, habe ich während der Testphase dieser Bean problemlos 60 Megabyte große Audio-Dateien abgespielt. Und da das Abspielen dieser Dateien in einem eigenen Thread abläuft, können Sie parallel ohne spürbare Einschränkung mit Ihrem Computer weitere Beans entwickeln!

10.3 Zusammenfassung, Fragen und Übungen

Zusammenfassung

▶ Am Beispiel einer AudioPlayer-Bean haben wir in diesem Kapitel gelernt, von Entwicklungsumgebungen standardmäßig verwendete Eigenschaften-Editoren durch eigene zu ersetzen.

Zusammenfassung

▶ Hierzu sind wir in zwei Stufen vorgegangen: Die erste Stufe stellte die Entwicklung der eigentlichen Bean sowie der erforderlichen Tests dar. Hier wurde insbesondere der Eigenschaften-Editor für Texteingaben, der BeanBuilder verwendet, untersucht. Die nächste Stufe befasste sich dann mit der Entwicklung eines neuen Eigenschaften-Editors, der als ein Objekt vom Typ JFileChooser realisiert wurde.

▶ Wir haben die Klassen, Interfaces und Methoden für die Entwicklung von Eigenschaften-Editoren kennen gelernt.

▶ In einem kleinen Exkurs haben wir die AudioPlayer-Bean als eine Art Juke-Box erzeugt, indem der Standard-Eigenschaften-Editor von BeanBuilder als Auswahlliste programmiert wurde.

▶ Um die Funktionalität der AudioPlayer-Bean zu erreichen, haben wir uns darüber hinaus intensiv mit dem Package javax.sound.sampled, das mit dem SDK 1.3 eingeführt wurde, auseinandergesetzt.

Fragen und Übungen

1. Was versteht man allgemein unter dem Begriff »Customization«?
2. Für welche Datentypen stellen grafische Entwicklungsumgebungen immer Eigenschaften-Editoren bereit?
3. Wie heißt das Interface, das die Basis-Methoden von Eigenschaften-Editoren liefert und in welchem Package ist es definiert?
4. Was versteht man unter einer Komfortklasse?
5. Wie heißt die Komfortklasse zum Interface PropertyEditor?

Fragen und Übungen

6. Wie teilen Sie einer Entwicklungsumgebung mit, dass Sie einen selbst-definierten Eigenschaften-Editor anstelle des Standard-Editors verwenden wollen und wie heißt die Methode, die Sie hierfür benötigen?

7. In welcher Datei müssen selbst-definierte Eigenschaften-Editoren registriert werden, damit Sie von der Entwicklungsumgebung verwendet werden?

8. Mit welcher Methode weisen Sie die Entwicklungsumgebung an, den neuen Wert einer Eigenschaft in das Property-Sheet zu übernehmen?

9. Ist die Entwicklung von Eigenschaften-Editoren auf Standard-Objekte von Java beschränkt oder gibt es weitere Möglichkeiten, Eigenschaften-Editoren zu erstellen?

10. Mit welcher Methode kann ein Eigenschaften-Editor erstellt werden, der ein Textfeld durch eine Auswahlliste in Form einer Drop-Down-Liste erzeugt?

Lösungen

JavaBeans

Lösungen

Kapitel 1

1. RAD ist die Abkürzung für *Rapid Application Development*.

2. Die Definition von JavaBeans lautet »Write once – run anywhere – reuse everywhere« oder »JavaBeans sind plattformunabhängige Komponenten, die nur einmal entwickelt werden müssen und immer wieder verwendet werden können«. Achtung: Bei der Anbindung ActiveX büßen Sie den Vorteil der Plattformunabhängigkeit von Java ein!

3. Unter dem Begriff »Persistence« versteht man die Fähigkeit von Komponenten, Einstellungen abzuspeichern und wieder abzurufen. Erreicht wird dies durch die so genannte Objektserialisierung.

4. Die einfachste Möglichkeit besteht darin, das Schlüsselwort `synchronized` zu verwenden.

5. Durch die Verwendung von `synchronized` erreicht man, dass andere Threads, die mit den Ergebnissen einer Bean arbeiten, so lange warten, bis die Bean-Aktion abgeschlossen ist.

6. Container können JavaBeans, die ja Komponenten sind, enthalten. JavaBeans (Komponenten) können niemals Container enthalten.

7. Hierbei handelt es sich um RMI, CORBA und DCOM. Bei DCOM gilt das bezüglich der Plattformunabhängigkeit Gesagte von Antwort 2.

Kapitel 2

1. BeanBuilder setzt die neuesten Technologien des SDK bis einschließlich Version 1.4 ein. Dies ermöglicht die Entwicklung wesentlich »ausgefeilterer« und modernerer JavaBeans.

2. Beziehungen zwischen den einzelnen Bean-Bestandteilen werden im XML-Format gespeichert und lassen sich zu einem späteren Zeitpunkt wieder laden. Früher bereits durchgeführte Arbeiten gehen auf diese Weise nicht verloren.

3. Nein. Dies würde aber keinen Sinn machen! Wenn Arbeiten nicht verloren gehen sollen und daher gesichert werden, so erfolgt dies immer mit dem Gedanken an eine dauerhafte Daten-Sicherung.

4. Das Dynamic Proxy API erzeugt während der Ausführung von Programmen eine Liste mit Interfaces für Ereignis-Adapter. Ein Re-Kompilieren der Klassen ist wegen der dynamischen Erzeugung der Listen nicht erforderlich (und auch gar nicht möglich).

5. Eigenschaften-Editoren stellen eine Möglichkeit dar, die Werte von Eigenschaften der Beans in Entwicklungswerkzeugen, wie z.B. JBuilder von Borland, zu verändern. BeanBuilder stellt bereits von Haus aus Eigenschaften-Editoren für Standard-Komponenten bereit.

6. `SpringLayout` bewirkt eine dynamische Anpassung der Abmessungen von Komponenten. Wenn aus irgendeinem Grund beispielsweise die Schriftgröße einer Beschriftung geändert werden muss, passen sich die Abmessungen der Komponenten automatisch an. Ein manuelles Anpassen der Abmessungen ist nicht erforderlich.

7. Die Umgebungsvariable `CLASSPATH` teilt dem Compiler mit, an welcher Stelle im Dateisystem sich die zu kompilierenden Klassen befinden.

Kapitel 3

1. Man unterscheidet einfache, indizierte, gebundene und bedingte Eigenschaften.

2. Nein, unter keinen Umständen. Sie müssen immer `private` sein.

3. Eigenschaften müssen innerhalb der Bean-Klasse gekapselt sein: Sie dürfen gar nicht direkt modifiziert werden! Es darf nur mit den Getter- und Setter-Methoden auf die Eigenschaften zugegriffen werden.

4. Methoden zur Bestimmung bzw. zur Veränderung des Wertes von Eigenschaften bezeichnet man als Getter- und Setter-Methoden.

5. Die Methode muss der Form `public <Datentyp> get<Name-der-Eigenschaft>(int index);` entsprechen.

6. Hier lautet die Form `public void set<Name-der-Eigenschaft>(int index, <Datentyp><Name-der-Eigenschaft>);`.

7. Bevor der Wert einer bedingten Eigenschaft geändert wird, prüft das Programm, ob die Änderung zulässig ist. Ist die Änderung zulässig, so wird sie auch ausgeführt. Ist die Änderung nicht zulässig, so erhebt das Programm Einspruch gegen die Änderung und der ursprüngliche Wert wird wieder hergestellt.

8. Sie muss eine Exception vom Typ `PropertyVetoException` »werfen«.

9. Der Vorgang der Introspection ist ein automatisierter Vorgang zur Ermittlung öffentlicher Eigenschaften, Methoden und Ereignissen. Hierzu sucht er nach öffentlichen Getter- und Setter-Methoden, die den Namenskonventionen entsprechen.

10. Beans, die Multicast-Ereignisse behandeln können, können mit mehreren Ereignissen verbunden werden. Dies entspricht dem Standardverhalten von Beans. Bei Unicast-Ereignissen ist dagegen immer nur ein Ereignis registrierbar.

11. Bei der Registrierung von Ereignissen mit der `add<Listener-Typ>`-Methode muss der Zusatz `throws TooManyListeners` angehängt werden.

12. Nein, die Ausnahmen bilden z.B. Eigennamen. Wenn die ersten beiden Buchstaben eines Bezeichners Großbuchstaben sind, werden die folgenden Buchstaben ebenfalls groß geschrieben.

Kapitel 4

1. Das Interface `Serializable` muss immer in JavaBeans importiert werden! Es zeigt dem Compiler, dass der Zustand jeder Klasse, die

dieses Interface importiert (also nicht nur Beans!), gespeichert und wieder hergestellt werden kann.

2. Die paint()-Methode erzeugt und aktualisiert die Programm-Ausgaben auf dem Bildschirm.

3. Der Aufruf von paint() wird vom Betriebssystem gesteuert. Auslöser ist ein Ereignis, das dem Betriebssystem mitteilt, dass ein Neuzeichnen erforderlich ist. Wie bei allen Ereignissen ist nicht genau vorhersagbar, wann das Ereignis bearbeitet wird. Die Methode paint() wird niemals direkt aus dem Programm aufgerufen.

4. Es muss ein Ereignis ausgelöst werden, das dem Betriebssystem mitteilt, dass das Neuzeichnen der Ausgabe erforderlich ist. Dies kann z.B. durch das Ändern der Farben, der Abmessungen oder einfach nur durch Verschieben von Ausgabebereichen erforderlich werden. Eine Möglichkeit, ein solches Ereignis auszulösen, ist der Einsatz der Methode repaint(). Diese Methode teilt dem Betriebssystem mit, dass eine Änderung der Grafikausgabe erforderlich ist. Das Betriebssystem sorgt dann zu einem unbestimmten Zeitpunkt dafür, dass die paint()-Methode automatisch ausgeführt wird.

5. Die Palette wird (standardmäßig) um den Eintrag User erweitert.

6. Der Grund für die Anzeige weiterer Eigenschaften, die durch unsere Bean zur Verfügung gestellt werden, ist der dass die Bean-Klasse ColoredRectBean von anderen Klassen abgeleitet ist. Diese besitzen weitere Eigenschaften, die zusätzlich in BeanBuilder angezeigt werden.

Kapitel 5

1. Bei dem verwendeten Komprimierungs-Algorithmus handelt es sich um den PKZIP-Algorithmus.

2. Die Reduzierung der Gesamtgröße ist ein willkommener Seiteneffekt. Der Hauptgrund für den Einsatz von Java-Archiven liegt aber darin, dass sämtliche Dateien eines Archivs z.B. beim Laden eines Applets aus dem Internet in einem einzigen Schritt geladen werden.

3. Ja. Java-Archive können beispielsweise auch Audio- und Grafikdateien enthalten. Es besteht sogar die Möglichkeit, sie digital zu signieren.

4. Die Option c bewirkt, dass ein Archiv erzeugt (create) wird. f dient zur Umlenkung der Ausgabe in eine Datei.

5. Manifest-Dateien beschreiben die Funktionen und den Inhalt von Java-Archiven.

6. Die Übernahme einer eigenen Manifest-Datei ohne Erzeugen der Standard-Manifest-Datei wird durch den Einsatz der Option m erreicht.

7. javadoc erleichtert die Erstellung der Dokumentation von Klassen, Interfaces usw. erheblich, da die angegebenen Dateien automatisch nach Methoden, Feldern, Kommentaren usw. durchsucht werden.

8. Standardmäßig wird die Dokumentation im HTML-Format erzeugt.

Kapitel 6

1. SimpleBeanInfo implementiert das Interface BeanInfo und erweitert dieses um die Methode loadImage().

2. Um den Namenskonventionen zu genügen, muss an den Namen der Bean-Klasse der Zusatz BeanInfo angehängt werden. Die Infos zu einer beliebigen BeanKlasse muss entsprechend BeanKlasseBeanInfo heißen.

3. Bei den drei geerbten Eigenschaften handelt es sich um foreground, background und text.

4. Die Methode contains() prüft, ob sich die Maus innerhalb des durch die Shape-Instanz form vorgegebenen Bereichs der geometrischen Figur befindet. Wenn dies so ist, wird der Wert true zurückgegeben, befindet sich die Maus nicht innerhalb von form, so wird der Wert false zurückgegeben.

5. Die Klasse Shape beschreibt eine geometrische Figur. Mit dieser Klasse lassen sich praktisch beliebige geometrische Formen beschreiben.

6. Für jede Eigenschaft muss genau eine eigenständige Instanz der Klasse `PropertyDescriptor` erzeugt werden.

7. Die Basisklasse aller Descriptor-Klassen heißt `FeatureDescriptor`.

8. Die Methode `setHidden()` aus der Klasse `FeatureDescriptor` dient zum »Freischalten« bzw. zum Sperren von Bean-Eigenschaften. Hiermit wird direkt beschrieben, ob das gewünschte Feature der Bean für den Anwender sichtbar ist oder nicht.

9. Der dritte Konstruktor von `PropertyDescriptor` muss immer dann eingesetzt werden, wenn die Namen der Getter- und Setter-Methoden nicht den Namenskonventionen für JavaBeans entsprechen.

10. Die Rückgabe der Eigenschaften, die der Anwender sehen darf, werden in Form eines Arrays von Objekten der Klasse `PropertyDescriptor` zurückgegeben.

Kapitel 7

1. Die drei Bestandteile sind Ereignis-Quelle, Ereignis-Objekt und Ereignis-Listener.

2. Durch Ereignisse will die Ereignis-Quelle registrierten Ereignis-Listenern Änderungen über ihren Zustand mitteilen.

3. Genau genommen sind es zwei Vorteile: Der erste Vorteil ist, dass Ereignisse je nach Typ gekapselt und somit von anderen Ereignistypen sauber getrennt sind. Der zweite Vorteil ist, dass Erweiterungen leichter möglich sind (auch aufgrund der Kapselung).

4. Unicast-Quellen erlauben zu einem Zeitpunkt nur den Zugriff eines einzigen Listeners. Multicast-Objekte können dagegen mehrere Listener gleichzeitig bedienen. Die Verwendung von Multicast-Objekten wird dringend empfohlen. Grundsätzlich sind alle Java-Komponenten Multicast-fähig.

5. Es ist durchaus zulässig, dass Ereignis-Listener Exceptions »werfen«. Dabei ist aber darauf zu achten, dass es sich um so genannte *checked exceptions* (prüfbare bzw. geprüfte Ausnahmen) handelt.

6. Unchecked Exceptions, wie z.B. die Division durch Null, sollten unbedingt vermieden werden und direkt innerhalb der Listener-Methode als Fehler behandelt werden. Wenn eine Listener-Methode beispielsweise eine Division durchführen muss, so ist es dort problemlos möglich, den Divisor auf den Wert Null zu testen und entsprechende Gegenmaßnahmen einzuleiten!

7. Deadlocks treten beispielsweise auf, wenn sich zwei miteinander kommunizierende Komponenten unsynchronisiert gegenseitig aufrufen. Wenn Komponente A ein Ereignis an Komponente B übermittelt, während Komponente B eine Methode von A aufruft, so handelt es sich um eine unsynchronisierte Kommunikation, die zu einem Deadlock führen kann.

8. Deadlocks können durch die Anwendung des Modifizierers `synchronized` vermieden werden.

9. Nicht alle Informationen zu einer Bean müssen zwingend gespeichert werden. Dies gilt insbesondere für Ereignisse. Durch den Einsatz des Schlüsselwortes `transient` wird das Abspeichern dieser Informationen verhindert.

10. Unter Serialisierung versteht man das Speichern und Wiederherstellen von Informationen.

Kapitel 8

1. Wir verwenden `Timer` aus dem Paket `javax.swing`, weil dieser in besonderem Maße für den Einsatz in grafischen Oberflächen geeignet ist. Seine wesentliche Eigenschaft ist, dass er sich einen gemeinsamen Thread mit anderen grafischen Aktionen, wie z.B. dem Blinken des Cursors, teilt. Aufwendige Sonderbehandlungen anderer Threads entfallen hierdurch!

2. Nein. Mit dem Erzeugen eines neuen `Timer`-Objekts wird dieses nur definiert. Es muss explizit durch seine `start()`-Methode gestartet werden.

3. Das `Toolkit` bzw. `DefaultToolkit` bezieht sich auf das AWT und hiervon abgeleitete Klassen. Da Java plattformunabhängig ist, die verschiedenen grafischen Betriebssysteme, auf denen Java-Programme ausgeführt werden können, aber unterschiedlich realisiert sind, muss eine gemeinsame Schnittstelle vorhanden sein, die sämtliche Grafik-Funktionen einheitlich behandelt. Erst im Anschluss hieran werden diese Funktionen auf das jeweilige Betriebssystem angepasst. Das `DefaultToolkit` beschreibt demnach die besonderen Grafik-Funktionen des jeweiligen Betriebssystems.

4. Bei den Ressourcen, die ein Programm verwenden kann, handelt es sich um Grafiken oder Audio-Daten. Möglicherweise unterstützt Java zu einem späteren Zeitpunkt auch noch die Wiedergabe von Video-Daten.

5. Die Methode zum Lesen einer Grafik-Ressource aus einem Archiv lautet `Toolkit.getDefaultToolkit().getImage(getClass().getResource(String name))`.

6. Der Hauptvorteil von `make` gegenüber Batch-Dateien ist die automatische Erkennung, welche der Dateien, die für ein komplettes Projekt benötigt werden, sich geändert haben, während Batch-Dateien alle Dateien neu bearbeiten. Nur diese Dateien werden, z.B. in einer Compiler-Sprache wie Java, neu kompiliert; alle nicht geänderten Dateien bleiben unberührt. Hierdurch wird der Entwicklungsprozess großer Projekte deutlich beschleunigt.

Kapitel 9

1. Gebundene Eigenschaften sind mit anderen Komponenten verbunden und teilen den registrierten Listenern mit, dass sich ihr Wert geändert hat. Eingeschränkte Eigenschaften bieten darüber hinaus den registrierten Listenern die Möglichkeit, die Änderungen zurückzuweisen.

2. An Veto-Eigenschaften interessierte Listener lassen sich durch die Methoden `addVetoableChangeListener()` registrieren und durch `removeVetoableChangeListener()` de-registrieren.

3. Eine Liste für interessierte Listener für eingeschränkte Eigenschaften wird durch eine Instanz der Klasse `VetoableChangeSupport` in der Form `private VetoableChangeSupport vetos = new VetoableChangeSupport(this);` erzeugt.

4. Die Änderung des Wertes einer eingeschränkten Eigenschaft darf erst vollzogen werden, wenn die Methoden `vetoableChange()` der registrierten Listener dies zulassen, also kein Veto einlegen.

5. Wenn ein registrierter Listener Einspruch gegen eine Änderung erhebt, so muss er eine `PropertyVetoException` »werfen«.

6. Der Name dieser Methode lautet `vetoableChange()`. Sie erfordert ein Ereignis vom Typ `PropertyChangeEvent`.

7. Die entsprechende Methode heißt `getPropertyName()`. Sie ist Bestandteil der Klasse `EventObject`, die im Paket `java.util` definiert ist.

8. Diese Klassen werden allgemein als Wrapper-Klassen bezeichnet. Diese Bezeichnung stammt von der Vokabel »wrap«, die soviel wie einhüllen, einwickeln bzw. verpacken bedeutet. Diese Klassen »verpacken« einen einfachen Datentyp so, dass er wie eine Instanz der Klasse `Object` erscheint. Für jeden einfachen Datentyp existiert eine entsprechende Wrapper-Klasse. Für den Datentyp `int` heißt diese Klasse `Integer`.

Kapitel 10

1. Customization ist der Oberbegriff für die Anpassung von Hard- und Software an kundenspezifische Anforderungen.

2. Eigenschaften-Editoren werden immer für die einfachen Datentypen, wie z.B. `boolean`, `int` usw. bereitgestellt. Aber auch komplexere Objekte, wie z.B. `Color`- oder `String`-Objekte werden unterstützt.

3. Das Interface hat den Namen `PropertyEditor`. Es ist Bestandteil des Packages `java.beans`.

4. Komfortklassen überschreiben die Methoden eines Interfaces mit Funktionsrümpfen (so genannte Stubs), sodass Sie als Programmierer nur noch die wirklich benötigten Methoden überschreiben müssen.

5. Die Komfortklasse für das Interface `PropertyEditor` heißt `PropertyEditorSupport`.

6. Ein selbstgeschriebener Eigenschaften-Editor muss ausdrücklich registriert werden. Dies erfolgt durch den Einsatz der Methode `registerEditor()`. Diese Methode benötigt Angaben über den zu ersetzenden Datentyp (Angabe der Klasse) sowie den Klassennamen des neuen Eigenschaften-Editors.

7. Die Registrierung erfolgt in der `BeanInfo`-Datei zur Bean-Klasse.

8. Die entsprechende Methode heißt `setAsText()`, wenn der neue Wert als Text dargestellt wird. Ist dies nicht möglich, lässt sich der neue Wert also nicht als Text darstellen, so muss der Wert als Objekt übergeben werden. In diesem Fall setzen Sie die Methode `setValue()` ein.

9. Es gibt keine Beschränkungen. Werden für den neuen Eigenschaften-Editor aber besondere Elemente benötigt, die nicht aus Standardkomponenten bestehen, so müssen diese »gezeichnet« werden. Dann muss die Methode `paintValue()` überschrieben werden. In diesem Fall muss zusätzlich die Methode `isPaintable()` den Wert `true` zurückliefern.

10. Hierfür muss die Methode `getTags()` überschrieben werden, die ein Array von `String`-Objekten zurückliefert.

A Anhang

JavaBeans

Anhang

In diesem Anhang finden Sie einige interessante Internet-Adressen, unter denen Sie weitere Informationen zu JavaBeans finden. Von besonderer Bedeutung sind hierbei natürlich die entsprechenden Adressen von Sun Microsystems Inc., aber auch die Web-Seite von Java-World bietet vielfältige Informationen zu diesem Thema. Anschließend finden Sie noch eine kurze Beschreibung des Packages java.beans.

Nützliche Internet-Adressen

Unter dem folgenden Link finden Sie das Tutorial zum BeanBuilder. Es wurde von Mark Davidson geschrieben, dessen Name auch in den Beispielen, die Sun zur Verfügung stellt, immer wieder als Autor auftaucht:

http://java.sun.com/products/javabeans/beanbuilder/1.0/docs/guide/tutorial.html

In der so genannten *Swing Connection*, einem Teil der *Java Developer Connection (JDC)*, der man kostenlos als Mitglied beitreten kann, um dann regelmäßig mit den aktuellsten Informationen sowie mit der Berechtigung zum Download so genannter *Early Access* Beta-Versionen neuer APIs und Hilfsprogrammen versorgt zu werden, wurden ebenfalls interessante Aufsätze zum Thema JavaBeans veröffentlicht:

http://java.sun.com/products/jfc/tsc/articles/persistence/index.html

Unter der folgenden Adresse finden Sie Informationen zum aktuellen Stand des BeanBuilder, aber auch das ältere Tool *Bean Development Kit*.

http://java.sun.com/products/javabeans/software/

Wenn Sie die folgende Adresse aufrufen, finden Sie weitere Dokumentationen zu JavaBeans, insbesondere die Spezifikation, die Sie reichlich verwenden sollten:

http://java.sun.com/products/javabeans/docs/

Und unter der folgenden Adresse finden Sie sehr viele Informationen, die alle Themen rund um Java (auch Beans) behandeln:

http://www.javaworld.com/

Und nochmals der Hinweis auf die Verlags-Homepage, auf der Sie die Beispiele dieses Buches zum Download finden:

http://www.bhv-buch.de.

 HINWEIS Für die Aktualität der genannten Internet-Adressen kann nicht garantiert werden!

Das Package java.beans

Anders, als es der Name andeutet, ist dieses Package nicht zwingend erforderlich, um JavaBeans zu entwickeln; selbst bei der Programmierung einfacher Beans mit einer BeanInfo-Datei müssen Sie aber bereits dieses Package importieren.

Interfaces des Pakets java.beans

java.beans.AppletInitializer

Dieses Interface dient dazu, JavaBeans zu entwickeln, die sowohl als Bean wie auch als Applet einsetzbar sein sollen. Dieses Interface arbeitet direkt mit der Methode instantiate() der Klasse java.beans.Beans zusammen und dient dazu, Instanzen einer Bean zu erzeugen.

java.beans.BeanInfo

Zu diesem Interface braucht wohl nichts mehr gesagt zu werden; wir haben es reichlich in unseren Beispielen eingesetzt.

java.beans.Customizer

Dieses Interface stellt die Funktionalität von komplexen Eigenschaften-Editoren zur Verfügung. Während herkömmliche Eigenschaften-Editoren wie in unserer AudioPlayer-Bean immer nur für eine einzige Eigenschaft entwickelt werden, können Sie mit Customizer Editoren für beliebig viele Eigenschaften entwickeln.

java.beans.DesignMode

Bereits während des Entwurfs einer Bean in einer Entwicklungsumgebung sollen Beans Werte von Eigenschaften anzeigen können. Hierfür wird dieses Interface eingesetzt.

java.beans.ExceptionListener

Wenn Beans nicht nur auf externe Ereignisse, wie z.B. die Betätigung von Schaltflächen, reagieren sollen, sondern auch auf interne Ereignisse, die nur innerhalb der Bean von Bedeutung sind, so wird dieses Interface eingesetzt.

java.beans.PropertyChangeListener

Dieses Interface haben wir bereits bei der Vorstellung gebundener bzw. eingeschränkter Eigenschaften zur Genüge kennen gelernt, sodass hier nicht weiter darauf eingegangen werden muss.

java.beans.PropertyEditor

Auch dieses Interface bietet Ihnen nichts Neues mehr (siehe Kapitel 10).

java.beans.VetoableChangeListener

Dieses Interface dient, wie in der Stoppuhr-Bean gelernt, zur Unterstützung eingeschränkter Eigenschaften. Die Besonderheit dieser Eigenschaften ist ihre Fähigkeit, Widerspruch gegen die Änderung einer Eigenschaft durch eine andere Komponente einzulegen.

java.beans.Visibility

Dieses Interface ist nur für sehr fortgeschrittene Beans erforderlich, die auf Servern ausgeführt werden, auf denen üblicherweise keine grafische Oberfläche verfügbar ist. Solche Beans können mit diesem Interface darauf überprüft werden, ob sie dennoch eine Benutzeroberfläche benötigen und informieren sie, wenn eine Benutzeroberfläche für sie zur Verfügung steht.

Klassen des Pakets java.beans

java.beans.BeanDescriptor

Dies ist die »Haus- und Hof«-Klasse für alle besseren Beans. Sie liefert globale Informationen über eine Bean. Hierzu zählen u.a. ihre Java-Klasse und der Name, der in einer Entwicklungsumgebung angezeigt wird.

java.beans.Beans

Diese Klasse stellt einige besondere Methoden für Beans zur Verfügung, die für ihre Steuerung benötigt werden. U.a. liefert sie die Methode instantiate(), die bereits beim Interface AppletInitializer erwähnt wurde.

java.beans.DefaultPersistanceDelegate

Diese Klasse sichert das Standardverhalten von JavaBeans bezüglich ihrer Persistenz (siehe auch Serialisierung), die keinen Konstruktor besitzen. Sie setzt voraus, dass die Werte von Eigenschaften spezifikationsgemäß mit entsprechenden Getter- und Setter-Methoden ermittelt bzw. gesetzt werden. Sie müssen sich im Allgemeinen nicht mit dieser Klasse beschäftigen!

java.beans.Encoder

Encoder ist eine Klasse, die dazu eingesetzt werden kann, Dateien und Datenströme aus den aktuellen Einstellungen (die Werte der Eigenschaften) einer Sammlung von Beans zu erzeugen.

java.beans.EventHandler

Diese Klasse ist für den Einsatz durch Entwicklungsumgebungen gedacht und dient der Unterstützung dynamischer Ereignisse. Wir haben dies kennen gelernt, als wir die Schaltflächen der Stoppuhr-Bean mit der Stoppuhr verbunden haben, damit diese ihre Arbeit aufnimmt bzw. anhält. Wenn Sie nicht selber grafische Entwicklungsumgebungen entwickeln wollen, brauchen Sie diese Klasse nicht weiter zu beachten.

java.beans.EventSetDescriptor

Diese Klasse beschreibt eine Gruppe von Ereignissen, die von einer Bean »abgefeuert« werden können.

java.beans.Expression

Diese Klasse dient zur Verbindung eines primitiven Objekts (wie z.B. int oder boolean) mit der entsprechenden Getter-Methode, um den Wert zu ermitteln. Dies erfolgt in der Form object.get<Name-der-Eigenschaft>().

java.beans.FeatureDescriptor

Diese Klasse ist die gemeinsame Basisklasse für alle Descriptor-Klassen, wie z.B. PropertyDescriptor oder EventDescriptor.

java.beans.IndexedPropertyDescriptor

Diese Klasse beschreibt Eigenschaften, die wahlweise lesend und/oder schreibend auf indizierte Eigenschaften zugreifen.

java.beans.Introspector

Auch diese Klasse wird von Herstellern von Entwicklungsumgebungen benötigt. Sie stellt die Funktionalität bereit, damit die Entwicklungsumgebungen etwas über die Eigenschaften, Methoden und Ereignisse einer Bean »lernen«.

java.beans.MethodDescriptor

Methoden einer Bean, die von externen Komponenten angesprochen werden sollen, werden mit dieser Klasse beschrieben.

java.beans.ParameterDescriptor

Wenn Sie Ihren Beans zusätzliche Informationen über ihre Parameter auf den Weg geben wollen, die über die herkömmliche Introspection hinausgehen, so müssen Sie diese Parameter mit dieser Klasse beschreiben.

java.beans.PersistanceDelegate

Dies ist die abstrakte Klasse, von der die weiter oben erwähnte Klasse DefaultPersistanceDelegate direkt abstammt.

java.beans.PropertyChangeEvent

Wenn der Wert einer gebundenen oder eingeschränkten Eigenschaft geändert wird, so wird ein PropertyChangeEvent als Argument an die Interfaces PropertyChangeListener bzw. VetoableChangeListener gesendet.

java.beans.PropertyChangeListenerProxy

Hierbei handelt es sich um eine Klasse, die einen mit einem Namen bezeichneten PropertyChangeListener zu einer Liste von entsprechenden Listenern hinzufügt.

java.beans.PropertyChangeSupport

Dies ist eine Hilfsklasse, mit deren Methoden gebundene Eigenschaften unterstützt werden.

java.beans.PropertyDescriptor

Diese Klasse dient zur Beschreibung der Eigenschaften von Beans mit Hilfe der bekannten Getter- und Setter-Methoden.

java.beans.PropertyEditorManager

Diese Klasse haben wir in der AudioPlayer-Bean eingesetzt. Sie dient zur Registrierung selbst-definierter Eigenschaften-Editoren für beliebige Eigenschaften.

java.beans.PropertyEditorSupport

Diese Klasse ist eine Hilfsklasse zur Entwicklung selbst-definierter Eigenschaften-Editoren (siehe hierzu die AudioPlayer-Bean).

java.beans.SimpleBeanInfo

SimpleBeanInfo stellt die Komfortklasse zum Interface BeanInfo dar. Mit ihr können Sie beispielsweise die Grafiken laden, die von Entwicklungsumgebungen für geladene Beans angezeigt werden und die Eigenschaften auswählen, die Ihre Bean dem Anwender zur Verfügung stellen soll.

java.beans.Statement

Dies ist die »Gegenklasse« zur Klasse Expression: Mit ihr ist es möglich, die Werte von an Objekte gebundene Eigenschaften neu zu besetzen (in der Form: object.set<Name-der-Eigenschaft>(Wert)).

java.beans.VetoableChangeListenerProxy

Diese Klasse ist das Gegenstück zur weiter oben beschriebenen Klasse `PropertyChangeListenerProxy` mit dem Unterschied, dass sie für eingeschränkte Eigenschaften eingesetzt wird.

java.beans.VetoableChangeSupport

`VetoableChangeSupport` ist eine Hilfsklasse zur Unterstützung vetofähiger Eigenschaften.

java.beans.XMLDecoder

Mit dieser Klasse lassen sich XML-Dokumente einlesen, die mit der Klasse XMLEncoder (siehe unten) erzeugt wurden. XML ist die Abkürzung von *eXtensible Markup Language* und wurde als Nachfolger von HTML (*Hypertext Markup Language*) entwickelt. Das Einlesen erfolgt in der gleichen Weise wie bei einem Objekt vom Typ `ObjectInputStream`.

java.beans.XMLEncoder

Diese Klasse dient zum Erzeugen von XML-Dokumenten, die dann mit XMLDecoder wieder eingelesen werden können. Das Schreiben erfolgt in der gleichen Weise wie bei einem Objekt vom Typ `ObjectOutputStream`.

Exceptions des Pakets java.beans

java.beans.IntrospectionException

Wenn während des Vorgangs der Introspection eine Ausnahmebedingung eintritt, so wird dies durch diese Exception angezeigt.

java.beans.PropertyVetoException

Wenn der Wert einer eingeschränkten Eigenschaft geändert wird und eine andere Komponente hiergegen ihr Veto einlegt, so wird diese Exception hervorgerufen.

Index

JavaBeans

Index

A

accessor methods 66
Actions 39
Adapter-Klassen 172
Aktionen 39
Archiv-Datei 48
Arrays 63
Audio-Formate
  AIF 261
  AU 261
  MP3 261
  WAV 261

B

BDK 37, 107
Bean Development Kit 16, 37, 107, 291
BeanBuilder 16, 37, 40
  Design-Panel 52, 54
  Eigenschaften-Panel 52
  Ereignis-Adapter 56
  Hierarchie-Panel 52
  Interaction Wizard 55
  Palette 50
  Property-Panel 53
  Toolbar 53
Beans 11
Bezeichner 77
Borland C++-Builder 11

C

ChangeListener 64, 69
checked exceptions 176
Collection 12
Concurrent Version System 123

Container 30
CORBA 31
Customization 24, 241
CVS 123

D

Datentypen
  boolean 67
  komplexe 63
  primitive 63
DCOM 32
Deadlock 176
Delphi 11
Distributed Component Objects Model 32
Dynamic Proxy API 39
Dynamic Proxy Class 39

E

Early Access 291
Eigenschaften 22, 61
  einfache 63
  eingeschränkte 18, 65, 221
  gebundene 64, 226
  indizierte 63
Eigenschaften-Editor 23, 39, 54, 108, 241
Eigenschaften-Liste 241
Enterprise JavaBeans 12
Ereignis-Delegierungsmodell 170
Ereignismodell 170
Ereignis-Objekte 171
  MOUSE_CLICKED 172
  MOUSE_ENTERED 172

MOUSE_MOVED 172
Ereignis-Quelle 169
Ereignisse 22, 169
  Multicast 16, 75
  Unicast 16, 75
Event Listener 17, 171, 179
  Registrierung 173
Event Listener Interfaces 172
event queue 170
event source 17, 169, 171
Event State Objects 171
Events 24
exception handling 71
Exceptions
  IntrospectionException 298
  PropertyVetoException 65, 223, 298
  TooManyListeners-Exception 76
eXtensible Markup Language 298

F

Form 21
Formular 21
Frames 261
Free Software Foundation 102

G

Gain 260
General Public License 102

get 66
Getter-Methoden 66
GNU 102
GPL 101
Grafische Entwicklungs-
  umgebungen 11

H

Hall 260
Header 121
HTML 298
Hypertext Markup
  Language 298

I

Informationen
  explizite 74
  implizite 74
Interfaces
  ActionListener 181
  AppletInitializer 292,
  294
  BeanInfo 152, 293
  Customizer 293
  DataLine 260
  DesignMode 293
  EventListener 172
  ExceptionListener 293
  Line 260
  MouseListener 76
  PropertyChangeListener
  69, 293, 296 f.
  PropertyEditor 243,
  269, 293
  Serializable 86, 95
  Shape 141
  SourceDataLine 260,
  262
  VetoableChange-
  Listener 65, 223,
  294, 296
  Visibility 294
Introspection 16, 24,
  72, 242

J

jar 93, 102, 114
JAR-Dateien 100
Java Database
  Connectivity 32
Java Developer
  Connection 291
Java-Archiv 100, 113
JavaBeans 11
Javadoc 17, 113, 124
JBuilder 11
JDBC 32
JDC 291

K

Kanal 260
Klassen
  AbstractButton 84,
  137
  abstrakte 172
  AudioInputStream
  261
  AWTEventMulticaster
  182
  BeanDescriptor 153,
  294
  BeanInfo 38, 50, 93,
  108
  Beans 292, 294
  Canvas 197
  Class 160
  Color 94
  DefaultPersistance-
  Delegate 294, 296
  Dimension 139
  Encoder 295
  EventDescriptor 295
  EventHandler 295
  EventObject 172
  EventSetDescriptor
  153, 295
  Expression 295, 297
  FeatureDescriptor
  163, 295

File 261
Graphics 94, 95, 244
Image 153, 198
IndexedProperty-
  Descriptor 296
Introspector 73 f.,
  296
JApplet 49
java.lang.Object 208
JButton 132, 137
JCheckBoxMenuItem
  49
JDialog 49
JFileChooser 267
JFrame 49
JMenu 49
JPanel 269
JPopupMenu 49
JSeparator 49
JTextArea 54
JTextField 267
KeyEvent 172
MethodDescriptor
  154, 296
MouseEvent 172
Object 234, 244
ObjectInputStream
  38, 298
ObjectOutputStream
  38, 298
ParameterDescriptor
  296
PersistanceDelegate
  296
PropertyChangeEvent
  296
PropertyChange-
  ListenerProxy 296,
  298
PropertyChangeSupport
  64, 226, 297
PropertyDescriptor
  154, 159, 160, 295,
  297

PropertyEditor-
Manager 245, 297
PropertyEditorSupport
243, 297
PropertyVetoException
71
SimpleBeanInfo 108,
152, 154, 297
SpringLayout 37, 38
Statement 297
Toolkit 208
URLClassLoader 39
Vector 178
VetoableChange-
ListenerProxy 298
VetoableChange-
Support 223, 298
XMLDecoder 38, 298
XMLEncoder 38, 298
Komfortklasse 271
Komponenten 21
Konstanten
   ICON_COLOR_16x16
   155
   ICON_COLOR_32x32
   155
   ICON_MONO_16x16
   155
   ICON_MONO_32x32
   155
Konstruktoren 83
Kylix 11

L

Layout-Manager
   SpringLayout 37, 38
LINUX 102
Listener 169
Long Term Persistence
   38

M

make 213
Makefile 213

Manifest-Datei 26, 100,
113
Mehrkanal-Mischpult
260
Methoden 22
   addPropertyChange-
   Listener() 69, 70, 226
   clone() 178
   close() 262
   contains() 135
   drain() 262
   equals() 164
   fillRect() 94
   fireVetoableChange()
   225, 234
   getAdditionalBean-
   Info() 153
   getAsText() 244, 269
   getBeanDescriptor()
   153
   getButton() 172
   getClass() 208
   getClickCount() 172
   getDefaultEventIndex()
   153
   getDefaultProperty-
   Index() 153
   getEventSet-
   Descriptors() 153
   getIcon() 153, 156
   getImage() 208
   getJavaInitialization-
   String() 248
   getMethodDescriptors()
   154
   getNewValue() 234
   getOldValue() 234
   getPreferredSize() 84
   getProperty-
   Descriptors() 154
   getPropertyName()
   234
   getResource() 208
   getTags() 270
   getValue() 244

   getX() 139, 172
   getY() 139, 172
   instantiate() 292,
   294
   isPaintable() 270
   loadImage() 155
   mouseClicked() 76
   mouseEntered() 76
   mouseExited() 76
   mouseReleased() 76
   paint() 84, 95
   paintValue() 244,
   270
   propertyChange() 69
   readObject() 86
   removeProperty-
   ChangeListener()
   69f. , 226
   repaint() 96
   run() 261
   setAsText() 244, 269
   setBounds() 139
   setHidden() 163
   setMaximumSize()
   139
   setMinimumSize()
   139
   setPreferredSize()
   139
   setSize() 139
   setValue() 244
   start() 260
   stop() 262
   vetoableChange() 65,
   223
   writeObject() 86
Methodenrümpfe 172
Multicast-Ereignisse
174
Multi-Tasking 29
Multi-Threading 29

O

Object Serialization 24

P

Packages
  java.awt 94
  java.beans 69, 223, 228, 244
  java.io 86
  java.lang.Math 140
  java.net 39
  java.util 172
  javax.sound.midi 249
  javax.sound.sampled 249, 260
Panorama 260
Persistence 24
Persistenz 16, 86
Policy Tools 29
preferred size 81
Property
  constrained 71
Property Editor 241
Property Sheet 241

Q

Quelle 260

R

RAD 21
Rapid Application Development 21
RCS 123
Reflection 74
Remote Method Invocation 31
repaint 62

Revision Control System 123
Richard Stallman 102
RMI 31

S

Sammlung 12
Sandbox 28
SCCS 123
Schlüsselwörter
  private 63, 66, 77
  protected 77
  public 63, 77
  synchronized 30, 174, 176
  throws 71
  transient 181
Security Manager 28
Serialisierung 16, 24, 86
Serialization 24
set 66
Setter-Methoden 66
Source Code Control System 123
Streams 38
Stubs 243, 271, 288
Swing Connection 40, 291
System 42

T

Testprogramme
  BeanBuilder 37
  Bean Development Kit 37

Thread 24
Threading 29
Timer 26
Tools
  javadoc 38
type casting 210

U

unchecked exceptions 176
Unicast-Ereignisse 174
Uniform Resource Locator 40
URL 39

V

Versions-Kontrolle 123
Visual Basic 11

W

Warteschlange 170
WebStart 25

X

XML 298

Z

Ziel 260
Zugriffsmethoden 66